Guidebook for Writing a Q dissertation

Q 논문 작성을 위한 가이드북

홍장선 저

PnC publishing and culture
피앤씨 미디어

이 논문은
2021년도 건국대학교 저역서발간연구비 지원에 의한 결과임

머 리 말

새로운 방법론을 익힌다는 것은 새로운 패러다임을 받아들인다는 의미와도 같다. 그러나 새로운 패러다임을 이해하는 것 자체가 기존의 특정 연구방법론에 몰입된 사람들에게는 쉽지 않은 과정이다.

대학원 과정에서 경험하게 되는 연구방법론에 대한 학습은 그 중요성에 대해 강조하고 또 강조해도 지나침이 없을 것이다. 새로 익힌 연구방법론에 대한 과징을 얼마나 순조롭게 이행했는가는 추후 학위논문이나 학술논문, 연구보고서 등 학문적 결과물을 원활하게 도출하는데 적지 않은 영향을 준다.

크게 양적 방법론, 질적 방법론이 학계의 주요 방법론으로 자리를 잡은 상황에서, Q 방법론이라는 새 방법론이 주목을 받으며 자리를 조금씩 넓혀가고 있다. 얼마 전까지 학계에서는 타 방법론 대비 (양적 방법론)7:(질적 방법론)2:(Q 방법론)1 이라고 하던 것이 최근에는 그 비율이 조금씩 변동되면서 6:3:1이나 5:3:2 정도의 비율로 재편됐다는 평가를 받는다. 아직 주류는 아니지만 사람들의 주관성을 구체적이고 효율적으로 연구할 수 있는 Q 방법론이 점점 더 많은 연구자들 사이에서 활용되는 추세다.

이렇게 Q 방법론에 관한 관심은 많아지는 반면, 연구 과정에 있어서 Q 방법론을 어떤 식으로 풀어가야 할지 고민을 가지고 있는 연구자들도 많다. 때로는 새로운 방법론, 즉 새로운 패러다임은 지금까지 내 머릿속에 가지고 있었던 패러다임을 거부하거나 부정하게 되는 상황을 만들 수 있어서 쉽사리 수용하기도 어렵고, 이해하기도 어려울 수 있다. Q 방법론이 가진 특수성이 새로운 영역에 대한 문을 쉽사리 열도록 하지 않기 때문이다.

필자의 대학원 시절에 방법론을 강의하신 교수님께서 하신 말씀이 떠오른다.

"제가 말이죠. OO 교수님과 친하고, △△ 교수님하고도 매우 친합니다. 그런데 학술대회장에서 만나면 위, 아래도 없이 치열하게 싸워요. 왜 그런고 하니 서로가 지향하는 바가 달라서죠. 특히 자신들의 패러다임과 너무 동떨어진 시각에서 이야기하다 보니 더욱 대립하게 됩니다."

웃픈 에피소드지만, 학자들이 가지고 있는 상이한 패러다임에 대해 이처럼 간결하게 설명한 말이 있을까. 다시 말해 양적 방법론적 시각으로 무장된 다수의 대학원생들이 새로운 방법론적 패러다임을 접하고 익히며 활용한다는 것은, 마치 새로운 나를 만드는 과정과도 같을 것이다. 하지만 나의 것만이 참이고 다른 사람의 것은 오류라고 하는 것은 올바른 자세라고 볼 수 없으며, 과학적인 프로세스와 기준에 맞게 전개된 새로운 연구 방법을 접할 수 있다면 포용적인 자세로 접근하는 것도 유의미하다고 볼 수 있을 것이다.

어쨌든 Q 방법론을 활용한 연구의 설계와 진행 프로세스가 매우 독창적이거나 복잡한 형태를 가진 것은 아니지만, 바로 이 새로운 패러다임에 대한 두려움, 혹은 잘못된 이해로 인해 잘못 진행된 연구들도 간혹 보여진다. Q 방법론의 빙산의 일각만 학습한 후 자가당착에 빠져 엄청난 오류의 연구를 생산해 낸다거나 하는 문제들도 나타나고 있다. 필자는 Q 연구를 조금 앞서 배우고, 조금 더 연구를 진행했던 연구자로서 학계에서의 Q 연구 오류를 줄이기 위해 Q 연구 프로세스 가이드의 필요성을 절감했다.

이 책은 제목에서도 표기되어 있듯이 <Q 논문 작성을 위한 가이드북>이다. Q가 가진 과학적 패러다임을 소개하기보다는 Q 방법론을 활용해서 학위논문이나 학술논문, 연구보고서를 작성하는 연구자들을 위한 일종의 매뉴얼과도 같은 기초 소개서이다. Q 연구는 어떻게 시작해야 하는지, 연구의 전체 설계는 어떻게 구성해야 하는지, 연구를 위한 Q 모집단 설정 및 Q 표본 추출은 어떻게 해야 하는지, P 표본은 어떻게 형성해야 하는지, 실제 Q 설문은 어떻게 전개해야 하는지, 유형은 어떻게 발견해야 하는지, 연구 결과는 어떻게 해석해야 하는지의 모든 과정을 기존 연구논문의 사례를 들어서 하나하나 풀어보는 데 중점을 둔다. 그래서 Q 논문 과정이 더는 복잡한 미로가 아니라 넓은 길처럼 쉽고 체계적으로 느낄 수 있도록 하는 데 주안점을 뒀다. 초보자로 시작하지만, 논문을 제대로 쓴다는 성취감도 가질 수 있고, 이를 통해 Q의 심오한 세계로 더욱 빠져들어 제대로 Q 방법론을 학습하게 되는 초석이 되었으면 하는 바램이다. 그래서 이 책은 실전 참고용 서석이라 할 수 있겠다. 실전용 서적이라는 표현은 지금 당장 Q 논문을 작성한다고 했을 때, 챕터별, 항목별로 체크를 해야 하는 기본 영역에 대한 사항들을 제시했다는 말이다.

하지만 중요하게 짚어야 할 사항은 실전용 서적이기에 Q 연구의 깊이있는 설명이 동반되지는 않았다는 점이다. Q 관련 논문을 준비하고 있는 사람이라면 Q 연구 권위자의 책이나 논문을 반드시 읽어보라고 권하고 싶다. 스티븐슨이나 브라운과 같은 Q 학자들의 해외 원서를 참고해도 되고, 국내 서적으로는 나의 스승이신 故 김흥규 교수님의 저서, <Q 방법론> (2008, 커뮤니케이션북스) 책을 참고하면 좋다. Q를 학습하고자 하는 연구자들은 이미 한 번씩은 접해 보았겠지만, Q 방법론의 본질을 이해하고 학습하는 데 많은 도움이 될 수 있기에 다시 한 번 반복-집중해서 읽기를 권한다.

Q 연구와 후학 양성에 열정적이셨던 故 김흥규 교수님의 웃음이 그리워지는 요즘이다. 이 책으로 인해 Q에 대한 정교하고 활발한 연구와 함께 Q를 통한 연구결과들이 다양한 분야에서 활용될 수 있게 되기를 기대한다.

끝으로 졸저가 출간될 수 있도록 도움을 주신 메가로스쿨의 마이클 장 교수님과 피앤씨미디어의 박노일 사장님께 깊은 감사의 마음을 전한다.

2023년 3월 31일

차 례

Q 가이드 북의 구성

이 책의 각 장은 연구주제를 선정하는 것부터 연구의 설계, 연구의 활용성까지 Q 연구자들이 접하게 되는 모든 연구 과정에 대한 단계별 주요 구성 요소들로 정리되어 있다. 구성 요소별 예시 Q 논문 사례들을 통해 각각의 단계별 상황에 어떤 판단과 과정을 거치게 되는지 한 눈에 볼 수 있고, 해당 단계에서 고려해야 하는 다양한 방법론적 설명을 통해 전체를 이해할 수 있도록 구성했다. 그래서 구성 요소별로 제시되는 부가내용이 중심이 된다.

기초 단계로 표현할 수 있는 연구의 설계는 흔히 '서론부(문제 제기, 연구목적, 연구 문제 등) - 이론적 배경 - 연구설계(방법론) – 분석결과 - 결론 및 논의 - 참고문헌'으로 표기될 수 있는데, 단계별로 각각의 구성요소는 어떻게 정립되고 있고, 체계화됐는지, 필수 점검 사항들은 무엇인지를 알기 쉽게 담아냈다.

이 책은 크게 세 부분으로 구성된다. 첫 번째로는 Q 연구를 시작하는 데 있어 제기되는 여러 질문을 다루고 있다. Q 방법론을 왜 채택해야만 하는지에 대해 Q가 생소한 연구자들의 지적 궁금증을 가볍게나마 해결해 주는 것이다. 보다 전문적이고 깊이 있는 이해를 하고자 한다면 국내외 전문 서적을 탐독하기를 권한다. 특히 <Q 방법론>을 꼭 접하면 좋을 것이다. 이 책에서는 Q에 대한 간략한 소개와 함께, Q 연구를 진행하는 데 있어 연구주제는 어떻게 수립해야 하는지, 연구 제목을 어떻게 표현하면 좋을지를 설명하고 있다. Q 연구를 진행하는 데 있어 기초 출발점과도 같다.

두 번째로는 사례 Q 연구의 소개이다. 완성도 높은 수많은 국내외 Q 연구들이 있는 가운데, 김흥규·홍장선(2010)의 연구인 <다문화 가정을 위한 공익광고의 수용 유형에 관한 연구> 논문을 소개할 예정이다.

이 논문을 가지고 세 번째로는 논문 내용의 각 단계별 설명(comment)을 진행한다. 논문이 구성하고 있는 '서론부 (문제 제기 및 연구목적), 이론적 배경, 연구설계 (방법론), 분석 결과, 결론 및 논의, 참고문헌 및 부록' 단계들을 하나씩 나누어 점검하면서, Q 연구에서 신경을 써야 할 사항들에 대해 자세히 다루고 있다. 서론부와 이론적 배경은 타 연구 논문의 과정과 중복될 수 있으나 연구설계에서부터 본격적인 Q 연구에 대한 설명이 시작된다. 이 연구설계 및 분석 결과에서는 Q 표본이나 P 표본, Q 분류, 분포표 구성, 유형해석 등을 자세하게 설명함으로써 Q의 정확한 메커니즘을 이해하고, 다루는 방법을 학습할 것이다.

제 1 장
Q 논문 시작하기

연구주제를 선정하는 것은 Q 논문뿐만 아니라 모든 학위-학술연구를 시작할 때 가장 먼저 이행해야 할 단계이다. 연구주제를 선정하기 위해서는 문헌자료를 바탕으로 하는 선행연구를 탐색해야 한다. 내가 연구하고자 하는 주제가 이전에 있었는지, 유사 주제로 연구가 되어 있는지, 패러다임 측면에서 이미 형성되어 있는지 등을 살펴보는 것이다. 간혹 문헌자료에 의한 선행연구를 미약하게 접근하는 태도들이 있는데, 이는 잘못된 행동이다. 내가 현재 특정 연구를 위한 연구자로 존재하고 있지만, 특정 연구대상에 대한 흥미와 관심은 이미 오래전부터 궁금했었던 연구자들은 많다. '이건 어떠한 현상일까?, 이러면 어떠할까?'라는 질문은 나뿐만 아니라 모든 연구자도 할 수 있는 보편적인 생각이다. 즉, 나만 생각하고 있거나 나만의 생각이 아니라는 것이다. 그렇기에 오랜 시간 동안의 유사 생각들에 대해 면밀하게 살펴보고, 내 생각과 어떤 차이가 있고 어떻게 설계하여 전개할 것인가를 면밀하게 파악해야 할 것이다.

국내외 논문검색 사이트를 활용해 선행연구들을 찾아보면 연구자가 관심 있어 하는 주제 및 영역에 대한 지식을 길러낼 수 있고, 연구의 흐름이나 경향을 파악할 수 있으며, 설계 및 전개 프로세스를 익힐 수도 있기에 필수적으로 진행해야 한다. 이러한 과정을 바탕으로 연구주제가 정해졌다면, 해당 주제에 맞는 적절한 연구 방법을 결정해야 하는데, Q 논문은 독특한 방법론적 방향성과 관점이 요구되는 만큼 그 특정에 맞도록 주제의 구조화를 추가해서 준비해야 한다. 특히 인간의 주관성을 탐구하는 방법론인 만큼 전체적인 설계가 이행 프로세스 및 연구윤리에 맞도록 디자인을 해야 할 것이다. 그럼 본격적으로 Q 논문 진행을 위한 기초 점검 사항들을 살펴보도록 하자.

제1절 왜 Q인가?

모든 연구대상의 인과 원인에 대한 가정은 검증하는 것도 중요하지만, 인과 원인 자체를 우선하여 찾아내는 것도 중요하다고 볼 수 있다. 이원적 관점의 'OO vs △△' 도식들이 끊임없이 대립하면서 인과론적 법칙이나 인간 행위의 목적 지향적 측면의 접근도 동시에 펼쳐지고 있기도 하다. 그러나 이러한 이원적 대립은 20세기에 들어 신실증주의 관점이 강화되면서 더욱 계량화(quantitative) 되었지만, 반면에 반실증주의 영역의 해석학이나 현상학, 비판 이론들은 상대적으로 약화하면서 그 힘을 잃고 있다(이명헌 · 이동근, 1955; 박순영, 1983; 김흥규, 2008). 특히 콩트(A. Comte)의 사회현상에 대한 실증적 접근은 '사람에 대해서나', '사람이 만들어낸 것'에 대해서 갈등을 더욱 키워냈다. 하지만 주류의 관점이 좀 더 선호된 것일 뿐, 다른 관점들 또한 약하게나마 꾸준하게 유지되면서 이원적 대치 상황은 여전히 존재하고 있었다.

"다른 관점은 없는 것인가?"라는 측면에서 후기 구조주의자 푸코(M. Foucault)는 '사람'에 대한 접근에서는 분석 도구로만 전개하는 것보다 종합적인 방안의 변증법적 측면을 제안하기도 했다. 단조롭고 예외적인, 특정 사안에서만 적용되는 것이 아니라 본질적이면서 더욱 긍정적 상황의 구성이 필요한 것이다. 이밖에 객관과 주관 사이의 긴장을 해소하기 위해 노력했던 베버(M. Weber)의 이념형(Ideal Type)과 함께 사람의 주관적인 태도나 관점을 탐구할 수 있도록 고안된 스티븐슨(W.

Stephenson)의 Q 방법론도 그 맥을 같이 한다(김흥규, 2008). 현상에 대한 지속적 인식의 주관적 성질을 체계적으로 측정하는 능력의 현상학적 체계 구축과 관련이 있는 것이다(McKeown & Thomas, 1988; Hutson & Montgomer, 2006).

연구의 주체가 사물이나 물리적 대상이 아니라 사람일 경우는 더욱 예기치 않은 상황이나 결과들이 도출될 수 있다. 아무리 구조 안에 담고 이를 검증해서 일반화한다고 해서 예외적인 것들까지 일반화할 수는 없는 것이다. 왜? 사람은 주체적인 대상이기 때문이다. 과학적 활동을 하다 보면 당연히 예기치 못한 발견(unexpectedness)이 나타나게 되는데, 이것은 스티븐슨의 Q의 측면에서 볼 때 매우 경이적면서도 신비로울 따름이다. 그 예기치 못했던 것을 발견하는 것이 진정한 과학적 활동이 아닌가?

예를 들자면, A에 대해서 "A는 이러하고, B 때문에 그러하다"라는 가설에 대해 우리는 A와 B의 본질은 밝혀주면서, 이 둘 간의 관계에 대해 그 영향력이나 의미들을 과학적인 방법과 체계적인 시스템을 통해 밝혀내려고 하는 경우가 많다. 하지만 A는 어디서부터 나왔고, B는 또 어디서부터 나왔는가에 대해서는 별개의 사항이 돼버린다. 상대적으로 덜 체계적이면서 연구자의 판단이 많이 관여돼 있기 때문이다. A와 B의 관계에 대해 연구자가 설정하는 것이 아니라, 미지의 A와 미지의 B를 먼저 찾아내고 그 특성에 대해 밝혀주는 것이 우선시 되어야 할 것이다. 어디로 튈 줄 모르는 사람을 가지고 A와 B라는 단순한 구조로 이끈 후, 그것에 의미를 부여하는 것이 중요한 것일까? 대상이 사람이기에 경우의 수는 매우 많은 것이고, 그 경우의 수를 적절하게 찾아주는 일이 더욱 중요할 수도 있다.

즉 Q는 이러한 맥락에서 접근하는 가설추론적(hypothetic reference) 패러다임을 전제로 한다. '가설을 만드는' 또는 '가설을 발견해 가는' 것으로 연구를 통해 참가설을 발견하는 가설추론의 논리(abduction)이다(Ramlo, 2015). 스티븐스(Stephenson)와 퍼스(Peirce)가 말하는 바처럼 과학적 단계는 '가설추론 → 연역 → 귀납'의 순으로 체계화되고 있다. 가설추론이란 명제로부터 가설을 연역하는 것이 아니다. 가설을 발견하는 것으로 가설 검증의 가설연역적 방법보다 먼저 실행되어야 한다. 그래서 이후의 연역에서는 검증을 위해 정의와 가설을 더욱 명확하게 하고, 귀납에서는 이를 검증하는 것이다.

Q는 기존 요인분석의 외형을 차용하고 있기는 하지만, 그 속성과 과학적 메커니즘은 확연하게 다르다. 맥퀸·토마스(McKeown & Thomas, 1988)는 상관 및 요인분석 기술이 특수한 통계적 응용과 결합하게 되면, 주관성을 조사하기 위한 엄밀하면서 체계적인 수단이 마련된다고 설명한다. 독립변인과 종속변인이 뒤바뀐 형태를 가지는데, 기존의 요인분석에서 '피험자'(사람, 응답자, 조사 대상자)가 독립변인이고 '가치 대상'(항목, 진술문, 의미)이 종속변인이라면, Q 방법론에서는 '가치 대상'(항목, 진술문, 의미)이 독립변인이고, '피험자'(사람, 응답자, 조사 대상자)가 종속변인으로 형성된다. 그래서 Q는 프로그램 결과값에 의해 사람이 요인으로 군집이 되고, 이것이 유형으로 추출된다. 즉 Q는 연구자의 조작적 정의(operational definition)보다는 연구대상으로 실험에 참여하는 피험자 스스로 진솔하게 정신을 드러내는(operant) 방법이다. 과학의 대상으로 사람의 주관성(subjectivity)을 강조하고 있는데, 그들 마음의 구조를 밝혀내면서 특성이 유사한 사람들끼리 군집화하여 유형화를 이루게 한다.

정리하자면, Q의 핵심 요소는 '사람들이 왜, 그리고 어떻게 그들이 하는 일을 믿는지'를 이해하는 것이다(Adams & Proops, 2000). 주관적으로 형성된 의견에 초점을 맞추기 때문에, Q 연구는 사회적으로 논쟁하거나 토론할 수 있는 모든 주제에 대한 관점을 탐색하는 데 사용될 수 있다(Cairns, 2012).

제2절 연구주제 정하기

연구자가 연구하고자 한다면 연구대상을 찾아야 하는데, 연구대상은 엄청나게 많으며 나의 관심 분야 영역만이 아니라 다양한 분야에서 관련 연구대상을 찾아 전체의 흐름을 살펴볼 필요가 있다. 연구주제를 선택한다는 것은 연구자의 직관-창의-분석-비판적 능력이 요구된다는 말이다. 특히 '직관'은 연구자가 지닌 특별한 능력으로, 사회현상이나 자연현상을 통찰하여 연구자가 관심 있어 하는 영역의 어떤 사실을 발견해 내는 것이다. '분석'은 연구자가 가진 독보적인 능력으로, 특정 사회현상이나 자연현상의 원인을 파악하거나 밝혀내는 것이다. 또한 직관-창의-분석-비판적 능력이 포괄된다면 새로운 이론이나 사실을 발견해 낼 수 있는 자질도 갖추게 된다.

연구주제는 연구자의 전공 영역에서 연구 영역을 결정하고, 이 가운데 연구자가 평소 관심을 가졌던 측면에서 하나씩 질문을 던져가며 주제를 잡아가는 것이 좋다. 질문이 하나씩 모여지면서 주제의 가장자리를 채우고 이를 바탕으로 구체화를 전개하면 되는데, 주로 사용되는 연구주제 잡기는 대략 일곱 가지 정도가 있다. 성태제·시기자(2006)는 이를 '첫째 연구자의 관심과 흥미로의 접근, 둘째 문헌 연구 조사에 의한 접근, 셋째 공동연구 참여, 넷째 새로운 학설이나 이론 활용, 다섯째 학술대회 참석, 여섯째 사회활동 경험에 따른 응용, 일곱째 전문가나 지도교수의 제언'으로 제시하고 있다.

① 연구자의 관심과 흥미로의 접근

- 연구자 각자의 흥미-관심에 따라 연구 전공 영역을 선정
- 다양하고 넓은 영역 가운데 관심 있는 내용을 집중으로 구체화

작업 진행

- 학술 활동의 과정에서 발생하는 다양한 의문에 대해 끊임없이 질문과 해답 도출
- 일상의 상식선에서 그치지 말고, 체계를 갖춰 과학적 시각으로의 연결 시도

② 문헌 연구 조사에 의한 접근

- 문헌자료 조사의 범위를 넓고 다양하게 하여 연구 제반의 기초 상황들을 정확하게 파악
- 전공 분야와 연계된 국내외 전문서적, 학술지, 논문, 보고서, 신문 기사 및 기타 활자로 인쇄된 모든 대상들을 탐독
- 전공 영역의 학술 토론이나 외부 강의 수강과 같은 활동을 통해 접하는 전문적인 학술정보 혹은 학회지 자료 활용
- 위의 활동을 바탕으로 익힌 새로운 연구 영역이나 연구 동향, 연구 방법, 연구 범위를 고려한 선택

③ 공동연구 참여

- 공동연구나 연구 프로젝트에 참여하여 연구 경험 노하우 체득
- 특별한 연구 방법에 대해서 직-간접적 경험의 기회 확보
  (실험연구일 경우 집단 설정 및 환경 조건 관리 노하우나, 사회조사의 경우 설문지 구성 및 진행, 자료 능력 배양 등등)
- 조직 구성에 따라 다르겠지만 연구 책임성 범위에 따라 진취적이고 능동적인 자세 유지 가능

④ 새로운 학설이나 이론 활용

- 이론에 대한 비판이나 새로운 이론을 활용한 아이디어 구축
- Q 방법론은 가설 검증이 아닌 가설발견이 목적이기에 새로운 가설 찾기에 대한 희망 확립

⑤ 학술대회 참석

- 전공 영역의 권위 있는 국내 학술대회 또는 국제학술대회에 참가해 새롭고 신선한 환경 경험
- 전통적인 시각의 연구 경향과 새로운 시각의 연구 경향을 고르게 확인하여 적절한 방향성 확보
- 토론회 및 세미나, 워크숍에서 경험하는 여러 의견 교류의 커뮤니케이션 과정의 아이디어 구축

⑥ 사회활동 경험에 따른 응용

- 공식적 기관 및 비공식적 기관의 관계자들과의 소통 과정에서 얻을 수 있는 주제 탐구
- 사회 이슈나 공론으로 여론 되고 있는 대상에 대한 학술적 접근
- 전문적인 사회활동의 과정에서 표출되는 관점의 활용

⑦ 전문가나 지도교수의 제언

- 지도교수 또는 연구 분야의 전문가들과 소통 과정에서 얻을 수 있는 주제 탐구
- 학문적 사담에서 도출될 수 있는 의미 있는 아이디어의 활용
- 새로운 지식이나 연구 해법의 조언을 반영해 기존 연구의 퀄리티를 한 단계 업그레이드

정리하자면 다음의 사항을 고려하면 좋을 것이다.

"연구자가 연구에서 다루고자 하는 주제나 주요 관심 영역은 무엇인가?"라는 질문에 명확한 답이 나올 수 있도록 구성해야 할 것이다.

이를 위한 해답은 존재론적이거나 인식론적인 측면에서 도출해야 할 것이다. 존재론적인 관점에서 보면 '연구자가 탐구하고자 하는 현상이나 실재(entity), 사회적 실체(reality)의 본질이 무엇인지에 대한 고민'이다. 연구자의 연구가 무엇에 관한 연구인지를 자신에게 질문하는 것인데, 사회적 사물의 본질을 어떤 관점에서 바라보고 있는가를 고려하게 된다. 인식론적 관심에서 보면 '연구자가 탐구하고자 하는 실재(entity), 사회적 실체(reality)에 대한 지식이나 증거를 무엇으로 제기할 수 있는가에 대한 고민'이다. 인식론은 연구자가 갖추고 있는 지식의 이론체계를 말하는데, 사회현상의 인지나 사회현상에 대한 지식을 밝혀내는 원칙과도 관련되어 있다. 그래서 질문과 해답은 다양한 견해와 입장을 고려하여 존재론적인 질문에 대한 존재론적인 해답과 인식론적인 질문에 대한 인식론적인 해답이 적절하게 구현될 수 있는 형태로 고안되어야 한다.

제3절 연구 제목 설정하기

연구 제목(research topic)은 연구내용의 핵심을 간결하고 명확하게 표현한 것이다. 언론 뉴스 주요 내용의 헤드라인이나 기업의 중요 제품의 상품명이나 슬로건처럼 대표성을 지닌 핵심 표현 문구이다. 연구자의 연구를 접하는 처음 접할 때 시선을 모으거나 관심을 끄는 화제성을 초래하는 것으로, 수많은 논문의 혼잡함 속에서 '이것'이라는 방향점을 제시해 준다. 내 연구의 목적이 무엇을 위한 것인지? 목적은 무엇인지? 왜 이 연구를 수행하고자 하는지? 가 분명하게 담겨있어야 한다.

무엇보다도 연구내용을 한눈에 인식하고 알 수 있도록 내용의 핵심들을 잘 담아야 하는데 주요 키워드를 바탕으로 잘 다듬어 표현하는 것이 바람직하다. 또한 연구 방법론의 특수성을 반영하여 작성되는 일도 있고, 핵심 대상들을 함축하여 표현하기도 하며, 이론적 배경을 고려하거나 기타의 성격을 반영하여 표현하기도 한다. 처음에는 다소 어려워할 수도 있지만, 선행연구들을 많이 찾아보고, 확인하고, 점검하다 보면 자연스럽게 좋은 제목과 좋지 않은 제목을 구분할 수 있을 것이다. 하지만 일반적으로 좋은 논문 제목이라 평가받는 것들에는 분명 이유가 있을 것이다. 특히 Q 논문 제목을 작성하는 데 있어 어떤 요소들을 주의하면 좋을지 가볍게 살펴보도록 하자.

- 중년 여성의 배우자 사별의미에 대한 주관성 연구 (오경미 · 김분한, 2007)
- 해외여행자의 여행동기와 태도 유형연구 -Q 방법론적 접근- (김흥규 · 홍장선, 2009)
- 한국 사회의 명품 소비자 유형과 소비 특성 : 가치 소비로서의 명품 소비 심리 (김지연 · 황상민, 2009)
- 기업 이미지 관리를 위한 기업광고의 전략적 접근: 소비자의 광고 태도를 중심으로 (최원주, 2010)
- 광고에 나타난 여성 이미지 선호 유형에 관한 연구 (정현욱 · 김선남 · 남궁영, 2011)
- 정보기술(IT) 역량의 유형에 관한 연구: 혁신, 지원 그리고 관리 (이정우 · 박준기 · 이혜정, 2011)
- 협력적 소비, 공유경제 서비스 모델에 관한 소비자 선호 유형 연구 : 마케팅 커뮤니케이션 관점에서 (김흥규 · 김기연, 2013)
- 남자 간호사의 직업 이미지에 관한 주관성 연구 (김익지 · 심형화, 2016)
- 초·중등학교 저작권 교육에 대한 교사들의 인식 연구 (이효상 · 김창남, 2018)

① 구체적이고 간결하면서도 명확하게 서술

- ‘과연 연구내용은 무엇인가?’라는 질문에 명확하게 대답이 될 수 있도록 구성
- 2가지 이상을 이해될 수 있는 모호한 뜻은 제외하고, 산만하지 않도록 대략 15자에서 30자 내외로 작성될 수 있는 짧은 표현을 고안
- 주관성의 대상이 되는 주체들을 제시하는 것이 긍정적
- ‘Q 방법론을~’, ‘~주관성 연구’, ‘~유형 연구’, ‘~인식 연구’, ‘~선호 연구’ 등 Q 연구의 색채가 담길 수 있는 표현을 적절하게 사용

② 키워드를 포함한 중심단어를 포함

- 연구내용을 대표할 수 있는 주제어(key word)를 포함시켜 구성
- 연구의 전공 분야 및 세부 영역까지 고려될 수 있는 핵심 단어를 사용
- 연구 결과 단락의 해석을 위한 이론적 배경이 고려된 단어를 고려
- 연구에서 말하고 있는 내용의 핵심과 단어의 표기에 있어 호기심 유발 단어로 제시

③ 가급적 가치중립적인 표현으로 구성하되 속어는 제외

- 객관적이면서 과학적인 방법으로 진행되는 연구의 속성상 제목의 표현이 특정한 감정이나 입장이 반영되는 것은 부적절
- 파격적인 표현이나 단어의 사용으로 연구의 성향을 드러낼 수도 있겠지만 되도록 가치중립적인 입장을 전개하는 것이 긍정적
- 동료 연구자뿐만 아니라 일반 사람들에게도 읽혀질 수 있도록 집단만의 속어나 전문적인 단어를 피하는 것이 좋음
- 부득이하게 특수한 전문 용어를 사용 경우, 더욱 쉽게 이해될 수 있는 용어로 대체하여 표현하는 것이 효율적

제 2 장
예시 Q 논문 : 다문화 가정을 위한 공익광고의 수용 유형에 관한 연구

Q 예시논문은 한국광고홍보학회의 광고연구 2010년 여름 85호에 게재된 김흥규·홍장선의 <다문화 가정을 위한 공익광고의 수용 유형에 관한 연구>이다.

해당 논문은 다문화 가정을 재현하는 광고의 수용 유형에 관한 연구이다. 다문화 가정 공익광고를 대상으로 수용자의 주관적 성향을 살펴보고 유형을 발견한 후, 구분된 유형을 바탕으로 여러 특징을 고찰하였다. 연구에 사용된 Q 표본은 총 27개이고, P 표본(사람)은 총 29개 사용하였다. 분석 프로그램으로는 Q 방법론의 분석 프로그램 가운데 하나인 QUANL 프로그램을 이용하여 진행하였다. 그 결과 최종적으로 네 개의 유형을 발견하였는데, 각각의 유형을 특징에 맞게 명명화하고 그 특성을 설명하였다. 네 개의 유형은 다문화 가정 공익광고를 이해하는 관점이 다문화 가정을 받아들이는 개인들의 주관적 인식의 차이에서 출발하고 있음을 나타낸 것으로 수용에 대한 독특한 성향을 밀도 있게 잘 설명했다. 이와 함께 해당 유형들이 지닌 특성을 분석하여 포지셔닝 시킴으로써 전략적 관점에서의 커뮤니케이션 전략을 제시하기도 했다.

그럼 해당 논문을 바탕으로 Q 논문 작성하기를 시작하도록 한다.

광고연구
2010년 여름 85호
http://www.kadpr.or.kr
한국광고홍보학회

다문화 가정을 위한 공익광고의 수용 유형에 관한 연구*

본 연구의 목적은 다문화 가정을 재현하는 광고의 수용 유형에 관한 연구로서, 다문화 가정 공익광고에 나타난 수용자의 주관적 성향의 유형을 살펴보고, 구분된 유형을 바탕으로 유형별 특징을 고찰하였다. 본 연구를 위해서 Q 방법론적 접근이 진행되었으며, QUANL 분석 프로그램을 이용하여 총 27개의 Q 표본과 29개의 P 표본(사람)을 연구에 사용하였다. 최종적으로 네 가지 유형이 발견되었는데, 각각의 유형을 '지역적 성향 내포형(Connotative geographical bias)', '이데올로기적 성향 내포형(Connotative ideological bias)', '관념적 성향 내포형(Connotative abstract bias)', '정책적 대안 제시형(Alterative provides)'으로 명명하였다. 구분된 유형들은 다문화 가정 공익광고를 이해하는 관점이 다문화 가정을 받아들이는 개인들의 주관적 인식의 차이에서 출발하고 있음을 나타냈는데, 그 특성을 분석하여 포지셔닝 시킴으로써 전략적 관점에서의 커뮤니케이션 전략을 제시하였다.

KEY WORDS 다문화 가정 • 공익광고 • 다문화주의 • Q 방법론

1. 문제 제기 및 연구 목적

최근 대한민국 사회에서 공익에 대한 대중의 인식과 기업들의 사회적 책임이 매우 높아졌다. 중앙정부나 지자체에서는 공중의 힘을 모을 수 있는 매개체의 필요성을 강하게 인식하고 있으며 사회문제를 해결할 수 있는 효과적인 도구로서 공익광고를 커뮤니케이션의 한 역할로 인정하고 있다.

공익광고는 사회 현상에서 발생하는 문제에 대해 공중의 인식이나 태도의 변화를 유도하는 예방적 장치이다(김성훈, 2005). 사회 이슈나 사회 문제에 대해서 상업적 측면에서 접근하는 것이 아니라 공공의 측면에서 출발해 일반 공중에게 알리고 이들의 의식변화를 유도하는 목적으로 펼쳐지는 커뮤니케이션의 형태인 것이다(Darian, 1993). 국제광고협회(IAA)에서도 공익광고를 광고의 한 형태로 취급하고 있는데, 일반 공중의 지배적 의견을 수용하여 사회, 경제, 문화적으로 그들에게 이익이 되는 활동이나 일을 지원하고 실행할 것을 권장하는 커뮤니케이션이다.

즉 공익광고는 공익적 메시지를 통해서 공중을 계도하는 기능을 수행하며 공공의 복리를 실현하기 위해서 커뮤니케이션 기능을 이용해 실득하고, 공공의 선을 실현시키고 사회를 통합시키는 역할을 수행한다. 범국민성과 비영리성, 비정치성, 비편파성, 휴머니즘을 기본 이념으로 하여 실질적이거나 잠재석으로 공공의 이익과 선의 추구를 목표로 하는 것이다(최정화, 2009).

상업적 접근이 아니라 공공의 차원으로 공익광고를 바라보는 경향도 있다. 공익광고가 사회적 이슈나 문제에 대해서 일반 공중에게 주지하거나 인지시키고, 그들의 행동변화를 촉구하거나 유도하기 위한 목적을 가진 설득 커뮤니케이션 활동인 것이다(김유경·최창원 외, 2007). 공익광고는 사회적 공익성을 실현시키기도 한다. 일반 공중의 지배적인 의견을 수용하여 사회적으로나 경제적으로 이득이 되는 활동이나 일을 지원하거나 실행하도록 권장하는 커뮤니케이션이다. 계몽을 초점으로 하여 개인적 차원에서 도움을 주는 광고와 공익을 초점으로 하여 곤경에 처한 타인에게 도움을 주는 물리적 광고로 구분하기도 한다(Bagozzi & Moore, 1994).

즉 사회 마케팅의 하나로서 공공의 혜택을 목적으로 하는 공익광고는 사회적 이슈나 문제에 초점을 두고 공중의 행동이나 습관에 변화를 주거나 공익을 위한 태도 형성을목적으로 한다(Bovee & Arens, 1989). 공익광고의 공익 캠페인(public service advertising)은 사회 마케팅 활동 가운데서도 촉진 활동에 있어서 중요한 역할을 담당한다. 공익 캠페인은 캠페인 목적에 초점을 두거나 캠페인 방법에 초점을 두는 경우가 있는데, 모두가 수용자 인식이나 행동의 변화를 바탕으로 사회를 변화시키려는 목적을 가진다. 정부나 각종 사회 단체들이 지원하여 사회적으로 바람직하다고 여겨지는 활동을 촉진시키는 광고 형태가 바로 공공 캠페인이다(권중록, 2002).

이러한 맥락에서 볼 때 다문화 가정 공익광고 역시 사회 마케팅의 역할을 수행하는 커뮤니케이션의 도구인 것이다. 공익광고를 통해서 주류의 지배적 문화나 지배 이데올로기에서 벗어나 다양한 시선에서 바라보는 다문화주의의 실천을 가능하게 한다. 이를 바탕으로 사회현상을 적절하게 진단하며 바람직한 공중의 관점에서 문화 바라보기를 가능하게 만드는 기회를 제공한다.

미디어 플랫폼을 통해서 재현하는 콘텐츠는 순수한 프로그램이라기보다는 정치적 의미나 의제, 정책에 속박되어 있는 이데올로기적 산물(Keller, 1995)이다. 이러한 이데올로기적 산물이 다문화를 다루는 공익광고에 담겨져 지배문화에 의해 조정될 수도 있다. 그러나 다문화주의는 이러한 지배문화에 의한 고정화나 왜곡화, 낙인찍기화에서 벗어나고자 하는 모든 사람들에게 통용될 수 있는 일반적 규정이다(김선남·홍숙영, 2009).

따라서 본 연구는 새롭게 주목받고 있는 다문화 캠페인에 대해서 다문화 가정 공익광고에 대한 수용자 인식의 주관적 성향을 다각도로 살펴보고자 한다. 다문화 가정을 재현하고 있는 광고에 대해서 시청자들이 어떻게 인식하고 받아들이는가를 살펴보는 데 그 목적이 있는 것이다. 연구는 주관적 성향에 따른 유형을 알아보고자 이에 적합한 Q 방법론을 채택하였다. Q 방법론은 인간의 주관성에 대한 연구이다. 주관적 내면 세계를 탐구하는 것에서 출발하여 인간의 선호, 감정, 이상, 아름다움, 취향 등을 측정하는 것이다(김흥규, 1999). 객관적 자료에 의존하기보다는 주관적 자료에 입각한 분석을 진행하여 광고를 통한 개인의 인식 유형을 발견하고, 이를 바탕으로 정부나 지자체, 기업에서 다문화 공익 캠페인을 펼치는 데 필요한 적절한 전략 컨셉을 제시하고자 한다. 이를 위해서 본 연구의 목적을 다음과 같이 한다.

다문화 가정 공익광고에 대한 주관적 구조를 유형화하고, 각 유형별 특성을 살펴보고자 한다. 또한 각 유형의 메타요인(meta-factor)을 발견하여 각 유형을 포지셔닝시키며, 다문화 가정을 위한 광고의 전략적 관점에서 이를 활용한 커뮤니케이션 전략을 제시하고자 한다.

2. 이론적 배경

1) 공익광고의 커뮤니케이션 선행 연구

공익광고와 같은 대중매체 캠페인은 행동유형에 따라 차이가 있을 수 있으나 적은 양이나마 행동변화의 효과를 보인다. 사회적으로 추구하는 공익적 가치를 목표 공중에게 학습하게 하고, 그 가치에 대하여 태도를 형성하거나 변화를 일으키게 해 바람직한 행동을 유도하고 있기 때문이다(권중록, 2009).

공익광고는 사회적 변화를 유도하기 위한 사회 마케팅의 일환이다. 따라서 주로 매스미디어를 통해서 전달되는 정보와 설득 메시지를 바탕으로 사람들의 태도나 행동에 변화를 주는 것을 목적으로 한다는 점에서 다른 광고 커뮤니케이션들과 차별성을 가진다. 공익광고의 주제는 해당 사회 전반에 걸친 주요 이슈나 문제를 다루는데, 이 주제는 사회적이거나 정치적·문화적 배경에 의해 많은 영향을 받는다(김유경·최창원 외, 2007). 공익광고는 다양한 주체들과 그 주체들의 특성에 따라서 메시지 전략의 효율성이 각각 다르게 나타날 수 있다. 이것은 수용자의 다양한 특성이 공익광고의 효과에 영향을 미치는 것으로서(조용석·황장선, 2007), 공익광고 캠페인은 사회적 가치를 구현하는 제도적 지원이 구체적으로 실현되면서 보다 다양한 공익광고가 집행되고 있는 모습을 보이기도 한다.

공익광고의 커뮤니케이션 측면에서도 다양한 접근의 연구들이 진행되고 있는데, 공익광고 메시지의 프레이밍과 결과 지각이 환경 행동에 미치는 영향(김재휘·신진석, 2004)이나 공익광고 메시지 커뮤니케이션에 관한 연구(손상희, 2002)처럼 공익광고의 메시지에 관한 연구들이 있는가 하면, 한국 공익광고의 내용 변천 연구(유종숙, 2004)나 해방 이후 공익광고를 통해 본 공공캠페인 이슈 변천에 관한 분석(한미정·이영애 외, 2005)처럼 공익광고에 나타난 주제와 관련된 조사연구들도 있다. 또한 공익광고와 사회통제 요인이 청소년의 마약에 대한 태도와 행동에 미치는 영향(권중록, 2009)이나 우리나라 초·중·고 교육용 도서에 나타난 광고의 사회적 역할과 그 영향에 관한 연구(심성욱·황장선 외, 2007)처럼 공익광고의 수용자 행동 영향에 대한 연구들도 있다.

공익광고의 효과측면에서도 활발히 연구가 진행되고 있는데, 공익광고의 주제 유형별 효과 연구(조용석·황장선, 2007)나 공익 연계 광고의 메시지 소구 유형과 기부 수준의 명확성 정도가 광고 효과에 미치는 영향(조용석·이명천 외, 2006)과 같은 연구들이 그것이다. 공익광고 캠페인 주제로 나타난 사회문제의 포지셔닝에 관한 연구(권중록, 2002)나 공익광고 캠페인 주제와 수용자 비용 및 유익성과의 관계(권중록, 2005)에 초점을 맞춘 연구들처럼 다양한 접근의 연구들이 활발히 펼쳐지고 있다.

2) 다문화 가정에 대한 이해

다문화는 최근 사회적 이슈로 부각되어 여러 분야에서 자주 등장하는 용어이다. 다문화는 국제화나 세계화라는 개념과 밀접성을 가지며 사회의 다원화를 추구한다. 국제화나 세계화라는 개념과 밀접성을 가지며 사회의 다원화를 추구하는 다문화는 인종이나 문화 또는 종교가 복합적으로 인정되고 유지할 수 있는 다양성 사회를 의미하는데, 이는 다문화주의와 같은 의미로 이해될 수 있다.

다문화주의는 정치적 이론이나 이념이 아니며 철학담론도 아니다. 인간의 삶을 관찰하는 방식이나 전망으로서 학교나 도시, 국가처럼 조직화된 특정 공간 속에서 인종이나 문화, 민족적 다양성에서 파생된 실용적인 이데올로기다(김복래, 2009). 문화들은의식적이거나 혹은 무의식적 상호작용에 의해서 문화적 정체성을 가지게 되는데, 문화적 정체성은 타자와 타문화와의 비교를 통해서 자기 정체성을 정의한다. 이러한 '타자성'은 문화를 형성하는 사회에서 복합적 다양성의 형태로 존재하는데, 문화의 다원주의(pluralism)나 복수성이 다문화 요소들을 복합적 상호작용에 의해서 한 사회 내에서 보편화시키면서 다양한 문화, 다양한 종교, 다양한 인종이 공존하는 사회를 표방한다.(김광병·서보람, 2009).

세계화의 진전과 국가 간 정치적 교류나 문화적 교류, 인적 교류로 인한 급속한 문화적 확장은 우리 대한민국 사회를 다문화 사회의 영역으로 합류시켰다. 인적 교류에 의한 다인종화는 대한민국 사회가 다문화 사회로 진입하고 있음을 보여주는 예이다. 국제결혼과 노동력에 의한 다문화 구성원들의 유입은 우리 사회의 인적 구성과 문화적 측면을 다양화하였다. 외국인 노동자의 유입, 국제결혼 가정, 북한 이탈 주민과 해외 동포 유입의 증가로 인하여 우리 사회는 인구학적으로 급격한 변화와 함께 다양화되었다. 이러한 현상은 우리 사회에 대한민국의 문화만이 존재하는 것이 아니라 다양한 인종과 종교 등의 측면에서 파생된 또 다른 문화가 존재함을 의미하는 것이다.

우리 사회는 이미 2006년을 기준으로 단일민족이라는 용어의 사용이 어려워졌다.[1] OECD와 같은 국제사회에서도 다문화 사회로의 인식변화를 촉구하여 다원적

문화의 공존을 권장하고 있기도 하다. 이러한 현상에 발맞추어 다문화 구성원들과 함께하는 범국민적 계몽 캠페인도 활발하게 진행되고 있다. 2009년 동아일보사의 '달라도 다함께'[2]와 같은 연중기획 캠페인처럼 다문화 캠페인은 정부와 지자체, 시민단체, 기업의 사회공헌팀 등을 중심으로 다각도로 펼쳐지고 있다. 일간신문의 지면이나 TV, 라디오 광고, 정부의 정책 메시지 등에서 글로벌 코리아 캠페인이 진행되고 있는 것이다(홍장선, 2009).

한편, 김종헌(2008)은 동화에 나타난 다문화 가정의 표상 연구를 통해서 다문화 가정에 대한 연구를 진행하였다. 그는 다문화 가정을 동화에 등장하는 인물들의 표상(representation)을 통해서 사회적 현실에 대한 이해를 구했다.[3] 국제결혼을 둘러싼 여러 사회 현실이 반영된 동화에서 동남 아시아계 이주 여성에 대한 편견과 무시, 외국인 노동자에 대한 비인격적 대우, 부당한 노동행위, 그들의 가정에 대한 사회적·법적 지위문제, 다문화 가정 출신의 자녀들의 이지메 현상 등 다각적인 측면을 동화 속 사건을 통해서 표현했다.

다문화 가정의 실상이 자세히 묘사된 동화에서처럼 우리 사회에서의 다문화 가정은 다양하게 구성되어 있는데, 김갑성(2007)은 다문화 가정을 가족 구성원 내에서 다양한 문화가 공존하고 있다는 의미로 해석했다. 그는 다문화 가정에 한국인 남성과 결혼한 이주 여성의 가정, 한국인 여성과 결혼한 이주 남성의 가정, 이주민 가정(노동자, 유학생, 비즈니스) 등을 포함시켰다.

박종보(2006)는 다문화 가정을 국제결혼을 통해 형성된 가정으로 한정하였다. 그는 '미군 병사 남성과 한국인 여성이 결혼한 가족', '외국인 남성 전문직 종사자와 한국인 여성이 결혼한 가족', '한국인 남성과 외국인 여성 결혼 이민자가 결혼한 가족', '이주 노동자와 한국인이 결혼한 가족' 등의 네 가지 유형으로 구분하였다. 설동훈(2006) 또한 다문화 가족을 국제결혼을 통해 형성된 가족으로 지칭하고 있다.

---

1) 통상적으로 한 나라의 이민자 수가 2.5%가 넘으면 다문화 사회로의 진입을 의미하는데, 우리나라의 경우국민 대비 이주민의 분포가 2.3%가 넘고 있어 더 이상 '단일민족'임을 내세우기가 어려워졌다. 또한 정부는2008년 9월 22일 다문화가족지원법을 제정하고 시행에 들어갔다.

2) 동아일보 2009년 연중 캠페인.

3) 김종헌은 다문화 가정을 외국인 남성과 한국인 여성과의 결혼, 한국인 남성과 외국인 여성과의 결혼으로 구분해서 이를 다룬 동화에 대한 분석을 실시했다. 김일광의 『외로운 지미』, 원유순의 『우리 엄마는 여자 블랑카』, 김란주의 『내 이름은 유경민이야』, 황복실의 『사르해! 사르해!』, 박채란의 『티나, 기다려 줘』, 임정진 『엄마와 오까상』, 강민경의 『까만 달걀』 등이 다문화 가정의 실상을 잘 표현한 소설들이다.

다문화 가정 구성원들은 다문화주의를 바탕으로 문화적 다양성에 대해서 타당성을 제기한다. 우리 사회에 살아가고 있는 다문화 가정은 소수 계층이다. 소수 계층은 비주류 문화를 구성하며 그들만의 문화를 조용히 이어간다. 하지만 다문화주의가 외치는 문화적 다양성은 다양한 담론을 생성해 내며 주류와 비주류라는 문화적 차이를 외친다. 따라서 다문화주의란 지배문화의 권위주의와 중심주의를 비판하면서, 문화의 의미를 생활양식과 이데올로기의 산물로 인식하거나 문화상품이나 취향과 같은 좁은 의미로 한정되어 이해하기도 한다.
이러한 이해의 방식은 매스미디어라는 플랫폼에 의해서 실재 이미지의 왜곡에 영향을 줄 수 있다. 미디어는 현실에 대해 고정되고 왜곡된 이미지를 제공할 위험이 높다. 그러나 다른 한편으로는 미디어를 통해서 다양성에 관한 정보를 얻고 왜곡된 이미지를 수정할 수 있는 효과를 얻을 수도 있다. 특히 다문화 가정 공익광고는 시청자에게 특정 사회 구성원이나 집단에 대한 고정관념을 깨는 데 적합한 도구이다. 주류의 지배적 문화나 지배 이데올로기에서 벗어나 다양한 관점에서의 문화 바라보기를 가능하게 하고, 사회현상을 적절하게 진단할 수 있는 기회를 제공한다. 따라서 다문화 가정에서 보여지는 다문화주의 측면에서의 주류 문화와 비주류 문화에 대한 차별적 비교나 비교우위를 두지 않으면서 서로의 다양성을 인정하고 융합하기 위해서는 공익광고의 역할이 중요하다(김선남·홍숙영, 2009).

3) Q 방법론

Q 방법론은 인간의 주관성(subjectivity) 연구이다. 인간의 내적 경험이라고 할 수 있는 주관적 입장(subjective standpoint)에 초점을 맞춘 방법으로서, 심리학은 물론 사회과학 전반에 걸쳐 사용되는 연구 방법인 동시에 분석 방법이다. 윌리엄 스티븐슨(William Stephenson)에 의해 창안된 Q 방법론은 태도나 신념, 확신, 가치 등 과학의 세계에서 간과되었거나 배재되었던 인간의 주관적 영역을 연구하기 위한 접근 방법이다. Q 방법론은 연구자에 의해 주어진 가설을 검증하는 가설 연역적 접근법이 아니다. 여러 사람들에 걸쳐 어떤 속성들 사이의 상관관계에 초점을 맞추는 행태주의 연구 방법과는 다르게 주관적 속성들에 걸쳐 사람들 사이의 상관관계를 찾아내는 방법이다. 조작적 정의가 아니라 자결적 반응(operant response)이 중요한 문제며, 사람의 시각에서 외부적 기준이 될 수 없기 때문에 타당도 개념이 적용되지 않는다. 즉 '가설을 만드는', '가설을 발견해 가는' 이른바

가설 추론적(abductory) 방법론으로서 연구자의 가설이 아니라 행위자의 관점에서 시작되어 주관성의 구조에 의해 형성된 유형을 발견하는 데 의의가 있다(김흥규, 2008).

Q 방법론은 마케팅, 정치학, 행정학, 아동심리학, 간호학, 의학, 광고홍보학, 저널리즘, 커뮤니케이션학, 관광학 등 다양한 분야에서 활용되고 있다. 소비자의 광고 태도에 관한 주관성 연구(최원주, 2006)와 같이 마케팅 전략 소구를 위한 연구에 활용되기도 하며, 가상공간에서의 아바타를 통한 다중적 자아의 요인 연구(김흥규·이종윤, 2002), 광고 속 자아 투영 연구(김흥규·오주연, 2005)와 같은 자아 연구에 효과적이다. 텔레비전 코미디 프로그램 수용자의 시청행위 연구(정상환, 2006)와 같은 수용자 연구나 일본과 중국 내 한류 수용자의 해외 문화 수용에 대한 인식비교 연구(이창현, 2007)와 같은 인식 연구에 이용되기도 한다. 또한 성인기 흡연 유혹 유형과 흡연 영향변인에 관한 연구(장성옥·이용미, 2008)처럼 간호학 분야나, 해외 여행자의 여행동기와 태도 유형 연구(김흥규·홍장선, 2009)와 같은 관광학 분야, 386세대의 정치적 태도 연구(민희·심창님, 2008)처럼 정치학 분야나 새터민들의 주관성과 남북한 동질성 회복을 위한 방향(길병옥·김창남 2009)과 같은 행정학 분야 등 많은 분야에서 Q 연구들이 활발히 진행되고 있다.

3. 연구 설계

본 연구는 Q 방법론을 이용하여 공익광고 중에서도 다문화 가정 공익광고에 대한 수용자 인식의 주관적 유형을 발견하는 것이다. 이를 바탕으로 다문화 가정에 대해 정부나기업에서 펼치는 광고 캠페인의 전략적 광고 전략을 찾아내어 적절한 컨셉을 제시하는 것이 목적이다.

1) 연구 설계

(1) Q 표본(Q sample)

Q 표본이란 Q 모집단(population)을 말한다. Q 연구를 위해서 수집된 항목의 집합체로 한 문화 안에서 공유되는 의견의 총체적인 집합(concourse)에서 추출된 항목을 지칭한다. Q 항목은 손으로 분류가 될 수 있어야 하며, 분류하는 응답자의 개별적 의견이 반영될 수 있는 자아참조적(self-referent)이어야 한다. 언어적으로 구성된 진술문이 흔히 Q 항목으로 사용되지만 영상, 음악, 꽃, 의류, 광고물이나

이미지 사진 등 비언어적(non-verbal)인 자극물이 대상이 될 수 있으며, 문헌이나 면접(interview)을 통해서도 수집할 수 있다(김흥규, 1990).

Q 표본(sample)은 Q 모집단에서 추출된 항목이기에 Q 표본의 선정은 통합체가 완성되는 단계를 의미한다. 진술문들은 통합체의 개념 안으로 흡수되어 Q 방법론의 기본 요소가 되는데, 통합체 세계에 대한 총체적 이해는 인간의 이해 자체라 할 수 있다. Q 표본은 순차적 방식에 따라 모으게 된다. 진술문을 찾으면 찾을수록 그 수가 줄어들게 되는데, 어느 순간 포화 상태에 이르면 더 이상의 진술문을 추가하지 못하게 되면서 모집단이 완성되게 된다. 비구조화 표본의 방식에 의해 구축된 모집단으로부터 무작위 추출방식의 구조(emerged structure)로 추출된다(김흥규, 2008).

본 연구를 위해서 연구자는 다문화 가정 공익광고에 대해서 느낄 수 있는 다문화 가정에 대한 진술문을 바탕으로 Q 표본을 작성하였다. 이를 위해서 다문화 가정과 다문화 가정 공익광고에 관한 신문기사나 전문서적, 인터넷 자료 등을 고찰하였고, 대학생, 직장인과 일반 시민들을 대상으로 별도의 심층면담을 진행하여 Q 모집단을 80여 개 수집하였다. Q 모집단 내에서 중복된 내용을 제외한 후, Q 표본인 진술문의 동의와 비동의의 수가 거의 동수가 되도록 조정을 하여 〈부록 1〉에서와 같이 최종적으로 27개의 진술문을 선정하였다.

(2) P 표본(P sample)

Q 방법론은 사람들 사이에서 갖는 평균적인 의미나 개인 간의 차이가 아닌 한 개인 내의 중요성의 차이를 다루는 연구 방법이기 때문에 P 표본의 수에 있어서는 아무런 제약이 없다. Q에서는 사람이 변인이고 항목은 표본을 가리키기 때문에 표본의 수는 요인을 생성하고 요인들 간에 비교할 수 있을 정도면 충분하다. 특정 요인에 속한 사람들의 비율을 가지고 전체 사람들의 비율을 추론하는 것과는 완전히 다른 문제이기도 하다(김흥규, 1990).

이 연구를 위해서 P 표본은 소표본 원리(small sample doctrine)를 바탕으로 진행하였다. Q 표본은 개인 간의 차이(Inter-individual difference)가 아니라 개인 내의 중요성의 차이(Intra-individual difference in significance)를 다루고 있어서 P 표본 수의 제한을 받지 않는다는 점에 의미를 두었다(김흥규, 2008). 따라서 본 연구의 P 표본은 남녀 총 29명으로 구성하였다.

(3) Q 분류(Q-sorting)

본 연구에서는 다문화 가정 공익광고에 대해서 느낄 수 있는 다문화 가정에 대한 진술문을 각각 한 장의 카드에 기입하여 27개 Q 표본을 만들었다. 이를 읽은 후, 동의하는 것(+), 중립(0), 비동의하는 것(-)으로 크게 세 그룹으로 나누도록 했으며, 세 그룹으로 나누어진 카드의 진술문을 다시금 읽게 하여 가장 선호하는 것에서부터 가장 비선호하는 것까지 강제 분류하도록 하였다. 강제분류 체계는 각 개인의 Q 진술문의 점수 부여에 대한 의존성을 끌어낸다(김흥규, 1990). 각 진술문에 대해서 각각의 응답자들이 어느 정도의 인식을 갖고 있고, 이에 따른 유형이 어떠한지를 찾아내기 위해서 자신의 의견과 가장 일치하지 않는 것을 -4점에, 가장 일치하는 것을 4점에 분류해 줄 것을 요구하였다.

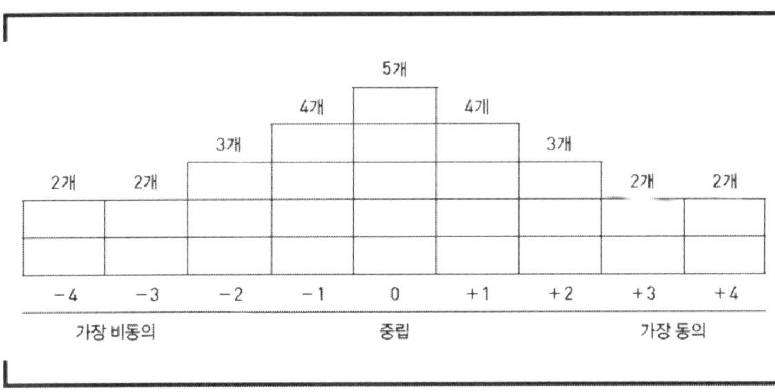

그림 1. Q 분류 분포도(N=27)

(4) 심층면접

본 연구에서는 Q 방법론을 통한 연구 결과의 이해와 해석을 보완하기 위해 조사 대상자에 대한 심층면접을 실시하였다. 가장 동의하는 2개의 진술문과 가장 동의하지 않는 진술문 2개를 고른 이유를 별도의 페이지에 적게 하였다. 또한 그 과정에서 본 연구자가 궁금한 사항들을 중간 중간에 구체적으로 질문하는 방식을 취했다. 조사 대상자들이 Q 분류와 심층면접에 대한 응답을 완료하는 데는 일반적으로 22~40분의 시간이 소요되었다.

1단계	Q 표본의 선정
1) Q 모집단(Q population) 구성 – 다문화 가정 공익광고에 관한 전문서적, 신문기사, 체험수기, 인터넷 자료 2) Q 표본(Q sample) 선정 – 약 80여 개의 진술문에 대해서 중복된 내용을 걸러내고, 대표성이 큰 것을 중심으로 검토, 수정하여 최종 27개의 진술문 선정 3) Q 카드와 Q 분류 – Q 표본을 카드 모양의 크기 종이에 인쇄 – Q 표본을 분류시킬 때 해당 표본의 번호를 기입할 수 있는 분포도 표를 준비	

⇩

2단계	P 표본의 선정
남녀 상관없이 29명 – 소표본의 원리(small sample doctrine)	

⇩

3단계	Q 분류
1) 분류의 지시 조건을 제시 2) 강제분포 방식에 따라 –4에서 +4까지 Q 표본의 효과 정도에 따라 그 정도를 분류하도록 지시 3) 양 끝에 놓여 있는 가장 동의하는 2개의 진술문과 가장 동의하지 않는 진술문 2개에 대해서 이해와 해석의 보완을 위한 서술을 기입하도록 지시	

⇩

4단계	자료 처리 및 분석
수집된 자료를 점수화하고, 텍스트 파일을 이용하여 데이터를 입력한 후 QUANL 프로그램을 통해 요인분석	

그림 2. 연구 절차와 내용

(5) 자료분석

P 표본으로 선정된 29명에 대한 Q 소팅이 완성된 후 수집된 자료를 점수화하였다. 이를 위해서 Q 표본분포에서 가장 비선호하는 경우(-4)를 1점으로 시작하여, 중립인 경우(0)에 5점, 가장 선호하는 경우(+4)에 9점을 부여하였다. 그리고 이 점수를 가지고 QUANL PC 프로그램을 이용한 요인분석(factor analysis)을 진행하였다. 요인분석을 통해 분석한 후 요인 선정 기준과 각 유형의 해석 가능성을 고려해 4개의 요인을 추출하여, 추출된 4개의 요인을 배리맥스(varimax rotation) 방법으로

회전하였다.

4. 분석 결과

다문화 가정 공익광고에 대한 수용자 인식의 주관적 성향을 Q 유형분석한 결과, 각각 독특한 특성을 가진 네 개의 유형이 발견되었다. 결과의 분석을 원활하게 하기 위해서, 이 네 개의 유형을 '지역적 성향 내포형(Connotative Geographical Bias)', '이데올로기적 성향 내포형(Connotative Ideological Bias)', '관념적 성향 내포형(Connotative Abstract Bias)', '정책적 대안제시형(Alterative Provider)'으로 각각 명명하였다.

〈표 1〉에서는 아이겐 값과 변량을 확인할 수 있는데 아이겐 값은 각각 8.9395, 2.3325, 2.0109, 1.7133 순으로 나타났으며, 총 변량은 0.5171로 약 52%의 설명력을 가지고 있음을 알 수 있다.

	제1유형	제2유형	제3유형	제4유형
아이겐 값	8.9395	2.3325	2.0109	1.7133
변량	0.3083	0.0804	0.0693	0.0591
총변량	0.3083	0.3887	0.4580	0.5171

표 1. 아이겐 값과 변량과 총변량

	제1유형	제2유형	제3유형	제4유형
제1유형	1.000	0.429	0.421	0.504
제2유형	0.429	1.000	0.253	0.369
제3유형	0.421	0.253	1.000	0.292
제4유형	0.504	0.369	0.292	1.000

표 2. 유형 간 상관관계계수

〈표 2〉는 유형 간 상관관계계수를 보여주고 있다. 제1유형과 제4유형과의 상관관계계수는 0.504로 다른 유형 간의 상관관계보다 다소 높음을 확인할 수 있다.

〈표 2〉에 나타난 유형별 상관관계를 살펴보자. 제1유형과 제2유형과의 상관관계는 0.429, 제1유형과 제3유형과의 상관관계는 0.421, 제1유형과 제4유형과의 상관관계는 0.504로 나타났으며, 제2유형과 제3유형과의 상관관계는 0.253, 제2유형

과 제4유형은 0.369로, 제3유형과 제4유형과의 상관관계는 0.292로 각각 나타났다. 그러나 이러한 상관관계계수는 단순히 주관적 통계지수에 불과하며, 각 요인별 특성을 대변하고 있지 않음을 주지할 필요가 있다.

1) 제1유형: 지역적 성향 내포형

제1유형에서의 다문화 가정 공익광고는 영토적 개념에서의 지역적 구분화라는 차별적 편견을 포함하고 있다. 이들에게는 대한민국의 인종적, 민족적, 문화적 구별 범주를 바탕으로 지역적 개념이 팽배해 있다. 다문화 가정은 대한민국이라는 지역에 들어온 동남아인들의 구성체이다. 심지어 다문화에 대해서 '동남아<서구' 라는 이항대립적 시각을 나타내기도 하지만 차별에 대해서는 경계의 시선을 보인다. 이것은 지역적 구분이 차등과 차별이라는 부정적 인식을 나타내는 것이 아니라 다문화를 다루는 데 있어서 지역적 개념에 의한 구분행위만 할 뿐인 것이다.

주지한 바대로 제1유형에서 나타나는 주요 특징은 지역적 측면으로의 인식 접근이다. 다문화 가정에 대해서 포괄적이고 전방향적인 수용 행태를 보인다라기보다는 지역 의미의 축소적 함의를 가지고 광고를 바라보는 것이다. 따라서 이들에게 다문화 가정은 다문화라는 다양하고 복합적인 의미가 아니라 그저 한국 사회를 이루고 있는 작은 구성체의 일원(#14)일 뿐이다. 구성체로 인식하고 있기에 제1유형들은 다문화 가정 구성원들이 도움을 요청할 경우 스스럼없이 도와준다(#12). 같은 구성체이기 때문에 일회성 광고 캠페인에 의해서 관심을 갖기보다는 꾸준한 관심과 교육이 필요(#25)하다고 보고 있다. 그래서 광고에 표현된 다문화 가정의 획일적인 지역적 편견에 대해서 염려하기도 한다(#7).

이처럼 제1유형에서는 다문화 가정에 대해서 긍정적이면서도 사회를 구성하는 공동체의 일원으로 인식하는 수용형태가 보여지지만, 다문화 가정을 재현하고 있는 공익광고에 대해서는 지역적 차별을 조장한다는 우려를 하고 있다. 서양 사람과 동남아 사람에 대한 차별적 편견을 가지는 태도를 걱정하고 있다(#10). 이들은 광고에 투영된 다문화 가정의 표상에 대해서 다문화 가정 공익광고가 편견을 합법화하는 수단임을 거부(#6)하며, 다문화 가정이 대한민국의 정체성을 훼손시키고 있다는 의견에 부정(#24)하면서, 민족주의적 시각에 대해 경계의 목소리를 외친다.

그래서 제1유형들이 지닌 '지역적 성향'은 다문화 가정 공익광고가 인종, 민족, 문화적 범주를 바탕으로 영토적 개념과 지역적 구분화를 보여주면서 이항대립적 시각을

번호	Q 표본	z-score
11	나는 인종차별주의자를 경멸한다.	2.03
10	한국 사람들은 서양 사람과 동남아 사람에 대한 지역적 편견이 매우 다른 것 같다.	1.64
7	다문화 가정의 구성원(주로 동남아 출신)에 대한 지역적 편견이 들어가 있다는 생각이 든다.	1.41
25	일회성 캠페인으로 그칠 것이 아니라 다문화 가정에 대한 대대적인 교육이 필요하다.	1.13
14	다문화 가정도 대한민국을 이루고 있는 구성원임을 인정해야 한다.	1.11
22	다문화 가정에 관심이 없어 TV 채널이나 신문의 기사를 대충 넘겨 버린다.	-1.04
6	다문화 가정 광고는 편견을 합법화하는 수단일 뿐이다.	-1.23
24	다문화 가정은 대한민국의 정체성을 훼손시키는 주범이다.	-2.10
26	우리 민족이 더 이상 단일민족이 아니라는 사실이 서글프다.	-2.25

표 3. 제1유형에서 z-score가 +1.00 이상 또는 -1.00 이하를 보인 대표 항목들

가지는 것이다. 다만 지역적 구분은 대한민국 사회를 이끌고 있는 한 무리의 구성원으로서 존중받아야 함을 강조하면서, 차별에 대한 우려의 시선을 보내고 있다.

2) 제2유형: 이데올로기 성향 내포형

제2유형에서는 다문화 가정을 영토적인 지역적 개념의 범주에서 벗어나 다문화 가정의 인식 범주를 더욱 확대하고 복합화하였다. 이들은 다문화 가정 공익광고뿐만 아니라 다문화 가정에 대한 이해를 불교나 이슬람교와 같은 종교나 가정, 친족과 같은 집단, 경제나 산업 분야, 정치나 사회 분야 등 여러 측면에서 다각적으로 접근한다. 여러 측면을포괄할 수 있는 이데올로기적인 접근을 강조하는데 미시적 접근보다는 거시적 접근을, 관념적 인식보다는 행위적 인식의 태도가 보이기도 한다. 주지한 바대로 제2유형에서 나타나는 주요 특징은 거시적 측면으로의 이데올로기적 인식의 접근이다. 다문화 가정에 대해서 거시적이면서 다방면적인 수용 행태를

번호	Q 표본	z-score
14	다문화 가정도 대한민국을 이루고 있는 구성원임을 인정해야 한다.	1.82
19	한국 사람들은 진정한 마음으로 다국적 가정을 받아들일 수 있는 준비가 전혀 되어 있지 못하다.	1.44
1	다문화 가정 광고의 다문화 영역이 가정에만 국한되어 있다는 생각이 든다.	1.41
5	국가 이미지 제고를 위한 정책 수단에 불과하다.	1.08
18	다국적 가정에 대해 냉대와 무관심한 것을 보면서 대한민국 국민이라는 것이 수치스럽기까지 하다.	-1.07
26	우리 민족이 더 이상 단일민족이 아니라는 사실이 서글프다.	-2.29
24	다문화 가정은 대한민국의 정체성을 훼손시키는 주범이다.	-2.68

표 4. 제2유형에서 z-score가 +1.00 이상 또는 -1.00 이하를 보인 대표 항목들

가지고 광고를 바라보기 때문에 다문화 가정에 대해서 적극적이면서도 긍정적 인식을 보인다. 따라서 이들에게 다문화 가정은 대한민국을 이루는 구성원으로 인정한다는 보편적 인식(#14)이 담겨져 있다. 그래서 다문화 가정 구성원이 도움을 청할 경우 꺼릴 것 없이 그들을 자연스럽게 도와줄 것(#12)이다. 대한민국의 구성체이기 때문에 다문화 가정 공익광고의 다문화 영역이 너무 가정에만 국한되어 있음을 지적(#1)하기도 한다. 다문화 가정이 광고로 재현될 때는 기존의 접근 방식과는 다르게 복합적이면서도 전방향적인 접근이 이루어져야 함을 강조한다. 그리고 다문화 가정 공익광고가 국가 이미지 제고를 위한 형식적인 일회성 캠페인으로 표현되고 있음(#5)을 경계하면서, 좀 더 유화적이면서 유기적 효율성이 짙은 정책으로 광고 캠페인을 펼쳐야 함을 외친다.

이처럼 제2유형에서는 다문화 가정에 대해서 매우 긍정적이다. 구성원으로서 접근 범위를 확장시키자는 수용 형태가 보여지지만, 다문화 가정 공익광고가 궁극적으로 편견을 합법화하는 수단(#6)이기 때문에 근시안적 시각이나 가벼운 접촉을 걱정하기도 한다. 다문화 가정이라는 표상 자체가 차별과 편견의 산물(#21)이기 때문에 이에 대한 접근 방식과 인식에 변화가 있어야 함을 표출하고 있다. 그래서 이들은 다문화 가정이 대한민국의 정체성을 훼손시키는 주범(#24)이라는 의견에 전혀 동조하지 않는다. 다문화 사회로의 변화를 시대적 흐름으로 인식하고 수긍하면서, 우리나라가 더 이상 단일민족 국가가 아니라는 사실을 담담하게 받아들인다(#26). 또 이들은 다문화 가정 공익광고에 표현되는 다국적 가정에 대한 냉대와 무관심에 대해서 수치스러움(#18)을 느끼며, 문제 제기에 대한 인식의 변환과 태도의 전환이 필요하다는 데 적극 동조한다.

그래서 제2유형들이 지닌 '이데올로기적 성향'은 다문화 가정 공익광고를 바라보는 데 있어서 여러 측면을 포괄할 수 있는 이데올로기적인 거시적 접근을 강조하는데, 종교나 가정, 집단, 경제, 산업, 정치, 사회 분야 등의 넓고 다양한 시야를 가지고 있다.

3) 제3유형: 관념적 성향 내포형

제3유형에서는 다문화 가정을 바라보는 주된 관심사를 '가정'에 국한시켰다. 지역적 측면에서 더 지협적으로 접근한 것으로 피상적면서 관념적인 아이디어의 발현이다. 이들의 다문화 가정에 대한 관심 정도는 개인의 생활반경에 맞춘 지협적인 대응태도이다. 제3유형들은 '나'를 중심으로 다문화 구성원들을 응대하기 때문에, 이들이 실질적 구속력을 가지고 있는지, 구체적 생활의 공동체로 융화되고 있는지, 내 가족과 동질적 유기성이 있는지 등등의 밀접한 관계 지향성을 중요시한다.

주지한 바대로 제3유형에서 나타나는 주요 특징은 관념적 측면으로의 피상적 인식의 접근이다. '나' 혹은 '가족'이라는 지협적 측면에서 다문화 구성원들과의 관계 지향성을 고려하여 광고를 바라보는 것이다. 따라서 다문화 가정을 받아들이는 데 있어서 이들은 진정한 마음의 자세를 가지지는 않는다(#19). 표면적이고 피상적인 관계 속에서는 진정성이 필요치 않기 때문이다. 이는 다문화 가정을 대하는 인식적 과정에서 서양 사람과 동남아 사람(#10)이라는 지역적 편견이 내재되어 있다는 말(#7)과도 같다. 그러나 다문화 가정이 이들의 생활 반경에 포함되어 밀접한 관계를 유지하고 있을 때는 다문화 가정을 대한민국의 한 구성원으로 인정하는 태도(#14)를 보인다. 생활 공동체로서 관계를 맺고 있기에 다문화 가정 출신 2세대들의 생활상에 걱정 어린 시선(#8)을 보내기도 한다. 제3유형들의 자녀들과 다문화 가정 출신의 2세대들과의 관계 지향성을 고려했을 때, 평소와는 다르게 직접적이면서 다방면적인 관심 태도(#22)를 보이는 것이다.

이처럼 제3유형은 다문화 가정에 대해서 '나' 혹은 '가족'과의 관계 범위에 따른

번호	Q 표본	z-score
19	한국 사람들은 진정한 마음으로 다국적 가정을 받아들일 수 있는 준비가 전혀 되어 있지 못하다.	1.80
10	한국 사람들은 서양 사람과 동남아 사람에 대한 지역적 편견이 매우 다른 것 같다.	1.72
7	다문화 가정의 구성원(주로 동남아 출신)에 지역적 편견이 들어가 있다는 생각이 든다.	1.57
14	다문화 가정도 대한민국을 이루고 있는 구성원임을 인정해야 한다.	1.50
8	제3세계(동남아, 흑인 등) 다문화 가정을 보면서 2세대들의 어려운 생활이 걱정된다.	1.47
22	다문화 가정에 관심이 없어 TV 채널이나 신문의 기사를 대충 넘겨 버린다.	1.19
27	외국인 근로자 없이는 한국의 산업이 유지되기 어려운 형편에 와 있다.	-1.01
2	다문화 가정 광고는 편견이 가득 찬 이미지를 생산해 내서 실효성에 의문이 간다.	-1.10
24	다문화 가정은 대한민국의 정체성을 훼손시키는 주범이다.	-1.17
6	다문화 가정 광고는 편견을 합법화하는 수단일 뿐이다.	-1.27
11	나는 인종차별주의자를 경멸한다.	-1.33
5	국가 이미지 제고를 위한 정책 수단에 불과하다.	-1.71

표 5. 제3유형에서 z-score가 +1.00 이상 또는 -1.00 이하를 보인 대표 항목들

수용형태를 보인다. 피상적인 접근 태도나 긍정적인 접근 태도는 바로 관계범위의 척도인 것이다. 이들은 다문화 가정과 생활 권역에 의한 관계 지향성을 가지고 있기 때문에 다문화 가정 공익광고를 국가 이미지 제고를 위한 정책적 수단으로 바라본다(#5). 그래서 다문화 가정 공익광고가 생산해 내는 편견이 가득 찬 이미지(#2)는 편견을 합법화하는 수단(#6)이 아니라 단순히 재현 도구로서 표현되고 있을 뿐이다.

그것은 다문화 가정 공익광고가 편견만을 가지고 있는 광고는 아니기 때문이다. 어느 정도 실질 생활환경의 재현이라는 믿음이 있기 때문이다. 이들은 인종차별주의자를 경멸하기보다는 어느 정도 인정(#11)을 해야 한다는 입장이다. 같이 살아가는 환경에서 인종주의자 역시 하나의 개인적 성향이기에 그들의 입장이 이해되기도 한다. 삶 속에서 일어날 수 있는 다양성의 한 측면으로 치부할 수 있기 때문이다.

그래서 제3유형들이 지닌 '관념적 성향'은 다문화 가정 공익광고를 바라보는 데 있어서, '나'와 '가족'과의 관계 범위를 중심으로 다문화 구성원들과의 밀접한 관계를 중요시 한다.

4) 제4유형: 정책적 대안제시형

제4유형에서는 다문화 가정을 바라보는 데 있어서 단순한 관심에 의한 접근 방식이 아니라 구체성 있는 실질적 대안의 정책을 외치고 있다. 캠페인을 비롯하여 교육과 같은 구체적 정책안을 제시하여 기존 시각의 탈피를 바라고 있다. 천리안과 같은 혜안을 가지고 다문화 가정에 접근해야 하기 때문에 눈앞의 문제해결뿐만 아니라 숲 속의 복잡한 문제까지도 해결해야 함을 강조한다. 이들은 다문화 사회에서의 민족주의나 민족성에 대해서 강한 경계의 자세를 보인다. 교육만이 이를 극복할 수 있는 도구로 인식하고, 탈민족주의 인식 고양을 위해서 정기적이고 꾸준한 정책 캠페인이 펼치기를 바란다.

주지한 바대로 제4유형에서 나타나는 주요 특징은 정책적 대안의 시스템 구축이다. 다문화 가정에 대한 수용의 형태가 일회성 캠페인으로 그칠 것이 아니라, 다문화 가정에 대한 대대적인 교육을 통해 보다 구체적이고 시스템화되어 있는 방식으로의 접근(#25)을 강조한다. 그래서 이들은 서양 사람과 동남아 사람이라는 이항대립적인 차별적 편견에 대해서 부정적이며, 교육이나 공공정책을 통해서 인종적 편견을 없애고자 한다. 그렇지 않으면 오바마 미국 대통령과 같은 인물이 대한민국에서는 나타나지 못할 것(#17)이라면서 인종적 편견의 위험성을 제기한다.

또한 대한민국만을 외치는 편협한 민족주의를 거부(#3)한다. 다문화 가정도 대한민국을 구성하는 주요 요인으로 인식(#14)되고 있지만, 실질적인 마음이나 태도에 있어서 진정성이 담긴 모습을 찾아 볼 수가 없다. 바로 제도적 시스템의 부재와 빈약한 교육의 현실이 이러한 문제를 야기하고 있는 만큼, 다문화 가정에 대한 정부의 보다 효과적이고 효율적인 정책 개발과 함께 시스템으로의 매뉴얼화를 추진하고자 한다.

번호	Q 표본	z-score
25	일회성 캠페인으로 그칠 것이 아니라 다문화 가정에 대한 대대적인 교육이 필요하다.	1.88
10	한국 사람들은 서양 사람과 동남아 사람에 대한 지역적 편견이 매우 다른 것 같다.	1.79
17	오바마 미국 대통령과 같은 인물이 대한민국에서는 나타나지 못할 것 같다.	1.34
3	대한민국만을 외치는 편협한 민족주의의 주장이라는 생각이 든다.	1.16
14	다문화 가정도 대한민국을 이루고 있는 구성원임을 인정해야 한다.	1.12
12	다문화 가정 구성원이 도움을 청한다면 스스럼없이 도와줄 것이다.	1.11
24	다문화 가정은 대한민국의 정체성을 훼손시키는 주범이다.	-1.04
9	다문화 가정 광고는 다문화주의를 바탕으로 하는 국가 경쟁력을 키우고자 하는 정부의 의지가 담겨 있다.	-1.28
23	행복해 보이는 다문화 가정의 가족애가 부럽다.	-1.34
6	다문화 가정에서 자란 2세들은 이국적 문화 혜택을 누리게 될 것이다.	-1.53
4	다문화 가정을 이해하고 화합하기 위한 문화적 장을 마련하고 있다.	-2.08

표 6. 제4유형에서 z-score가 +1.00 이상 또는 -1.00 이하를 보인 대표 항목들

이처럼 제4유형에서는 다문화 가정에 대해서 제도화된 교육 시스템을 통한 효율적인 캠페인의 전방위적인 인식 전환을 강조한다. 이들은 다문화 가정 공익광고가 다문화 가정을 이해하고 화합하기 위한 문화의 장이라는 말에 극도의 부정적 의견(#4)을 표출한다. 다문화 가정에서 자란 2세들이 이국적 문화 혜택을 누리게 못할 것(#20)이라면서 비관적 입장을 취하고 있는데, 바로 제도적 시스템의 뒷받침이 없기 때문이라고 외친다. 또한 다문화 가정 공익광고가 국가 경쟁력 향상을 위한 다문화주의를 활용하지 못함(#9)을 지적하며, 방향성이 없는 정책의 일회성 외침은 더 이상 필요 없다고 강조한다. 그렇기 때문에 광고 속에 등장하는 다문화 가정의 가족애는 그저 연출(#23)된 거짓 행복이라고 주장한다.

제4유형들이 지닌 '정책적 대안 제시'는 다문화 가정 공익광고를 바라보는 데 있어서, 이전 유형들과는 다르게 정부의 효율적인 정책 개발과 함께 구체성 있고 실효성 있는 시스템의 매뉴얼화를 강조한다. 즉 이상론적인 접근보다 캠페인을 비롯한 교육과 같은 구체적 정책안을 제시하기를 바라는 것이다.

5) 각 유형 간 차이점과 유형별 특징

제1유형, 제2유형, 제3유형, 제4유형 간에도 차이가 명확하게 드러난다. 먼저 제1유형과 제2유형의 특성을 비교해 보자. 제1유형은 제2유형에 비해서 다문화 가정을 바라보는 인식의 접근 범위를 좁게 한정시키고 있다. 제1유형이 지역적 개념으로서 영토적인 편견을 가지고 있다면, 제2유형은 지역적 지협성에서 벗어났다. 그래서 제1유형은 다문화 가정 공익광고가 대한민국만을 외치는 편협한 민족주의의 주장이라 강하게 외치면서, 인종차별주의자들을 경멸하거나(#11) 차별에 대한 강한 경계를 보인다. 반면에 제2유형은 인종차별주의나 민족주의를 차별적 속성으로 바라보지 않는다. 다문화 가정 공익광고가 편견을 합법화시키는 도구에 지나지 않는 것이라면서, 광고의 구성이나 재현이 인종차별이나 민족주의를 상대적으로 부각시켜 강조(#6)한 것일 뿐이라 외친다. 다문화 가정 공익광고는 국가 이미지 제고를 위한 정책 수단에 불과하다(#5)고 폄하하면서, 이러한 잘못된 정책에 의한 시민들의 인식 때문에 오바마 미국 대통령과 같은 인물이 대한민국에 나타날 수가 없다(#17)며 아쉬움을 표출하고 있다.

제1유형과 제3유형에서는 다문화 가정을 바라보는 인식의 접근범위를 지역적 접근과 지협적 접근의 차이로 나타내고 있다. 제1유형이 제2유형에 비해서 인식의 접근범위가 좁다고는 하지만, 제3유형에 비해서는 그 접근범위가 상대적으로 넓다. 즉 제1유형이 '지역'이라는 영토적 개념의 접근이라면, 제3유형은 '가정'이라는 좁은 울타리 혹은 근원적 집단의 최소단위에 대한 인식의 접근을 강조한다. 제1유형은 대한민국만을 외치는 편협한 민족주의의 시각(#3)에 대해서 영토적 차원의 지역색을 비판하면서, 대한민국의 노동력 시장에서 외국인 근로자 없이 산업이 유지되기 어려운 형편(#27)을 경고하기도 한다. 국가 경쟁력 제고를 위해서라도 인종적인 지역색이라는 시선을 극복하고 다민족 가정을 순수하게 받아들여야 한다는 것이다. 또한 이들은 다문화 가정 공익광고가 국가 이미지 제고를 위한 정책의 일환(#5)으로 획일적이고 의도적인 메시지를 주입시키는 도구이기 때문에 다문화 가정 공익광고는 편견이 가득 찬 이미지를 생산해 내는 산물(#2)임을 강조한다. 제3

유형에서는 다문화 가정의 구성원들을 진정한 마음으로 받아들일 준비가 되어 있지 않고(#19) 있음을 아쉬워하면서, 다문화 가정이라는 표기법 자체가 차별과 편견의 산물임을 고발하고 있다.

제1유형과 제4유형에서는 다문화 가정을 바라보는 인식의 접근이 이상론이 아니라 구체적 대안이 담겨진 실제론이라는 데 차이를 보인다. 제1유형이 접근 방식에 대한 인식이라면 제4유형은 인식 전환의 변화를 꾀하는 정책적 측면에서의 접근이다. 즉 제1유형이 지정학적 측면의 접근 방식으로서 다문화 가정을 이해하고 있다면, 제4유형은 정책적 측면과 대안 시스템 체계를 바탕으로 접근하는 방식을 취하고 있다. 제1유형은 다문화 가정 공익광고가 다문화 가정을 이해하고 화합하기 위한 문화적 장을 마련한다는 데 효율적(#4)이라면서, 다문화 가정 공익광고가 다문화주의를 바탕으로 국가 경쟁력을 키우고자 하는 정부의 의지가 담겨져 있다(#9)고 피력하고 있다. 다문화 가정 구성원들에 대한 인식이 정부의 정책적인 시스템의 부재로 문제가 되고 있음을 보여준 것이다. 따라서 제4유형에서는 이러한 정책의 부재를 제도적으로나 시스템적으로 보완하여 제시해야 함을 강조한다. 오바마 미국 대통령과 같은 인물이 대한민국에서 나타날 수 없는(#17) 사회-문화적 구조를 문제로 언급하면서 해결 대안을 제시하거나, 다문화 가정 캠페인이 일회성이 아니라 장기간 지속될 수 있도록 제도화하여 다문화 가정에 대한 인식의 전환(#25)을 촉구하고 있다.

한편, 다문화 가정을 바라보는 데 있어서 광범위한 측면에서의 접근 행동을 보이는 제2유형과는 달리 제3유형은 '가정'이라는 한정된 측면에서의 다문화 가정에 대한 이해를 구한다. 즉 다문화 가정 공익광고가 재현하고 있는 다문화 가정의 인식범위를 한정된 측면으로의 접근과 광범위한 측면으로의 접근으로 구분한 것이다.

제2유형은 다문화 가정 공익광고가 국가 이미지 제고를 위한 정책 수단에 불과하다(#5)면서 불쾌해한다. 또한 다문화 가정 공익광고가 편견이 가득 찬 이미지의 재현 수단일 뿐이라는 비판(#6)도 서슴지 않는다. 이는 광고가 다문화 가정에 대한 편견을 합법화하는 수단으로서 활용(#2)되는 도구일 뿐, 그 이상도 그 이하도 아님을 강조하고 있다. 제3유형은 다문화 가정 공익광고에 등장하는 주요 출연 구성원이 동남아시아라는 지역적 범위를 벗어나지 못하고 있다(#7)고 지적한다. 평상시 다문화 가정에 대해서 관심이 없어서 이들에 대한 TV나 신문의 기사를 대충 넘겨(#22) 버리기 때문에, 단순하게 미디어 매체만을 통한 인식의 전환을 기대하기보다는 다각화된 측면에서 다양한 인식 접근을 시도해야 함을 보여준다.

다각화로서의 인식 접근이 보이는 제2유형과 달리, 제4유형은 정책의 측면에서 대안적 시스템 구축의 필요성을 강조한다. 여기서는 다문화 가정을 바라보는 시선의 범주를 정치, 경제, 사회, 문화, 종교 등 다방면으로 확장하여 바라봄으로써 접근의 다양성을 추구하는 동시에 정책적 대안의 필요성을 언급하여 제도적 대안의 한정성보다는 다양성을 외치는 해석이 보여진다. 제2유형은 다문화 가정 공익광고의 다문화 영역이 가정에만 국한되어 있음(#1)을 지적하면서 다문화 가정 공익광고가 편견을 합법화하는 도구적 수단(#6)임을 비판한다. 그래서 영역의 범주를 넓혀야 함을 강조하면서, 다문화주의를 바탕으로 국가 경쟁력을 키우고자 하는 정부의 의지(#9)가 담긴 강력한 정책 드라이브가 필요함을 역설하기도 한다. 제4유형은 다문화 가정 공익광고가 대한민국만을 외치는 편협한 민족주의의 산물(#3)임을 비판하면서, 다문화 가정 공익광고에 담긴 일회성 캠페인이 장기적이고 구체적인 정책 캠페인의 형태로 운영되어야 함(#25)을 강조한다.

한편, '가정'이라는 좁은 측면에서 국한된 접근을 보이는 제3유형과 실천적 정책의 시스템화 측면으로 보여지는 제4유형 간에도 차이가 있다. 이 유형들 간의 차이는 앞서 살펴본 제1유형과 제4유형 간의 차이와 비슷하게 나타나는데, 다문화 가정을 바라보는 제3유형의 인식 접근이 '가정'을 바탕으로 한 이상론적 언급이라면, 제4유형은 구체적 대안이 담겨진 실제론으로 접근하는 것이다. 정책적 측면과 대안 시스템 체계를 바탕으로 접근하는 방식이다.

제3유형은 다문화 가정에 대한 TV나 신문기사를 대충 넘기는(#22) 행동을 보이며, 자신의 '가정'과 직접적 관련이 없을 경우 다문화 가정을 관심 밖의 일로 치부한다. 다문화 가정의 구성원을 바라볼 때도 광고에서처럼 매우 단순하고 편협한 시각(#7)이 나타난다. 개인이나 가정과 직접적인 연관성이 없기에 진정한 마음으로 다국적 가정을 받아들지 못하는 것이다(#19). 제4유형에서는 다문화 가정 공익광고가 국가 이미지 제고를 위한 정책 수단에 불과하기에 근원적으로 접근할 수 있는 제도의 필요성을 강조한다(#5). 다문화 가정 공익광고가 대한민국만을 외치는 편협한 민족주의(#3)의 표상이기 때문에 이를 수정하기 위해서는 일회성 캠페인이 아니라 다문화 가정에 대한 일률적이고 지속적인 교육을 바탕으로 인식의 전환을 시도해야 한다(#25). 장기적인 캠페인을 비롯해 교육과 같은 구체적인 정책안을 바탕으로 대한민국에서도 오바마 미국 대통령이 나타날 수 있도록 근본적인 정책의 제고와 확립이 필요하다(#17)는 것이다.

5. 결론 및 논의

지금까지 본 연구를 통해서 다문화 가정 공익광고를 접하는 시청자들에 대해서 네 가지 유형을 발견할 수 있었다. 구분된 유형들은 각각 세부적으로 '지역적 성향 내포형'으로의 접근, '이데올로기적 편견'으로의 접근, '관념적 편견'으로의 접근, '정책적 대안제시' 로의 접근으로 유형화하였다.

먼저, 제1유형에서 보여지는 다문화 가정 공익광고에 대한 접근은 '지역적 성향의 추구'이다. 다문화 가정을 바라보는 데 있어서 영토적 개념으로의 지역적 구분화라는 차별적 편견이 포함되었다. 지역적 개념이 인종적, 민족적, 문화적 범주의 구별을 바탕으로 팽배해 있는 것이다. 따라서 이들에게 있어 다문화 가정은 대한민국이라는 영토적 지역으로의 유입을 의미한다. 이항대립적 시각을 보내기도 하지만 차별에 대해서는 경계의 시선을 보인다. 이는 지역적 구분이 차등과 차별이라는 의미론적 부정이 아니라 다문화 구성의 특징이 지역적 개념의 측면에서 보여지고 있기 때문이다. 그렇게 때문에 제1유형에서 나타나는 주요 특징은 바로 지역적 측면으로의 인식적 접근이다. 그래서 이들이 광고를 바라보면서 인식하는 다문화 가정은 포괄적이고 전방향적인 수용 행태를 보인다라기보다는 지역 의미의 축소적 함의의 표출인 것이다.

제2유형에서 보여지는 다문화 가정 공익광고에 대한 접근은 '이데올로기적 성향의 추구'이다. 다문화 가정을 바라보는 데 있어서 영토적인 지역적 개념의 범주를 벗어나, 다문화 가정의 인식적 범주를 더욱 확대하였다. 이들은 다문화 가정 공익광고뿐만 아니라 다문화 가정에 대한 이해를 가정이나 친족, 종교나 경제, 정치나 사회 등 여러 분야에서 바라볼 수 있는 거시적인 시선에서 출발하였다. 무엇보다도 이러한 측면을 널리 포괄할 수 있는 태도로 이데올로기적인 접근 방법을 강조하는데, 거시적이면서 다방면적인 수용 행태로 광고를 바라보는 것이다.

제3유형에서 보여지는 다문화 가정 공익광고에 대한 접근은 '관념적 성향의 추구'이다. 다문화 가정을 바라보는 데 있어서 주된 관심사를 '가정'에만 국한하여, 지역적 측면보다도 더 지협적으로 접근한다. 피상적면서 관념적인 아이디어의 발현인데, 이들은 다문화 가정을 개인의 생활반경에 맞춘 범위 안에서 대응태도를 형성한다. '나'라는 실질 주체가 중심이 되기 때문에, 이들이 실질적 구속력을 가지고 있는지, 구체적 생활의 공동체로 융화되고 있는지, 내 가족과 동질적 유기성이 있는지 등 생활과 밀접한 관계를 중요시 한다. 그래서 이들이 광고를 바라보면서 인식하는 다문화 가정은 관념적 측면으로의 피상적 인식이 동반된 구성원들과의 관계 지향성의 고려이다.

제4유형에서 보여지는 다문화 가정 공익광고에 대한 접근은 '정책적 대안제시'이다. 다문화 가정을 바라보는 데 있어서 이상론보다는 현실론을 중요시한다. 단순히 접근 방식에서 벗어나 구체성이 있는 실질적인 대안 정책을 외치는 것이다. 캠페인을 비롯하여 교육과 같은 구체적 정책안을 제시하여 눈앞의 문제해결뿐만 아니라 숲 속의 복잡한 문제까지도 해결해야 함을 강조한다. 이들은 다문화 사회에서의 민족주의나 민족성에 대해 강한 경계의 자세를 보이고 있고, 교육만이 이를 극복할 수 있는 도구로 인식하고 있으며, 탈민족주의 인식 고양을 위해서 장기적이고 꾸준한 정책 캠페인이 펼쳐지기를 바란다.

구분된 유형들은 다문화 가정 공익광고를 이해하는 관점이 다문화 가정을 받아들이는 개인들의 주관적 인식의 차이에서 출발하고 있었음을 나타냈다. 그것은 다문화 영역이 개인의 생활공간이나 생활양식의 밀접함이나 가족 구성원들이 그들과 맺고 있는 유대관계와 같은 생활권역과 관련되어 있고, 이를 바탕으로 다문화 구성원들을 인식하고 있기 때문이다. 즉 다문화를 인정하고 받아들이는 태도나 인식의 시작이 '개인'이라는 객체가 가지는 주관적인 이미지에 의해서 좌우된다는 것이다. 제1유형의 경우 '개인' 들은 다문화 가정에 대해서 중립적 성향을 가지고 있다. 다문화 가정을 흥미롭게 바라보는 것이 아니라 평범한 대상으로 여기고 있기 때문에 다문화 구성원을 인정하고 포용하는 데 있어서 그 기준점이 좁게 나타난다. 제2유형의 '개인'은 다문화 가정에 대해서 긍정적 성향을 가지고 있다. 다문화 가정이라는 대상에 대해서 흥미로운 관심을 보이고 있으며, 다문화 구성원을 매우 넓은 형태로 인정하기도 한다. 제3유형에서의 '개인'은 다문화 가정에 대한 부정적 성향을 드러낸다. 다문화에 대해 매우 부정적이기 때문에 이들의 일상에서 다문화 가정이나 다문화 구성원은 관심 밖의 대상이다. 제4유형의 '개인'은 다문화 가정에 대해서 매우 긍정적 성향을 가지고 있다. 다문화 가정에 대해서 관심이 매우 높기 때문에 다문화 구성원에 대해서 포괄적 태도를 보인다.

이러한 맥락에서 연구자는 다문화 가정에 대한 인식을 관심(interest)과 범위(scope)로 구분하여, 다문화 가정 공익광고 타겟의 재포지셔닝에 대한 검토 방안을 고려해 보았다. 개인이 가지는 인식의 성향이나 특성에 따라 다문화 구성원들이 그들에게 어떠한 방식으로 이미지화되어 있는지 그리고 어떠한 범주로 관계를 맺고 있는지에 대한 것이다.

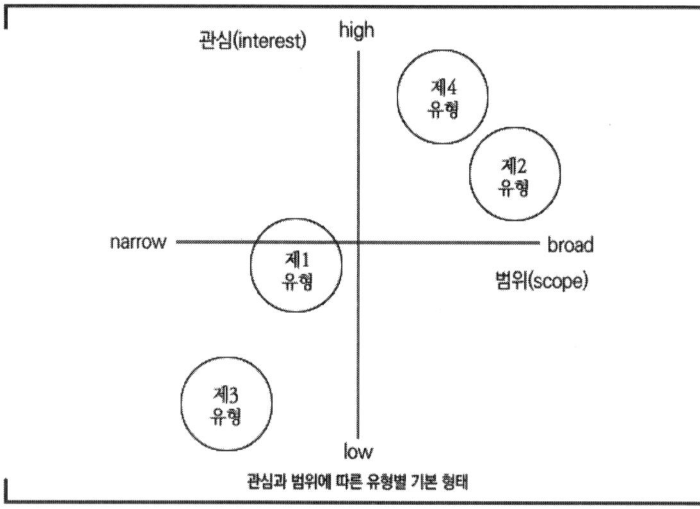

그림 3. 관심과 범위에 따른 유형별 위치

〈그림 3〉에서처럼 관심과 범위는 유형별로 각기 다르게 배치되고 있는데, 연구 결과에서 살펴본 바와 같이 제1유형, 제2유형, 제3유형, 제4유형의 독특성이 관심과 범위에 따라서 광고 타겟의 재포지셔닝 방안을 제시해 줄 수 있다.

제1유형에서는 다문화 가정에 대한 관심이 일반적 모습의 형태로 보여지고 있으며, 좁은 지역적 범위를 가지는 다소 중립적 성향의 인식을 보이고 있다. 이들에게는 광고 전략을 펼치는 데 있어서 지속적이면서 꾸준한 광고 캠페인이 요구되며, 다문화에 대한 인식의 시야각을 넓히는 측면의 광고물을 노출시킬 필요가 있다.

제2유형에서는 다문화 가정에 대한 관심이 다소 높게 나타나 있고, 지역적 범위에 있어서 매우 넓은 관심을 표명하고 있다. 긍정적 성향의 인식을 보이고 있기 때문에 광고 전략을 펼치는 데 있어서 즉각적으로 반응할 수 있는 캠페인성 광고나 소재에 상관없이 다양한 광고를 방영해도 좋을 것이다.

제3유형에서는 다문화 가정에 대한 관심이 대체적으로 낮게 나타나고 있으며, 좁은 지역적 범위를 가지는 매우 부정적 성향의 인식을 보이고 있다. 다문화가 저관여로 인식되는 특징이 있기 때문에 다문화 가정에 대한 관심을 보일 수 있는 소재의 광고물을 바탕으로 인식의 제고를 가져올 수 있는 임팩트 있는 광고물이 필요하다.

제4유형에서는 다문화 가정에 대한 관심이 매우 높게 나타나 있고, 지역적 범위에 있어서도 매우 넓은 관심이 표명되고 있다. 따라서 다문화 가정에 대한 인식이 다른 유형에 비해서 상당히 긍정적이기 때문에 색다른 광고 전략을 펼치기보다는 지속적 관심을 유지할 수 있도록 연간 캠페인의 방식으로 노출시키는 것이 좋을 것이다.

정부나 기업에서 펼치고 있는 다문화 가정 캠페인이 단순한 일회성 외침으로만 끝날 것이 아니라 '달라도 함께'라는 슬로건처럼 확실한 계몽을 바탕으로 하는 정책의 일괄성이 필요한 것이다. 따라서 앞서 살펴본 내용을 바탕으로 〈표 7〉에서 정리된 유형별 재포지션 맵이 다문화 가정 공익광고를 펼치는데 있어서 새로운 전략적 요소로서 고려될 수 있을 것이다. 이를 바탕으로 최근 들어 지금까지 범국민적 운동으로 펼치고 있는 글로벌 코리아 캠페인이 더욱 활성화될 수 있을 것이다.

유형	특징		포지셔닝 전략
제1유형: 지역적 성향 내포형	중립적 성향	관심 - 중간 범위 - 좁음	1) 다문화 가정에 대한 관심이 많은 것도 아니고 적은 것도 아닌 유형이기에 꾸준한 광고 캠페인을 통해서 변화시킬 수 있다. 2) 다문화 가정이라 인식하는 기준점이 좁기 때문에 단순한 시야각을 가지고 있다. 따라서 시야의 확대가 필요하다.
제2유형: 이데올로기 성향 내포형	긍정적 성향	관심 - 다소 높음 범위 - 매우 넓음	1) 다문화 가정에 대한 관심이 높기 때문에 광고 캠페인에 대한 즉각적인 호응도 반응이 가능하다. 2) 다문화 가정이라 인식하는 기준점이 매우 넓기 때문에 다양한 시야각을 가지고 있다. 3) 다문화 가정에 대해서 적극적이고 긍정적인 태도를 기대하는 유형이다.
제3유형: 관념적 성향 내포형	부정적 성향	관심 - 낮음 범위 - 매우 좁음	1) 다문화 가정에 대한 관심이 낮게 나타나고 있기에 다문화와 다문화 가정에 대한 인식 제고가 필요하다. 2) 다문화 가정이라 인식하는 기준점이 매우 낮고 좁은 시야각을 가지고 있다. 3) 다문화 가정에 대해서 근원적으로 관심도 없고, 신경도 쓰지 않는 유형이다.

제4유형: 정책적 대안제시형	긍정적 성향	관심-매우 높음 범위-넓음	1) 다문화 가정에 대한 관심이 매우 높게 나타나고 범위 또한 넓다. 2) 다문화 가정이라 인식하는 기준점이 넓기 때문에 다양한 시야각을 가지고 있다. 3) 다문화 가정에 대해서 가장 적극적이고 긍정적인 태도를 기대하는 유형이다.

표 7. 유형별 관심과 범위에 따른 특징과 커뮤니케이션

참고문헌

권중록 (2002). 공익광고 캠페인 주제로 나타난 사회문제의 Positioning에 관한 연구. 광고학 연구, 13권 4호, 309~335.

권중록 (2005). 공익광고캠페인 주제와 수용자 비용 및 유익성과의 관계: 인구통계학 변수 중심으로. 언론과학연구, 5권 1호, 5~42.

권중록 (2009). 공익광고와 사회통제 요인이 청소년의 마약에 대한 태도와 행동에 미치는 영향. 홍보학 연구, 13권 1호, 5~35.

김광병 · 서보람 (2009). 다문화 가족 지원정책의 문제점 및 개선방안. 다문화 정책 세미나 발표 논문집(1). 한국사회문제연구원

김갑성 (2007). "어. 선생님이 바뀌었어요". 2007년도 제4차 국제이해교육포럼 - 다문화사회를 위한 협력, 7월 7일 발표문.

김복래 (2009). 프랑스, 영국, 미국의 다문화주의에 대한 비교고찰: 삼국의 이민통합정책을 중심으로. 유럽연구, 27권 1호, 207~236.

김선남 · 홍숙영 (2009). 다문화 관련 TV프로그램의 시청동기에 관한 연구. 주관성 연구, 18, 41~55

김성훈 (2005). 감정적 반응이 공익광고의 효과에 미치는 영향. 광고학 연구, 16권 1호, 163~181.

김유경 · 최창원 · 주은숙 (2007). TV 공익광고의 주제 및 표현전략에 관한 국가간 비교연구: 한국 일본 미국을 중심으로. 광고학 연구, 18권 2호, 7~30.

김재휘 · 신진석 (2004). 공익광고 메시지의 프레이밍과 결과 지각이 환경 행동에 미치는 영향. 한국심리학회지 소비자, 광고, 5권 2호, 65~86.

김종헌 (2008). 동화에 나타난 다문화 가정의 표상 연구. 현대문학이론연구, 35, 265~287.

김흥규 (1990). Q방법론의 이해와 적용. 서울: 서강대언론문화연구소.

김흥규 (2008). Q방법론: 과학철학, 이론, 분석, 그리고 적용. 서울: 커뮤니케이션북스.

김흥규 · 이종윤 (2002). 가상공간에서의 아바타를 통한 다중적 자아의 요인연구. 주관성 연구, 7, 27~51.

김흥규 · 오주연 (2005). 광고 속 자아투영하기. 주관성 연구, 10, 4~26.

김흥규 · 홍장선 (2009). 해외여행자의 여행동기와 태도 유형 연구. 관광경영연구, 13권 4호, 51~75

길병옥 · 김창남 (2009). 새터민들의 주관성과 남북한 동질성 회복을 위한 방향. 주관성 연구, 19, 17~41.

민 희 · 김창남 (2008). 386세대의 정치적 태도 연구. 주관성 연구, 17, 23~44.
박종보 · 조용만 (2006). 다문화가족지원법 마련을 위한 연구. 여성가족부.
설동훈 (2006). 결혼이민자 가족실태조사 및 중장기 지원정책방안 연구. 여성가족부.
손상희 (2002). 공익광고 메시지 커뮤니케이션에 관한 연구. 시각디자인학술지, 한국디자인 포룸, 7, 288~298.
심성욱 · 황장선 · 정걸진 (2007). 우리나라 초, 중, 고 교육용 도서에 나타난 광고의 사회적 역할과 그 영향에 관한 연구. 언론과학연구, 7권 3호, 151~186.
유종숙 (2004). 한국 공익광고의 내용 변천 연구: 20년간의 인쇄광고를 중심으로. 한국광고홍보학보, 6권 2호, 34~72.
이창현 (2007). 일본과 중국내 한류 수용자의 해외문화 수용에 대한 인식 비교. 주관성 연구, 15, 21~40.
장성옥 · 이용미 (2008). 성인기 흡연유혹 유형과 흡연 영향변인. 주관성 연구, 16, 33~51.
정상환 (2006). 텔레비전 코미디 프로그램 수용자의 시청행위 연구. 주관성 연구, 13, 142~155.
조용석 · 이명천 · 황장선 (2006). 공익 연계 광고의 메시지 소구 유형과 기부수준의 명확성 정도가 광고 효과에 미치는 영향. 한국광고홍보학보, 7권 4호, 347~372.
조용석 · 황장선 (2007). 공익광고의 주제 유형별 효과: 이슈 유형(사회적 - 개인적)에 따른 메시지 및 수용자 변인의 영향. 한국광고홍보학보, 9권 4호, 71~104.
최원주 (2006). 소비자의 광고 태도에 관한 주관성 탐색. 주관성 연구, 13, 81~106.
최정화 (2009). 광고 크리에이티브의 비언어적 요소에 있어서 비주얼 이미지에 관한 연구: 국내 인쇄매체 공익광고를 중심으로. 조형미디어학, 12권 3호, 57~66.
한미정 · 이영애 · 김현정 (2005). 해방이후 공익광고를 통해 본 공공캠페인 이슈 변천에 관한 분석: 시기적 구분에 따른 주제의 특징을 중심으로. 한국광고홍보학보, 7권 1호, 239~275.
홍장선 (2009). 광고에 투영된 다문화 가정의 재현 이미지 분석연구. 광고PR실학연구, 3권 1호, 7~25.
통계청 (2009). 2008 한국의 사회 지표. 통계청 홈페이지 자료 참조.
통계청 (2009). 2008 통계로 보는 여성의 삶. 통계청 홈페이지 자료 참조.
Bagozzi, R. P., & D. J. Moore (1994). Public Service Advertisements: Emotions and Empathy Guide Prosocial Behavior. Journal of Marketing, 58, 61~68.
Bovee, C. L., & Arens, W. F. (1989). Contemporary Advertising(3rd ed). Homewood. IL: Irwin.

Darian, J. C (1993). Social Marketing and Consumer Behavior: Influencing the Decision to Reduce Alcohol Consumpption. Advanced in Consumer Research, 20, 413~418.

Keller, D (1995). Media Culture: Cultural studies, identity and politics between the modern and the postmodern. 김수정 · 정종희 역(1997). 미디어 문화: 영화, 랩, MTV, 광고, 마돈나, 패션, 사이버 펑크까지. 서울: 새물결.

Stephenson, W. (1953). The Study of Behavior. Chicago: The University of Chicago Press.

Stephenson, W. (1967). The Play Theory of Mass Communication. Chicago: The University of Chicago Press.

투고일: 2010년 5월 7일 • 심사일: 2010년 6월 4일 • 게재확정일: 2010년 6월 8일

부록

1. Q 표본

Q 표본
1. 다문화 가정 광고의 다문화 영역이 '가정'에만 국한되어 있다는 생각이 든다.
2. 다문화 가정 광고는 편견이 가득 찬 이미지를 생산해 내서 실효성에 의문이 간다.
3. '대한민국'만을 외치는 편협한 민족주의의 주장이라는 생각이 든다.
4. 다문화 가정을 이해하고 화합하기 위한 문화적 장을 마련하고 있다.
5. 국가 이미지 제고를 위한 정책 수단에 불과하다.
6. 다문화 가정 광고는 편견을 합법화하는 수단일 뿐이다.
7. 다문화 가정의 구성원(주로 동남아 출신)에 지역적 편견이 들어가 있다는 생각이 든다.
8. 제3세계(동남아, 흑인 등) 다문화 가정을 보면서 2세들의 어려운 생활이 걱정된다.
9. 다문화 가정 광고는 다문화주의를 바탕으로 하는 국가 경쟁력을 키우고자 하는 정부의 의지가 담겨 있다.
10. 한국 사람들은 서양 사람과 동남아 사람에 대한 지역적 편견이 매우 다른 것 같다.
11. 나는 인종차별주의자를 경멸한다.
12. 다문화 가정 구성원이 도움을 청한다면 스스럼없이 도와줄 것이다.
13. 다문화 가정 광고는 대한민국 사회가 점점 글로벌화되고 다양성을 가지고 있음을 보여준다.
14. 다문화 가정도 대한민국을 이루고 있는 구성원임을 인정해야 한다.
15. 다문화 광고는 기업의 생색내기 PR 캠페인일 뿐이다.
16. 다문화 가정의 일원(외국인 홈스테이, 외국인 튜터 등)으로 생활하는 것이 좋아 보인다.
17. 오바마 미국 대통령과 같은 인물이 대한민국에서는 나타나지 못할 것 같다.
18. 다국적 가정에 대해 냉대와 무관심한 것을 보면서 대한민국 국민이라는 것이 수치스럽기까지 하다.
19. 한국 사람들은 진정한 마음으로 다국적 가정을 받아들일 수 있는 준비가 전혀 되어 있지 못하다.
20. 다문화 가정에서 자란 2세들은 이국적 문화 혜택을 누리게 될 것이다.
21. 다문화 가정이라는 표현 자체가 차별과 편견의 산물이다.
22. 다문화 가정에 관심이 없어 TV 채널이나 신문의 기사를 대충 넘겨 버린다.
23. 행복해 보이는 다문화 가정의 가족애가 부럽다.
24. 다문화 가정은 대한민국의 정체성을 훼손시키는 주범이다.
25. 일회성 캠페인으로 그칠 것이 아니라 다문화 가정에 대한 대대적인 교육이 필요하다.
26. 우리 민족이 더 이상 단일민족이 아니라는 사실이 서글프다.
27. 외국인 근로자 없이는 한국의 산업이 유지되기 어려운 형편에 와 있다.

2. Q 표본

번호	Q 표본	z-score			
		1	2	3	4
1	다문화 가정 광고의 다문화 영역이 '가정'에만 국한되어 있다는 생각이 든다.	0.05	1.19	0.10	-0.54
2	다문화 가정 광고는 편견이 가득 찬 이미지를 생산해내서 실효성에 의문이 간다.	-0.33	0.28	-1.10	-0.24
3	'대한민국'만을 외치는 편협한 민족주의의 주장이라는 생각이 든다.	0.79	-0.80	-0.54	1.16
4	다문화 가정을 이해하고 화합하기 위한 문화적 장을 마련하고 있다.	-0.15	-0.72	0.00	-2.08
5	국가 이미지 제고를 위한 정책 수단에 불과하다.	-0.62	1.08	-1.71	0.48
6	다문화 가정 광고는 편견을 합법화하는 수단일 뿐이다.	-1.23	0.87	-1.27	-0.77
7	다문화 가정의 구성원(주로 동남아 출신)에 지역적 편견이 들어가 있다는 생각이 든다.	1.41	-0.54	1.57	-0.03
8	제3세계(동남아, 흑인 등) 다문화 가정을 보면서 2세들의 어려운 생활이 걱정된다.	0.74	0.39	1.47	0.98
9	다문화 가정 광고는 다문화주의를 바탕으로 하는 국가경쟁력을 기우고자 하는 정부의 의지가 담겨 있다.	0.12	0.05	-0.08	-1.28
10	한국 사람들은 서양 사람과 동남아 사람에 대한 지역적 편견이 매우 다른 것 같다.	1.64	0.32	1.72	1.79
11	나는 인종차별주의자를 경멸한다.	2.03	-0.28	-1.33	0.19
12	다문화 가정 구성원이 도움을 청한다면 스스럼없이 도와줄 것이다.	0.64	0.81	0.07	1.11
13	다문화 가정 광고는 대한민국 사회가 점점 글로벌화되고 다양성을 가지고 있음을 보여준다.	0.15	-0.59	0.25	-0.31
14	다문화 가정도 대한민국을 이루고 있는 구성원임을 인정해야 한다.	1.11	1.82	1.50	1.12
15	다문화 광고는 기업의 생색내기 PR 캠페인일 뿐이다.	-0.29	0.29	-0.97	0.15
16	다문화 가정의 일원(외국인 홈스테이, 외국인 튜터 등)으로 생활하는 것이 좋아보인다.	0.07	0.37	-0.11	-0.25
17	오바마 미국 대통령과 같은 인물이 대한민국에서는 나타나지 못할 것 같다.	-0.62	0.73	-0.45	1.34
18	다국적 가정에 대해 냉대와 무관심한 것을 보면서 대한민국 국민이라는 것이 수치스럽기까지 하다.	-0.34	-1.07	0.22	-0.74
19	한국 사람들은 진정한 마음으로 다국적 가정을 받아들일 수 있는 준비가 전혀 되어 있지 못하다.	0.39	1.44	1.80	0.57
20	다문화 가정에서 자란 2세들은 이국적 문화 혜택을 누리게 될 것이다.	-0.65	-0.10	-0.45	-1.53

21	다문화 가정이라는 표현 자체가 차별과 편견의 산물이다.	-0.39	0.57	0.71	-0.26
22	다문화 가정에 관심이 없어 TV 채널이나 신문의 기사를 대충 넘겨 버린다.	-1.04	-0.59	1.19	-0.42
23	행복해 보이는 다문화 가정의 가족애가 부럽다.	-0.41	-0.23	-0.24	-1.34
24	다문화 가정은 대한민국의 정체성을 훼손시키는 주범이다.	-2.10	-2.68	-1.17	-1.04
25	일회성 캠페인으로 그칠 것이 아니라 다문화 가정에 대한 대대적인 교육이 필요하다.	1.13	0.24	0.27	1.88
26	우리 민족이 더 이상 단일민족이 아니라는 사실이 서글프다.	-2.25	-2.29	-0.42	0.02
27	외국인 근로자 없이는 한국의 산업이 유지되기 어려운 형편에 와 있다.	0.15	-0.56	-1.01	0.06

3. P 표본 광고 시청 샘플 이미지와 동영상

1. 하나금융그룹 광고

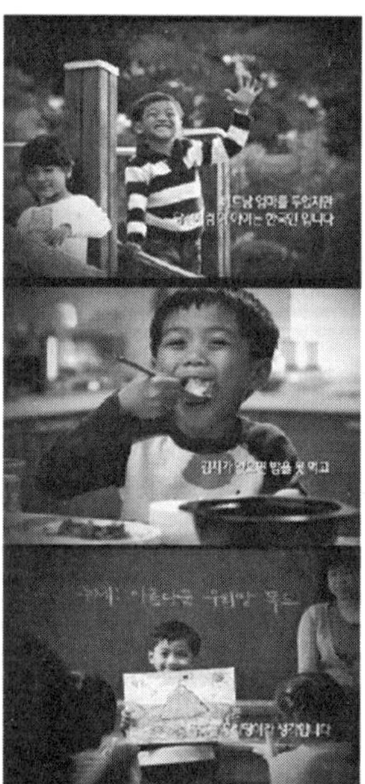

2. 롯데 홈쇼핑 광고

3. 온미디어 광고

4. 롯데 홈쇼핑 광고

5. 하나금융그룹 광고

6. 공익광고협의회

7. 공익광고협의회

Abstract

A Study on Perception Factors of Advertisements Depicting Multicultural Family

The purpose of the study is to find the factors of perception of advertisements reflecting multicultural families. It examine the factors of public service advertisements, and inquires into characteristics of the factors. The research design was a Q-methodological Approach and analyzed using a QUANL PC program. Total of 27 Q samples were sorted by 29 P samples in accordance with a Q sort distribution. There are four factors distinct in the public service advertisements: 'Connotative Geographical Bias', 'Connotative Ideological Bias', 'Connotative Abstract Bias' and 'Alterative Provides'. The identified factors showed the fact that a viewpoint of understanding multicultural advertisement is derived from the difference of recognition of individuals interpreting multicultural family.

KEY WORDS Multicultural family • Public service advertisement • Multiculturalism • Qmethodology

제 3 장
Q 가이드

제1절 서론부 (문제 제기 및 연구목적)

예시 연구인 <다문화 가정을 위한 공익광고의 수용 유형에 관한 연구>의 서론부는 다음과 같이 형성되었다.

1. 문제 제기 및 연구 목적

최근 대한민국 사회에서 공익에 대한 대중의 인식과 기업들의 사회적 책임이 매우 높아졌다. 중앙정부나 지자체에서는 공중의 힘을 모을 수 있는 매개체의 필요성을 강하게 인식하고 있으며 사회문제를 해결할 수 있는 효과적인 도구로서 공익광고를 커뮤니케이션의 한 역할로 인정하고 있다.
공익광고는 사회 현상에서 발생하는 문제에 대해 공중의 인식이나 태도의 변화를 유도하는 예방적 장치이다(김성훈, 2005). 사회 이슈나 사회 문제에 대해서 상업적 측면에서 접근하는 것이 아니라 공공의 측면에서 출발해 일반 공중에게 알리고 이들의 의식변화를 유도하는 목적으로 펼쳐지는 커뮤니케이션의 형태인 것이다(Darian, 1993). 국제광고협회(IAA)에서도 공익광고를 광고의 한 형태로 취급하고 있는데, 일반 공중의 지배적 의견을 수용하여 사회, 경제, 문화적으로 그들에게 이익이 되는 활동이나 일을 지원하고 실행할 것을 권장하는 커뮤니케이션이다.
즉 공익광고는 공익적 메시지를 통해서 공중을 계도하는 기능을 수행하며 공공의 복리를 실현하기 위해서 커뮤니케이션 기능을 이용해 설득하고, 공공의 선을 실현시키고 사회를 통합시키는 역할을 수행한다. 범국민성과 비영리성, 비정치성, 비편파성, 휴머니즘을 기본 이념으로 하여 실질적이거나 잠재적으로 공공의 이익과 선의 추구를 목표로 하는 것이다(최정화, 2009).

상업적 접근이 아니라 공공의 차원으로 공익광고를 바라보는 경향도 있다. 공익광고가 사회적 이슈나 문제에 대해서 일반 공중에게 주지하거나 인지시키고, 그들의 행동변화를 촉구하거나 유도하기 위한 목적을 가진 설득 커뮤니케이션 활동인 것이다(김유경·최창원 외, 2007). 공익광고는 사회적 공익성을 실현시키기도 한다. 일반 공중의 지배적인 의견을 수용하여 사회적으로나 경제적으로 이득이 되는 활동이나 일을 지원하거나 실행하도록 권장하는 커뮤니케이션이다. 계몽을 초점으로 하여 개인적 차원에서 도움을 주는 광고와 공익을 초점으로 하여 곤경에 처한 타인에게 도움을 주는 물리적 광고로 구분하기도 한다(Bagozzi & Moore, 1994). 즉 사회 마케팅의 하나로서 공공의 혜택을 목적으로 하는 공익광고는 사회적 이슈나 문제에 초점을 두고 공중의 행동이나 습관에 변화를 주거나 공익을 위한 태도 형성을목적으로 한다(Bovee & Arens, 1989). 공익광고의 공익 캠페인(public service advertising)은 사회 마케팅 활동 가운데서도 촉진 활동에 있어서 중요한 역할을 담당한다. 공익 캠페인은 캠페인 목적에 초점을 두거나 캠페인 방법에 초점을 두는 경우가 있는데, 모두가 수용자 인식이나 행동의 변화를 바탕으로 사회를 변화시키려는 목적을 가진다. 정부나 각종 사회 단체들이 지원하여 사회적으로 바람직하다고 여겨지는 활동을 촉진시키는 광고 형태가 바로 공공 캠페인이다(권중록, 2002).

이러한 맥락에서 볼 때 다문화 가정 공익광고 역시 사회 마케팅의 역할을 수행하는 커뮤니케이션의 도구인 것이다. 공익광고를 통해서 주류의 지배적 문화나 지배 이데올로기에서 벗어나 다양한 시선에서 바라보는 다문화주의의 실천을 가능하게 한다. 이를 바탕으로 사회현상을 적절하게 진단하며 바람직한 공중의 관점에서 문화 바라보기를 가능하게 만드는 기회를 제공한다.

미디어 플랫폼을 통해서 재현하는 콘텐츠는 순수한 프로그램이라기보다는 정치적 의미나 의제, 정책에 속박되어 있는 이데올로기적 산물(Keller, 1995)이다. 이러한 이데올로기적 산물이 다문화를 다루는 공익광고에 담겨져 지배문화에 의해 조정될 수도 있다. 그러나 다문화주의는 이러한 지배문화에 의한 고정화나 왜곡화, 낙인찍기화에서 벗어나고자 하는 모든 사람들에게 통용될 수 있는 일반적 규정이다(김선남·홍숙영, 2009).

따라서 본 연구는 새롭게 주목받고 있는 다문화 캠페인에 대해서 다문화 가정 공익광고에 대한 수용자 인식의 주관적 성향을 다각도로 살펴보고자 한다. 다문화 가정을 재현하고 있는 광고에 대해서 시청자들이 어떻게 인식하고 받아들이는가를 살펴보는 데 그 목적이 있는 것이다. 연구는 주관적 성향에 따른 유형을 알아보고자 이에 적합한 Q 방법론을 채택하였다. Q 방법론은 인간의 주관성에 대한 연구이다. 주관적 내면 세계를 탐구하는 것에서 출발하여 인간의 선호, 감정, 이상, 아름다움, 취향 등을 측정하는 것이다(김흥규, 1999). 객관적 자료에 의존하기보다는 주관적 자료에 입각한 분석을 진행하여 광고를 통한 개인의 인식 유형을 발견하고, 이를 바탕으로 정부나 지자체, 기업에서 다문화 공익 캠페인을 펼치는 데 필요한 적절한 전략 컨셉을 제시하고자 한다. 이를 위해서 본 연구의 목적을 다음과 같이 한다.

다문화 가정 공익광고에 대한 주관적 구조를 유형화하고, 각 유형별 특성을 살펴보고자 한다. 또한 각 유형의 메타요인(meta-factor)을 발견하여 각 유형을 포지셔닝시키며, 다문화 가정을 위한 광고의 전략적 관점에서 이를 활용한 커뮤니케이션 전략을 제시하고자 한다.

■ Comment

서론부는 크게 '문제 제기'와 '연구목적'의 두 챕터로 작성했다. 문제 제기에서는 다문화 가정에 대한 사회의 반응 및 응대 현황에 대한 요소들에 대해 문헌자료를 바탕으로 서술하고 있다. 연구주제를 고려해서 핵심 키워드(다문화 가정, 공익광고, 다문화주의, Q 방법론)를 중심으로 전개한 것이다. 연구목적은 본 연구의 본질은 무엇인지, 어떤 연구를 하고자 하는 것인지, 선행연구들과는 어떤 차별 요소를 가졌는지 등을 고려해 연구의 당위성을 제시했다.

Q 가이드

Q 연구라고 해서 별도의 독특한 서론부 작성 방법이 있는 것보다는 여타의 연구들처럼 문제 제기 및 연구목적을 분명하게 서술하여 연구자의 연구 의지를 확실하게 보여줄 필요가 있다.

서론부는 논문 작성의 시작이자 연구의 도입 부분이다. 연구자의 논문에 관해 관심과 흥미를 이끌 수 있도록 사회현상 이모저모 및 일반적인 사실을 기술하여 풀어내도록 한다. 연구주제에 따라서 간혹 명사들의 격언이나 명언이나 시의 구절이 인용되기도 하고, 사회의 주요 사안들의 뉴스들이나 핫 트렌드 이슈의 기삿거리들이 활용되기도 한다. 하지만 화제성이 과하다 보면 연구주제나 연구목적에 사뭇 이질적인 사항들이 언급될 수도 있으므로 학술연구라는 본질에 충실히 하는 것이 좋다.

즉 연구와 관련된 일반적인 현상에 대해 사실을 기반으로 과장 없이 간결하게 서술하면 되는데, 연구자의 연구 분야 및 영역이 어떤 것인지 금방 알아차릴 수 있도록 작성하면 된다. 흔히 Q 연구에서 서술되는 사안들을 살펴보면, '새로운 가설을 창출할 수 있는 바탕을 언급'해 주거나 '유형의 특성을 고려한 방향성 제시', 혹은 '특정 현상에 대한 설명과 함께 도출되는 문제점의 해결 제시'를 하게 되는데, 부가적으로 학문적 요구 사항이나 실무 현장 적용의 필요성에 대해 풀어주면 좋다. 방법론적 패러다임이 다르기에, 많은 선행연구에서 표기한 것을 보면 '~~~ 연구가 없어 이를 위한 Q 연구를 진행한다'처럼 사전연구가 없어서 연구하게 되었다는 같은 것들이 있기는 하지만 이러한 표현들보다는 유연하면서 당위성 있는 의미를 담아놓을 필요가 있다.

문제 제기와 같은 연구의 필요성을 언급한 후에는 연구가 과연 무엇을 위해 전개되는 것인지에 대해 쉽고 간단하게 개괄적인 연구목적을 작성해야 한다. 서론부는 연구를 시작하는 출발점이기에 전문적이거나 무게감 있는 표현들보다는 부담이 없으면서 자연스럽게 읽혀질 수 있도록 작성되어야 한다. 간혹 선행논문들을 인용하여 서론부를 구성하는 경우도 있는데, 이 경우 이론적 배경에 표기해야 하는 논문들과 중복될 수도 있기에 부분별로 적절한 인용 방식이 필요하다. 시선이 집중될 수 있도록 유도하는데 필요한 영역들만 인용하면 좋은데, 사회현상의 설명이나 연구 필요성을 강조하는 방식으로 풀이하는 것이 바람직하다.

① 명사들의 격언이나 명언이나 시의 구절이 인용

② 사회의 주요 사안들의 뉴스들이나 핫 트렌드 이슈의 기삿거리들도 활용

- 예시 – 건강기능식품에 대한 20대 소비자의 인식 유형 연구 (최원주 · 홍장선, 2022)

Ⅰ. 서 론

홍삼, 비타민 및 미네랄, 프로바이오틱스, 오메가3 등으로 대표되는 국내 건강기능식품에 대한 관심과 인기가 많아지고 있는 시기이다. 코로나(COVID-19)와 원숭이두창(Monkeypox virus) 등의 감염병으로 사회적 혼란이 대두되면서 개인의 질병예방 의식이 커지고 있는가운데, 건강기능식품을 찾는 사람들이 폭발적으로 늘어나고 있다.

팜뉴스(Pharmnews) F.G.I. 조사에 따르면, 건강기능식품에 대한 관심도는 코로나 팬데믹 이전과 이후로 차이가 큰데, 특히 과거에는 고령층이나 중장년층이 건강기능식품의 주요 소비자층이었다면 요즘은 MZ세대(1980년대 초부터 2000년대 초 출생자)가 핵심 소비자층으로 급부상되고 있다 [1]. 최근의 특허청 발표자료도이런 현상을 뒷받침하고 있다. 건강기능식품에 관심을보이거나 실구매하는 주요 소비자층이 고령자보다는 20대 위주 MZ세대들이었고, 코로나 팬데믹을 경험하면서 '건강'을 삶의 최우선 순위로 두는 등의 적극적인 행동을 취하고 있다는 점이다 [2]. 점점 늘어나는 고령화 인구 상황과 '100세 시대'의 열풍을 타고 점진적인 성장을 해오던 건강기능식품 시장이 코로나 팬데믹과 MZ세대의 자기 건강 챙기기 상황과 맞물려 시장 규모가 엄청나게 증가하고 있다 [3]. 그 결과 2020년을 기준으로 홍삼은 약 1조 600억, 프로바이오틱스가 약 525억의 시장을 형성하면서 건강기능식품 규모는 총 3조 213억에 이르고 있을 정도이다 [4].

그러다 보니 상당수의 헬스케어 기업들은 기존의 고령층 및 중장년층 뿐만 아니라 20대 위주 MZ세대를 겨냥한 건강기능식품 마케팅을 본격적으로 펼치고 있다.소비자 타깃층의 밀도 있는 세분화 작업을 통해 연령별, 성별, 기능별 등의 맞춤형 제품을 출시하여 건강기능식품 시장의 규모를 더욱 확대하고 있는 것이다. 특이한 점은 소비자였던 이들이 건강기능식품의 생산자로 신분의 트랜지션(Transition) 현상을 보인다는 점이다. 자기관리에 빠져있는 MZ세대가 자기관리의 경험을토대로 건강기능식품의 소비 및 제조를 함께하는 프로슈머(Prosumer)의 역할을 하고 있다. 특허청 자료에 의하면 MZ세대 영역에 속하는 젊은층 프로슈머가 직접새로운 제품을 제조하고 출원하는 건수는 연평균 64%나 성장하고 있을 정도로 신빙성이 크다. 물론 중장년층(1960년에서 1970년 사이 태생) 세대 프로슈머의 상표출원도 34% 정도 증가하고 있는데, 전체 시장으로 보자면 건강기능식품의 시장 확대 및 신상품 출시의 종류가 다양하게 확장되고 있는 가운데 [5], MZ세대의 관여가 압도적으로 크게 나타나고 있는 점이 특이하다.

그렇다면 이 시점에서 MZ세대들은 "왜 건강기능식품에 열광하고 있는 것일까?"라는 근원적인 질문을 하게 된다. 단순히 코로나 팬데믹 시국이라서? 아니면 자기관리에 충실한 특성들 때문에? 아니면 노후 건강을대비해서?, 워라벨 시대이니까?와 같은 질문도 동시에하게 된다. 이에 본 연구는 20대 위주 MZ세대들이 건강기능식품을 어떻게 받아들이고 있는지 또 이것이 어떤 의미로 지각되는지에 대해 그들의 관심과 인식, 이해, 판단과 같은 본질적 속성의 주관성을 탐색하고자한다. 이와 함께 해당 속성들을 반영해 건강기능식품시장의 새로운 특성과 소비자층 구분, 판매촉진을 위한전략적 아이템의 초석을 다질 수 있도록 다양한 아이디어를 제시해 보고자 한다.

③ 주요 선행논문들을 인용

• 예시 – 광고에 나타난 여성 이미지 선호 유형에 관한 연구 (정현욱 · 김선남 · 남궁영, 2011)

1. 연구의 목적 및 필요성

'광고란 사회적 행위에 대한 일종의 재현'이라는 정의가 의미하듯이, 광고는 특정한 집단이나사람에 대한 일정한 이미지를 구성하는 이데올로기의 도구이다(강상현 · 채백, 1993, p. 313). 따라서 광고주들은 수용자를 효과적으로 설득하기 위하여 기존사회의 신념체계를 이용하는 전략을 채택하는데(김광옥 · 하주용, 2007, p. 457) 이는 특히 성역할과 관련한 광고물 제작에서 두드러진다.이와 관련한 연구자들은 성역할과 관련하여 광고는 여성에 대한 왜곡된 가치나 신념을 강화시켜서(김광옥 · 하주용, 2007, p. 457) 전통적인 성역할고정관념을 재생산(김희정, 2007, p. 8)한다는데의견을 같이하고 있다. 즉 광고는 여성을 현모양처, 성적 대상자(Dominick & Ranch, 1972; McArthur & Resko, 1975; 리대룡 · 김희성, 1995;김희정, 2007), 정서적으로 불안한 존재(Verna, 1975, pp. 301-309) 에 한정하여 그려냈다.

2000년대에 들어서 일부 광고는 변화된 여성이미지를 담아내기 시작하였다. 전업주부 일색이었던 광고에서 벗어나 점차 세련된 헤어스타일과 복장을 한 직장여성들 (정기현, 2002), 전문직 종사자들(김희정, 2007), 성적 주도권을 능동적으로 행사하는 여성들(정기현, 2002)이 등장하기 시작하였다.

그러나 이와 같이 광고가 기존의 성역할 고정관념에 벗어나서 여성을 능동적이고 독립적인 존재로 그리는 현상에 대해서 일부 학자들은 이를부정적으로 평가하였다. 송진희(1991), 한은경(1995) 등은 광고는 여전히 현실을 제대로 반영하지 못하고 여성을 단지 전통적인 성역할 고정관념에 입각하여 담아낼 뿐이라고 비판한 바 있다. 김상훈과 안대천(2006)도 활발한 사회참여와 높은경제적 지위를 가지고 있는 현실속의 여성의 지위와 달리 광고 속에서 여성의 사회적 지위는 여전히 낮게 그려진다고 평하였다.

광고가 그려내는 전통적인 여성이미지는 수용자에게 왜곡된 이미지를 고착화시킬 수 있기 때문에 우려가 되는 부분이다(김희정, 2007). 기존 연구결과에 의하면, 여성 수용자들은 광고에 등장하는 아내나 어머니 등과 같은 전통적인 여성상에주목하는 경향을 보였다(Courtney & Whipple, 1983/1992, p. 44). 또 일부 응답자들은 성역할 고정관념에 입각하여 제작된 광고를 본 후, 여성을오직 가정주부로만 판단하였다는 연구결과도 있다(김광옥 · 하주용, 2007, p. 459에서 재인용). 애드위크(AdWeek, 1988)에 의하면, 응답자들(30%)은 '광고에서 아직 우둔한 주부들이 너무 많다'라는 문항에 대해서 '강한 긍정'을 보였던 반면 소수응답자(3%)만이 이에 대해서 '강한 부정'을 보였다(리대룡 · 김희정, 1995, p. 7). 20~30대 계층만이왜곡된 고정관념에 의거하여 제작된 광고물을 부정적으로 해독하였다는 연구 결과도 있다(김희정, 2007, p. 12에서 재인용).

이와 같이 광고는 특정한 집단의 이미지를 수용자에게 각인시키는 강력한 사회화의 도구가 될수 있기 때문에 광고 속의 여성이미지는 현실 속여성의 사회적 지위를 구축하는데 있어서 중요한부분이 될 수 있다. 특히 광고는 다른 어떤 장르보다 강력한 사회화의 기제로 작용하기 때문에 광고가 표상하는 여성이미지 분석, 이에 대한 수용자의 수용과정 분석 등은 중요한 연구과제가 되고있다.

수용자의 여성이미지 수용은 매우 능동적 과정이다. 따라서 광고 속의 여성이미지 수용과정에서 주관적 신념은 중요한 역할을 할 가능성이 크다.또 성역할 고정관념은 성역할(sex roles)과 관련한남녀별로 규정된 문화적 기대치로서, 수용자가 소속된 사회 환경이 어떤가, 그리고 어떠한 사회화과정을 거쳤는가에 따라서 달리 나타날 수 있다.즉 성역할 고정관념은 성역할 사회화를 통하여 오랫동안 지속되어온 남자나 여자의 태도나 행위는권장하고 특정한 태도나 행위는 규제하는 의식구조로서, 이런 현상은 대체로 성격, 역할, 외모와같은 육체적 특성 등으로 나타날 수 있다(김동일, 1994). 성역할 고정관념 형성이 수용자의 주관적인 신념에 의하여 결정될 가능성이 매우 크기 때문에 광고 속의 여성이미지 수용과정 역시 수용자의 주관성(Subjectivity) 구조에 따라서 달리 유형화될 수 있다. 즉 수용자의 광고 속 여성이미지 수용을 이해하기 위해서는 그들의 주관성 구조의 유형화가 선행과제가 될 수 있다.

본 연구의 목적은 수용자의 광고에 나타난 여성이미지 선호 유형을 밝히는데 있다. 따라서 본연구는 광고에 나타난 여성이미지에 대한 수용자의 신념, 태도, 가치를 유형화하고 이를 토대로 수용자가 선호하는 여성이미지 특성을 도출하였다.

한편 연구주제나 연구 제목이 명확하다는 것은, 연구목적이 확실하다는 것과 같다. 즉 주제-제목-목적은 밀접한 관계를 지녀야 하고, 각각의 것들을 접하는 순간 연구자의 연구가 무엇을 하려고 했는지를 누구나 쉽게 이해시켜야 한다. 주제와 제목의 뉘앙스가 다소 다르다거나, 제목과 목적의 뉘앙스가 다소 이질적이거나, 주제와 제목의 뉘앙스가 다소 혼잡하다거나 한다면 연구 초기 단계부터 연구의 방향성이 덜 확립된 것이다. 어떤 사람이든 쉽고 간결하게, 흥미와 관심이 생겨날 수 있도록 확실하게 표현할 필요가 있다.

제2절 이론적 배경

예시 연구인 <다문화 가정을 위한 공익광고의 수용 유형에 관한 연구>의 이론적 배경은 다음과 같이 형성되었다.

2. 이론적 배경

1) 공익광고의 커뮤니케이션 선행 연구

공익광고와 같은 대중매체 캠페인은 행동유형에 따라 차이가 있을 수 있으나 적은 양이나마 행동변화의 효과를 보인다. 사회적으로 추구하는 공익적 가치를 목표 공중에게 학습하게 하고, 그 가치에 대하여 태도를 형성하거나 변화를 일으키게 해 바람직한 행동을 유도하고 있기 때문이다(권중록, 2009).
공익광고는 사회적 변화를 유도하기 위한 사회 마케팅의 일환이다. 따라서 주로 매스미디어를 통해서 전달되는 정보와 설득 메시지를 바탕으로 사람들의 태도나 행동에 변화를 주는 것을 목적으로 한다는 점에서 다른 광고 커뮤니케이션들과 차별성을 가진다. 공익광고의 주제는 해당 사회 전반에 걸친 주요 이슈나 문제를 다루는데, 이 주제는 사회적이거나 정치적·문화적 배경에 의해 많은 영향을 받는다

(김유경·최창원 외, 2007). 공익광고는 다양한 주체들과 그 주체들의 특성에 따라서 메시지 전략의 효율성이 각각 다르게 나타날 수 있다. 이것은 수용자의 다양한 특성이 공익광고의 효과에 영향을 미치는 것으로서(조용석·황장선, 2007), 공익광고 캠페인은 사회적 가치를 구현하는 제도적 지원이 구체적으로 실현되면서 보다 다양한 공익광고가 집행되고 있는 모습을 보이기도 한다.

공익광고의 커뮤니케이션 측면에서도 다양한 접근의 연구들이 진행되고 있는데, 공익광고 메시지의 프레이밍과 결과 지각이 환경 행동에 미치는 영향(김재휘·신진석, 2004)이나 공익광고 메시지 커뮤니케이션에 관한 연구(손상희, 2002)처럼 공익광고의 메시지에 관한 연구들이 있는가 하면, 한국 공익광고의 내용 변천 연구(유종숙, 2004)나 해방 이후 공익광고를 통해 본 공공캠페인 이슈 변천에 관한 분석(한미정·이영애 외, 2005)처럼 공익광고에 나타난 주제와 관련된 조사연구들도 있다. 또한 공익광고와 사회통제 요인이 청소년의 마약에 대한 태도와 행동에 미치는 영향(권중록, 2009)이나 우리나라 초·중·고 교육용 도서에 나타난 광고의 사회적 역할과 그 영향에 관한 연구(심성욱·황장선 외, 2007)처럼 공익광고의 수용자 행동 영향에 대한 연구들도 있다.

공익광고의 효과측면에서도 활발히 연구가 진행되고 있는데, 공익광고의 주제 유형별 효과 연구(조용석·황장선, 2007)나 공익 연계 광고의 메시지 소구 유형과 기부 수준의 명확성 정도가 광고 효과에 미치는 영향(조용석·이명천 외, 2006)과 같은 연구들이 그것이다. 공익광고 캠페인 주제로 나타난 사회문제의 포지셔닝에 관한 연구(권중록, 2002)나 공익광고 캠페인 주제와 수용자 비용 및 유익성과의 관계(권중록, 2005)에 초점을 맞춘 연구들처럼 다양한 접근의 연구들이 활발히 펼쳐지고 있다.

2) 다문화 가정에 대한 이해

다문화는 최근 사회적 이슈로 부각되어 여러 분야에서 자주 등장하는 용어이다. 다문화는 국제화나 세계화라는 개념과 밀접성을 가지며 사회의 다원화를 추구한다. 국제화나 세계화라는 개념과 밀접성을 가지며 사회의 다원화를 추구하는 다문화는 인종이나 문화 또는 종교가 복합적으로 인정되고 유지할 수 있는 다양성 사회를 의미하는데, 이는 다문화주의와 같은 의미로 이해될 수 있다.

다문화주의는 정치적 이론이나 이념이 아니며 철학담론도 아니다. 인간의 삶을 관찰하는 방식이나 전망으로서 학교나 도시, 국가처럼 조직화된 특정 공간 속에서 인종이나 문화, 민족적 다양성에서 파생된 실용적인 이데올로기다(김복래, 2009). 문화들은의식적이거나 혹은 무의식적 상호작용에 의해서 문화적 정체성을 가지게 되는데, 문화적 정체성은 타자와 타문화와의 비교를 통해서 자기 정체성을 정의한다. 이러한 '타자성'은 문화를 형성하는 사회에서 복합적 다양성의 형태로 존재하는데, 문화의 다원주의(pluralism)나 복수성이 다문화 요소들을 복합적 상호작용에 의해서 한 사회 내에서 보편화시키면서 다양한 문화, 다양한 종교, 다양한 인종이 공존하는 사회를 표방한다.(김광병·서보람, 2009).

세계화의 진전과 국가 간 정치적 교류나 문화적 교류, 인적 교류로 인한 급속한 문화적 확장은 우리 대한민국 사회를 다문화 사회의 영역으로 합류시켰다. 인적 교류에 의한 다인종화는 대한민국 사회가 다문화 사회로 진입하고 있음을 보여주는 예이다. 국제결혼과 노동력에 의한 다문화 구성원들의 유입은 우리 사회의 인적 구성과 문화적 측면을 다양화하였다. 외국인 노동자의 유입, 국제결혼 가정, 북한 이탈 주민과 해외 동포 유입의 증가로 인하여 우리 사회는 인구학적으로 급격한 변화와 함께 다양화되있다. 이러한 현상은 우리 사회에 대한민국의 문회만이 존재하는 것이 아니라 다양한 인종과 종교 등의 측면에서 파생된 또 다른 문화가 존재함을 의미하는 것이다.

우리 사회는 이미 2006년을 기준으로 단일민족이라는 용어의 사용이 어려워졌다.[1)] OECD와 같은 국제사회에서도 다문화 사회로의 인식변화를 촉구하여 다원적 문화의 공존을 권장하고 있기도 하다. 이러한 현상에 발맞추어 다문화 구성원들과 함께하는 범국민적 계몽 캠페인도 활발하게 진행되고 있다. 2009년 동아일보사의 '달라도 다함께'[2)]와 같은 연중기획 캠페인처럼 다문화 캠페인은 정부와 지자체, 시민단체, 기업의 사회공헌팀 등을 중심으로 다각도로 펼쳐지고 있다. 일간신문의 지면이나 TV, 라디오 광고, 정부의 정책 메시지 등에서 글로벌 코리아 캠페인이 진행되고 있는 것이다(홍장선, 2009).

한편, 김종헌(2008)은 동화에 나타난 다문화 가정의 표상 연구를 통해서 다문화 가정에 대한 연구를 진행하였다. 그는 다문화 가정을 동화에 등장하는 인물들의 표상(representation)을 통해서 사회적 현실에 대한 이해를 구했다.[3)] 국제결혼을

1) 통상적으로 한 나라의 이민자 수가 2.5%가 넘으면 다문화 사회로의 진입을 의미하는데, 우리나라의 경우국민 대비 이주민의 분포가 2.3%가 넘고 있어 더 이상 '단일민족'임을 내세우기가 어려워졌다. 또한 정부는2008년 9월 22일 다문화가족지원법을 제정하고 시행에 들어갔다.

2) 동아일보 2009년 연중 캠페인.

둘러싼 여러 사회 현실이 반영된 동화에서 동남 아시아계 이주 여성에 대한 편견과 무시, 외국인 노동자에 대한 비인격적 대우, 부당한 노동행위, 그들의 가정에 대한 사회적·법적 지위문제, 다문화 가정 출신의 자녀들의 이지메 현상 등 다각적인 측면을 동화 속 사건을 통해서 표현했다.

다문화 가정의 실상이 자세히 묘사된 동화에서처럼 우리 사회에서의 다문화 가정은 다양하게 구성되어 있는데, 김갑성(2007)은 다문화 가정을 가족 구성원 내에서 다양한 문화가 공존하고 있다는 의미로 해석했다. 그는 다문화 가정에 한국인 남성과 결혼한 이주 여성의 가정, 한국인 여성과 결혼한 이주 남성의 가정, 이주민 가정(노동자, 유학생, 비즈니스) 등을 포함시켰다.

박종보(2006)는 다문화 가정을 국제결혼을 통해 형성된 가정으로 한정하였다. 그는 '미군 병사 남성과 한국인 여성이 결혼한 가족', '외국인 남성 전문직 종사자와 한국인 여성이 결혼한 가족', '한국인 남성과 외국인 여성 결혼 이민자가 결혼한 가족', '이주 노동자와 한국인이 결혼한 가족' 등의 네 가지 유형으로 구분하였다. 설동훈(2006) 또한 다문화 가족을 국제결혼을 통해 형성된 가족으로 지칭하고 있다.

다문화 가정 구성원들은 다문화주의를 바탕으로 문화적 다양성에 대해서 타당성을 제기한다. 우리 사회에 살아가고 있는 다문화 가정은 소수 계층이다. 소수 계층은 비주류 문화를 구성하며 그들만의 문화를 조용히 이어간다. 하지만 다문화주의가 외치는 문화적 다양성은 다양한 담론을 생성해 내며 주류와 비주류라는 문화적 차이를 외친다. 따라서 다문화주의란 지배문화의 권위주의와 중심주의를 비판하면서, 문화의 의미를 생활양식과 이데올로기의 산물로 인식하거나 문화상품이나 취향과 같은 좁은 의미로 한정되어 이해하기도 한다.

이러한 이해의 방식은 매스미디어라는 플랫폼에 의해서 실재 이미지의 왜곡에 영향을 줄 수 있다. 미디어는 현실에 대해 고정되고 왜곡된 이미지를 제공할 위험이 높다. 그러나 다른 한편으로는 미디어를 통해서 다양성에 관한 정보를 얻고 왜곡된 이미지를 수정할 수 있는 효과를 얻을 수도 있다. 특히 다문화 가정 공익광고는 시청자에게 특정 사회 구성원이나 집단에 대한 고정관념을 깨는 데 적합한 도구이다. 주류의 지배적 문화나 지배 이데올로기에서 벗어나 다양한 관점에서의 문

3) 김종헌은 다문화 가정을 외국인 남성과 한국인 여성과의 결혼, 한국인 남성과 외국인 여성과의 결혼으로 구분해서 이를 다룬 동화에 대한 분석을 실시했다. 김일광의 『외로운 지미』, 원유순의 『우리 엄마는 여자 블랑카』, 김란주의 『내 이름은 유경민이야』, 황복실의 『사르해! 사르해!』, 박채란의 『티나, 기다려 줘』, 임정진 『엄마와 오까상』, 강민경의 『까만 달걀』 등이 다문화 가정의 실상을 잘 표현한 소설들이다.

화 바라보기를 가능하게 하고, 사회현상을 적절하게 진단할 수 있는 기회를 제공한다. 따라서 다문화 가정에서 보여지는 다문화주의 측면에서의 주류 문화와 비주류 문화에 대한 차별적 비교나 비교우위를 두지 않으면서 서로의 다양성을 인정하고 융합하기 위해서는 공익광고의 역할이 중요하다(김선남·홍숙영, 2009).

■ Comment

이론적 배경은 크게 '공익광고의 커뮤니케이션 선행연구'와 '다문화 가정에 대한 이해' 단락으로 구성해 관련 내용을 서술하였다. 연구 제목이 <다문화 가정을 위한 공익광고의 수용 유형에 관한 연구>인 만큼 핵심 키워드(다문화 가정, 공익광고, 다문화주의, Q 방법론)를 고려해 전개한 것이다. 이론적 배경의 경우 연구 결과의 유형을 해석할 때 기초 토대를 구성할 수 있는 방향성 형성 및 정체성을 확립하는 데 도움이 된다.

Q 가이드

이론적 배경은 연구자의 연구주제와 연관되는 이론이나 선행연구들을 정리 및 조직해 제시하는 영역이다. 연구의 기초 뼈대를 이루는 중요 문헌들을 인용하면서 연구의 이론적 기반을 탄탄하게 구축하는 작업이다. 연구의 중심축이 되는 영역이기에 국내외 중요한 논문의 핵심들을 적절하게 인용해 그 내용이 잘 전달할 수 있도록 구성해야 한다.

해당 영역을 원활하게 구성하기 위해서는 이론적 배경에 포함된 이론이나 선행연구의 주요 사상들을 미리미리 탐색하고 적절하게 학습되어 있어야 한다. 연구의 설계 과정에서 가장 집중적이고 꼼꼼하게 점검되어야 하는 것이 이론적 배경인데 논문의 출발에서부터 마무리될 때까지의 전 과정에서 영향을 끼친다. 진행에 있어 문헌 수집과정이 끝났다고 끝난 것이 아니라 반복적인 검토 작업 및 보완작업을 통해 더욱 탄탄하게 체계화시키는 것이 좋다. 단순한 참고사항이 아니라 중심축의 사항들이기에 반드시 문서보관을 꼼꼼히 하고, 논문 말미에 써넣어야 하는 참고문헌의 올바른 표기를 통해 그 출처의 당위성도 확실하게 구축해야 한다. 특별하게 몇 편의 선행논문들이 이론적 배경으로 제시되어야 한다는 규정은 없다. 연구주제나 연구목적, 방향성 등을 고려해 연구자 각자가 판단하면 되는데, 중요하다고 생각하는 관련 연구들이 많으면 많이 제시하는 것이 좋다. 만약 생각보다 관련 연구들이 없었다면 그것은 문헌조사 방법이 잘못되었거나 국내외 문헌 확인 사이트를 잘못 활용했다고 볼 수 있다. 연구자 논문의 주요 핵심어를 중심으로 조사를 해보면 아무리 안 나와도 15편 내외의 논문들은 찾을 수 있을 것이다.

Q 논문에서의 이론적 배경은 연구목적의 성격이 확고하게 드러나고 의미의 정립이 확실하게 될 수 있는 자료들이 된다. 연구주제가 속하는 영역부터 다가가고, 연구자의 연구 방향과 관련될 수 있도록 주제의 초점을 세밀하게 줄여가면서 서술하게 된다. 마치 '깔때기(funnel)'처럼 위는 넓고, 아래는 좁은 모양으로 연구자의 연구주제에 밀접한 관련이 있는 요소들을 중심으로 형성해 가면 된다. 서론부에서 가볍게 다루었거나 언급했었던 내용을 더욱 심도 있고 전문화된 형태로 풍부하게 내용을 제시하는 것이다. 주의해야 할 점은 너무 넓은 주제를 범위로 설정해 제시한다거나, 연구주제의 범위를 유사 영역으로 제한하여 자료를 제시하는 것은 피해야 한다.

이론적 배경의 내용 작성에 있어서는 인용한 내용이 단락별로 서로 논리성을 유지하면서 물 흐르듯 표현되어 있어야 한다. 인용한다고 해서 문단별-문장별로 활용해 그냥 가져올 것이 아니라 해당 문헌들의 전체 내용을 충분히 이해한 후, 인용이 필요한 문헌의 내용을 잘 찾거나 요약

해서 해당 내용이 서로 자연스럽게 연결되도록 서술해야 한다. 연구자들이 쉽게 사용하는 방법에는 참고문헌의 요약 내용을 집중해서 읽고 요약하고 해당 내용을 어떻게 연결하고 체계적으로 조직할 것인가를 고민한 후, 흐름에 맞게 배열하면서 문단별로 연계하면서 작성하면 된다.

이론적 배경에 담겨야 할 사항들은 연구주제에 따라 각기 다르지만, 핵심 사항인 만큼 어느 정도의 분량이 필요한 것도 사실이다. 학술지마다 논문 표기 분량이 제한된 곳도 많지만 그렇다고 이론적 배경 영역이 줄어서는 안 된다. 논문 표기 분량에 있어서 적절한 비율을 고려해서 최소한의 분량은 확보하여 심도 있게 작성되어야 한다.

그럼 구체적으로 어떻게 진행하면 좋을지 살펴보도록 하자.

① 교과서 같은 나열 방식은 자제

마치 교과서나 전문 서적처럼 상위의 큰 범위에서부터 하부의 작은 범위까지 나열하듯 소개를 하는 경우가 있다. 차례로 나열하는 듯한 단순한 요약본 제시와 같은 형태 말이다. 이는 불필요한 서술이기에 가급적이면 자제를 하고, 연구와 밀접한 핵심적인 사항들만은 위주로 정리하듯 서술하면 좋다. 무엇보다도 자신의 논리를 바탕으로 종합적으로 분석하여 전체적인 재정리를 한다고 생각하면 좋다.

② 인용은 가능하지만, 카피는 금물

이론적 배경은 선행연구자들의 문헌을 조사하고, 참고하며, 기본동향을 파악하면서 핵심 내용을 활용하는 것이다. 따라서 많은 논문을 참고하고, 연구자의 연구에 적합하다고 판단되는 내용을 위주로 사용하면 된다. 그런데 적합한 내용을 통째로 가져와서 '붙이기', 즉 모방하는 경우가 있는데, 이것은 절대로 해서는 안 되는 것이다. 연구윤리에 어긋나는 표절(plagiarism)이기 때문이다. '잘 작성되었다'라고 판단되는 논문의 그 형식이나 틀을 모델링하여 참고하는 정도로 그쳐야 할 것이다. 이와 함께 학술논문 인용 규칙을 반드시 지켜서 작성해야 하는데, 학술영역 및 학술지마다 규정하고 있는 인용법이 각기 다르니 잘 확인해서 진행하도록 한다.

※ 학술논문 주요 인용법

APA - 심리학 및 각종 사회과학, 일부 자연과학
AP - 저널리즘
ASA - 일부 사회과학
Chicago - 일반적인 문헌, 각종 자연과학, 일부 인문학
MLA - 언어학 및 각종 인문학
----- ----- ----- ----- ----- ----- ----- -----
ACS - 화학
AIP - 물리학
AMA - 약학
CSE - 생물학
IEEE - 공학
Vancouver - 의학

③ 재구성을 통한 나만의 단락을 구성

연구주제에 대한 근거를 제시하는 영역이니만큼 이론적 배경은 작성자의 의견이 담겨있거나 편집을 하는 것처럼 구성되면 좋지 않다. 연구자가 말하고자 하는 바에 관해 선행연구의 내용을 최대한 반영을 해야 하지, 마치 연구자가 작성한 것처럼 마음대로 바꿔서 작성하면 안 된다는 것이다. 따라서 원본을 살려가면서 본인만의 문체나 표현법으로 재정리하듯 전개하면 좋다. 각색은 위험하지만, 편집은 적절한 것이다.

④ 핵심 키워드를 활용한 자료 수집

이론적 배경의 문헌들은 매우 중요한 만큼 기본 절차들을 지켜가

면서 전개하는 것이 좋다. 통상적인 절차는 '연구주제와 연관된 핵심 키워드 찾기', '핵심 키워드를 활용해서 2차 자료 조사하기', '핵심 키워드를 활용해서 1차 자료 조사하기'의 방식이다.

• 연구주제와 연관된 핵심 키워드 찾기

연구주제와 관련된 중심단어를 찾는 과정이다. 연구자의 연구내용을 대표할 수 있는 단어를 찾아서 열거한 다음, 연관성이나 대표성이 가장 높은 단어들 선택하는 것이다. 연구 제목을 활용해도 좋고, 핵심 키워드를 활용해도 좋다.

• 핵심 키워드를 활용해서 2차 자료 조사하기

연구주제와 가장 연관성 및 대표성이 높은 단어를 가지고 2차 자료를 점검하는 것이다. 2차 자료(secondary source)란 직접적으로 연구하지 않는 저자에 의해 형성된 문헌들인데, 보통 교과서나 일반 서적들이 이에 해당한다. 非아카데믹 자료라고도 한다. 이 2차 자료는 많은 연구 결과에 따라 이론들이 다양하게 소개되고 있어서 연구주제에 대한 기초 자료들을 광범위하게 얻을 수 있고, 연구의 전체적인 흐름을 살펴볼 수 있는 장점이 있다. 예를 들어 '공익광고'에 대한 연구를 위해 <공익광고>라는 일반 서적을 참고한다면, 공익광고의 정의, 종류, 역사, 이론, 연구 동향 등 다양한 정보들을 쉽게 얻을 수 있다. 물론 연구자가 직접 연구한 내용을 확인하기 어렵고, 세부적 내용에 대해서는 깊이가 얕을 수는 있다. 또한 저자의 서술이 잘못된 정보로 작성될 수 있는 위험 요소도 있으므로, 2차 자료를 이론적 배경으로 활용할 때는 주의를 기울일 필요가 있다.

• 핵심 키워드를 활용해서 1차 자료 조사하기

연구주제와 가장 연관성과 대표성이 높은 단어를 가지고 1차 자료를 체크하는 것이다. 1차 자료(primary source)란 연구자에 의해 직접적으로 작성된 연구논문을 말하는데, 보통 학술논문이나 학위논문, 연구소의 보고서도 이에 해당한다. 전형적인 아카데믹 자료를 지칭한다. 이 1차 자료는 연구자가 논문 작성에서 전개되는 모든 사항을 기록한 것이기에 구체적이고 전문적이며 과학성을 지니고 있다. 그래서 1차 자료의 모든 사항은 실질 연구 과정에서 연구자에게 도움이 되는 모든 자료를 담고 있고, 이론적 배경의 대상이 될 수 있는 다수의 내용이 포함된다. 그러므로 이론적 배경의 탄탄한 기틀을 구축하고자 할 때는 1차 자료를 대상으로 진행하는 것이 좋다. 1차 자료의 수집은 국내외 주요 자료검색 사이트를 활용하면 좋은데, 대표적인 기관 웹사이트는 다음과 같다.

- 각 대학교의 도서관 사이트
- 국회도서관 : http://www.nanet.go.kr
- 국가전자도서관 : http://www.dlibrary.go.kr
- 한국학술지인용색인 : http://www.kci.go.kr
- 한국교육학술정보원(KERIS) : http://riss4u.net
- 한국학술정보(KISS) : http://kiss.kstudy.com
- 누리미디어 (DBPIA) : http://dbpia.co.kr

국회도서관 http://www.nanet.go.kr	국가전자도서관 http://www.dlibrary.go.kr

한국학술지인용색인 http://www.kci.go.kr	한국교육학술정보원(KERIS) http://riss4u.net

한국학술정보(KISS) http://kiss.kstudy.com	누리미디어 (DBPIA) http://dbpia.co.kr
	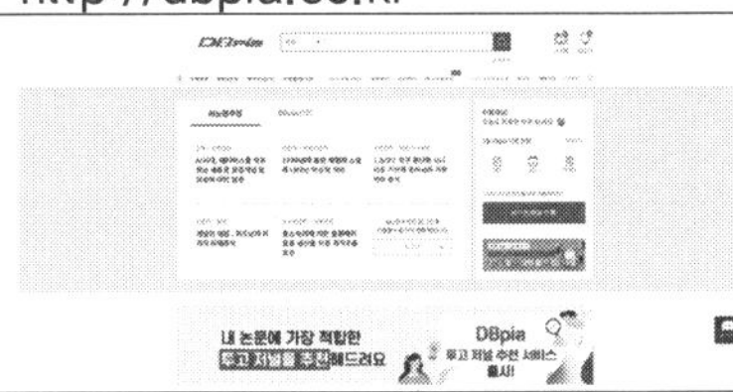

제3절 연구설계 (방법론)

예시 연구인 <다문화 가정을 위한 공익광고의 수용 유형에 관한 연구>에서는 Q 표본의 구성이 다음과 같이 형성되었다.

1) Q 표본 관련

(1) Q 표본(Q sample)

Q 표본이란 Q 모집단(population)을 말한다. Q 연구를 위해서 수집된 항목의 집합체로 한 문화 안에서 공유되는 의견의 총체적인 집합(concourse)에서 추출된 항목을 지칭한다. Q 항목은 손으로 분류가 될 수 있어야 하며, 분류하는 응답자의 개별적 의견이 반영될 수 있는 자아참조적(self-referent)이어야 한다. 언어적으로 구성된 진술문이 흔히 Q 항목으로 사용되지만 영상, 음악, 꽃, 의류, 광고물이나

이미지 사진 등 비언어적(non-verbal)인 자극물이 대상이 될 수 있으며, 문헌이나 면접(interview)을 통해서도 수집할 수 있다(김흥규, 1990).
Q 표본(sample)은 Q 모집단에서 추출된 항목이기에 Q 표본의 선정은 통합체가 완성되는 단계를 의미한다. 진술문들은 통합체의 개념 안으로 흡수되어 Q 방법론의 기본 요소가 되는데, 통합체 세계에 대한 총체적 이해는 인간의 이해 자체라 할 수 있다. Q 표본은 순차적 방식에 따라 모으게 된다. 진술문을 찾으면 찾을수록 그 수가 줄어들게 되는데, 어느 순간 포화 상태에 이르면 더 이상의 진술문을 추가하지 못하게 되면서 모집단이 완성되게 된다. 비구조화 표본의 방식에 의해 구축된 모집단으로부터 무작위 추출방식의 구조(emerged structure)로 추출된다(김흥규, 2008).
본 연구를 위해서 연구자는 다문화 가정 공익광고에 대해서 느낄 수 있는 다문화 가정에 대한 진술문을 바탕으로 Q 표본을 작성하였다. 이를 위해서 다문화 가정과 다문화 가정 공익광고에 관한 신문기사나 전문서적, 인터넷 자료 등을 고찰하였고, 대학생, 직장인과 일반 시민들을 대상으로 별도의 심층면담을 진행하여 Q 모집단을 80여 개 수집하였다. Q 모집단 내에서 중복된 내용을 제외한 후, Q 표본인 진술문의 동의와 비동의의 수가 거의 동수가 되도록 조정을 하여 〈부록 1〉에서와 같이 최종적으로 27개의 진술문을 선정하였다.

■ Comment

Q 표본의 기본 특성들에 대해 가볍게 기술하였으며, 주요 개념을 설명하였다. 이와 함께 연구주제인 '다문화 가정을 위한 공익광고의 수용 유형에 관한 연구'의 Q 표본 선정과 관련해서 그 당위성과 과정들을 소개하고 있다.

Q 모집단 구성을 위한 기초 자료는 첫째, 문헌자료를 통한 자료 수집과 둘째, 연구와 연관된 관계자나 일반 사람들과의 인터뷰를 통한 자료 수집을 이행하였다.

문헌자료는 신문 기사나 전문서적, 인터넷 자료의 경우는 다문화 가정과 다문화 가정 공익광고에 대한 소개나 설명, 의견 및 주장 등의 메시지 내용을 바탕으로 수집한 것이다. 인터뷰 자료는 다문화 가정 및 다문화 가정 공익광고와 연관된 광고인, 공무원, 교육기관 담당자를 대상으로 하고 난 후, 다문화 가정 구성원을 일상에서 접했거나 개별적으로 관심이 있는 일반 사람들을 추가로 대상화 한 것이다.

이러한 과정을 통해 모인 모집단은 약 80여 개가 형성된 것이다. 즉 <다문화 가정을 위한 공익광고의 수용 유형에 관한 연구>의 Q 모집단이 약 80여 개라는 의미이다. 이를 바탕으로 해당 모집단에서 중복된 내용이나 의미들, 궁극적으로 유사한 표현들 같은 대상들을 제외하는 작업을 진행했는데 각각의 모집단을 군집화하는 작업은 매우 전문적이면서 체계적인 기술과 진행 노하우가 필요하기도 하다. 군집으로 묶인 모집단들 가운데 대표성이 강한 진술문 1개를 선정해서 하나의 Q 표본으로 만들어야 하기 때문이다. 이러한 작업을 진행한 이후 <다문화 가정을 위한 공익광고의 수용 유형에 관한 연구>에 대한 최종적인 군집이 총 27개라는 것이다.

다음으로는 최종적으로 군집 된 27개의 Q 표본을 대상으로, 표현된 진술문이 긍정적인 표현의 내용(동의하는 내용)과 부정적인 표현의 내용(비동의하는 내용)을 고려해 'U'자 형태의 비율적 대칭을 이루도록 진술문의 표현을 재조정하는 작업을 가진다. 27개 진술문에 적혀진 표현들이 긍정적인 그리고 부정적인 상태로 동수의 비율(5:5) 혹은 약간의 차이(6:4, 4:6)가 나도록 마무리하는 것이다.

그래서 최종 정리된 Q 표본이 부록과 같다.

1. Q 표본

Q 표본
1. 다문화 가정 광고의 다문화 영역이 '가정'에만 국한되어 있다는 생각이 든다.
2. 다문화 가정 광고는 편견이 가득 찬 이미지를 생산해 내서 실효성에 의문이 간다.
3. '대한민국'만을 외치는 편협한 민족주의의 주장이라는 생각이 든다.
4. 다문화 가정을 이해하고 화합하기 위한 문화적 장을 마련하고 있다.
5. 국가 이미지 제고를 위한 정책 수단에 불과하다.
6. 다문화 가정 광고는 편견을 합법화하는 수단일 뿐이다.
7. 다문화 가정의 구성원(주로 동남아 출신)에 지역적 편견이 들어가 있다는 생각이 든다.
8. 제3세계(동남아, 흑인 등) 다문화 가정을 보면서 2세들의 어려운 생활이 걱정된다.
9. 다문화 가정 광고는 다문화주의를 바탕으로 하는 국가 경쟁력을 키우고자 하는 정부의 의지가 담겨 있다.
10. 한국 사람들은 서양 사람과 동남아 사람에 대한 지역적 편견이 매우 다른 것 같다.
11. 나는 인종차별주의자를 경멸한다.
12. 다문화 가정 구성원이 도움을 청한다면 스스럼없이 도와줄 것이다.
13. 다문화 가정 광고는 대한민국 사회가 점점 글로벌화되고 다양성을 가지고 있음을 보여준다.
14. 다문화 가정도 대한민국을 이루고 있는 구성원임을 인정해야 한다.
15. 다문화 광고는 기업의 생색내기 PR 캠페인일 뿐이다.
16. 다문화 가정의 일원(외국인 홈스테이, 외국인 튜터 등)으로 생활하는 것이 좋아 보인다.
17. 오바마 미국 대통령과 같은 인물이 대한민국에서는 나타나지 못할 것 같다.
18. 다국적 가정에 대해 냉대와 무관심한 것을 보면서 대한민국 국민이라는 것이 수치스럽기까지 하다.
19. 한국 사람들은 진정한 마음으로 다국적 가정을 받아들일 수 있는 준비가 전혀 되어 있지 못하다.
20. 다문화 가정에서 자란 2세들은 이국적 문화 혜택을 누리게 될 것이다.
21. 다문화 가정이라는 표현 자체가 차별과 편견의 산물이다.
22. 다문화 가정에 관심이 없어 TV 채널이나 신문의 기사를 대충 넘겨 버린다.
23. 행복해 보이는 다문화 가정의 가족애가 부럽다.
24. 다문화 가정은 대한민국의 정체성을 훼손시키는 주범이다.
25. 일회성 캠페인으로 그칠 것이 아니라 다문화 가정에 대한 대대적인 교육이 필요하다.
26. 우리 민족이 더 이상 단일민족이 아니라는 사실이 서글프다.
27. 외국인 근로자 없이는 한국의 산업이 유지되기 어려운 형편에 와 있다.

Q 가이드

(1) 연구설계의 기본전제

연구설계 파트에서는 'Q 모집단 및 Q 표본', '분포도 구성', 'P 표본', 'Q 분류' 과정에 대한 설명을 기술한다. 이에 앞서 Q 방법론의 근본적인 연구설계의 기본에 대해서 가볍게 알아둘 필요가 있다.

스티븐슨(Stephenson)이나 브라운(Brown)이 언급한 바처럼 Q의 매력은 응답자인 P 표본이 어떤 형태의 자극 항목에서든 항목을 손으로 옮겨 분류하고, 순위를 정할 수 있다는 점에서 무한한 해석이 가능하다는 것이다. 하지만 이러한 해석의 다양성이 특성이라 하더라도 모든 Q 방법론 연구는 크게 '한 개'나 혹은 '두 개'의 기본 설계 방식으로 범주화가 된다. 첫 번째 기본 설계 방식은 단일 연구 참여자 설계이고, 두 번째 기본 설계 방식은 복수 연구 참여자 설계이다.

즉 P 표본 1명이 연구 참여에 전체를 차지하는 것인가 아니면 P 표본 다수가 연구 참여에 구성원이 되는가와 같은 Q 분류 활동의 근거가 그것이다. 여기서는 P 표본 1명이 참여하는 단일 연구 참여자 설계가 아닌 P 표본 다수가 참여하는 복수 연구 참여자 설계에 관해서 설명하고자 한다. 사례로 제시하고 있는 <다문화 가정을 위한 공익광고의 수용 유형에 관한 연구>뿐만 아니라 대부분의 Q 연구가 복수 연구 참여자 설계를 통해 연구의 기본 설계를 전개하고 있기 때문이다. 하지만 Q 방법론의 메커니즘에서는 '단일 연구 참여자 설계'와 '복수 연구 참여자 설계' 모두가 중요한 것이기에, 이에 관한 확인은 김흥규(2008)의 'Q 방법론(커뮤니케이션북스)'를 참고하기 바란다.

복수 연구 참여자 설계의 전개는 Q의 고유 방식이자 효과를 최대로 구현해 낼 수 있는 연구 방법이다. 연구주제에 제한 없이 매우 광범위하며, 접근성 및 활용성 역시 뛰어나다. 다만 연구주제는 다양할 수 있어도 연구 문제에 대한 적용 가능성을 담보로 하지는 않는다. 모든 방법론이 그러하듯 연구자가 연구를 통해 얻고자 하는 목적이 무엇인지, 가장 효과적으로 풀어낼 수 있는 것은 무엇인지, 연구의 가치가 여타의 연구보다 상대적으로 의미가 있는지 등을 고려해 적절하면서 최적이라 할 수 있는 연구에 방법론적인 이바지를 한다고 생각하는 것이 좋다.

쉽게 말하자면 패러다임과 방법론적 본질을 고려해 하고자 하는 연구가 양적 방법 vs 질적 방법 vs Q 방법 중 어떤 방법이 적절할 것인가 라는 입장에서 출발해야 한다. Q는 주관성 연구 방법이다. 주관성에 대한 접근일 뿐만 아니라 정성적 프로세스와 정량적 프로세스가 기묘하게 혼재되어 있기도 하다(Ernest, 2011). 교차적인 혼합 방법이라는 인식이 증가함에 따라 경험 지향적이면서 연구 지향적인 결과들이 많아졌는데, 완전히 정량적이지도 – 완전히 질적이지도 않으면서 두 가지 다른 스타일의 성공적인 조합으로 인식되고 있다(Ray & Montgomery, 2006; Ernest, 2011). 따라서 연구자가 아닌 연구에 참여하는 P 표본, 즉 연구 참여자들이 연구대상에 대해 좀 더 적절한 특정한 견해를 밝힐 수 있는지, 연구 참여자의 관점이 나타나는 것에서 차이점과 함께 특이한 점을 발견할 수 있는지에 대한 같은 질문을 던져서 긍정적인 답변이 나올 수 있다면 Q 방법론을 적용하는 것이 다른 연구 방법론을 사용하는 것보다 효과적이다. 또한 P 표본을 통해서 특정한 관점의 존재를 발견하고, 이러한 관점들을 이해하면서 비교 및 해석할 수 있는 상황이라면 Q 방법이 제격이다.

(2) Q 모집단 및 Q 표본

Q 표본(Q sample)은 Q 모집단으로부터 추출된 항목이다. Q 표본의 선정이란 Q 모집단의 통합체가 완성되는 단계까지의 모든 과정을 의미한다. 순차적인 방식에 의해서 진행되는 Q 표본 과정은 진술문이 통합체의 개념 속으로 흡수되는 흐름을 따른다. 흥미로운 것은 표본 선정이 Q 연구의 중요한 부분이어서 과학적 이행 과정이라 생각할 수 있는데, 오히려 기술이나 예술의 이행 과정에 더 가까울 수도 있다. Q 연구가 수많은 주관적 의견들로 구성된 의견 통합체(concourse)를 다루는 영역이라서 맹목적인 기준에서 구성되는 특성 모집단(trait universe)보다는 유연하게 형성될 수 있는 정밀한 모집단을 요구한다. Q 방법론의 기본으로, 흡수되는 과정의 진술문들이 포화상태에 이르러 더는 새로운 진술문을 추가하지 못하면 드디어 모집단 구성이 완성된다.

그럼 모집단이란 무엇인가? 통합체라고도 하는 모집단은 우리가 만나는 메시지에 관해 각각의 개인들이 만들 수 있는 주관적 진술문의 세계로 표현된다.

이른바 연구주제나 목적에 대한 '다양한 의견들의 양(the volume of discussion)'이라 할 수 있겠다(Brown, 1986; Cairns, 2012). 사실상 특정 연구에 대한 모든 의견과 모든 다른 관점의 합계를 의미하는 것이다(Hooff et al., 2017). 그래서 통합체는 다양한 토론들이나 혹은 어떤 것에 대해 보고 말하는 방식들을 전반적으로 포괄(Barry & Proops, 1999)함과 동시에 이를 구성 담론으로 해결하는 데 관심이 있다(Dryzek & Berejikian, 1993).

Q 모집단의 구축이란 모집단의 정의로부터 출발하게 된다. 예를 들어서 만약 식음료 전문 기업의 마케터가 헛개나무 열매를 활용한 새로운 기능성 음료에 대한 소비자의 구매 태도를 연구한다고 한다면, 보

통은 음료를 많이 판매하거나 시장 점유율을 강화하기 위한 측면에서 접근할 것이지만, Q에서는 특정한 요소를 염두 하지 않고 모든 사항에 대해서 접근한다. 시장에 대한 기존의 여러 사항에 대해 '좋다－나쁘다', '연관성이 있다－없다'라는 접근보다는 새로운 반응과 새로운 인식을 찾아서 기존의 여러 사항에 대한 데이터 pool을 다각적 시각으로 풍부하게 할 수 있다. 그래서 새로운 기능성 음료에 대해 제시할 수 있는 정의는 '헛개나무 열매를 활용한 새로운 기능성 음료에 관한 모든 자아 지시적(self－referent) 진술문'이 된다.

'자아 지시적이다'는 사실(fact)이 아니라 의견(opinion)에 대한 진술문이다. 소비자들 즉, 사람들의 느낌이나 생각, 입장과 같아서 응답자가 투사할 수 있다. 예를 들어 "헛개나무 열매의 성분은 간 해독에 우수하다"라는 사실을 적시한 진술문이지만, "헛개나무 열매의 성분은 우루사 못지않게 피로 해소에 좋다"는 의견을 적시한 진술문이다. 우리는 새로운 기능성 음료에 대해 소비자들의 지식을 알아보거나 검증하는 것이 아니라 이들에게 새로운 기능성 음료에 관한 태도를 드러낼 수 있도록 기회를 제공하는 것이다. 사실(fact)에 대한 진술문은 '맞다'－'아니다'가 있지만, Q에서는 의견만이 제시되기 때문에 '맞다－아니다'와 같은 것은 없다.

그런데 모집단의 구성은 연구주제나 목적에 의해 진술문이 아니라 그림이나 사진과 같은 이미지나 향수, 옷, 음식과 같은 실물 대상도 모집단을 구성할 수 있다(Brown, 1980; 김흥규, 2008). '자아 지시적'이면서 '손으로 움직일 수 있는' 모든 대상이 모집단을 구성할 수 있기 때문이다. 이미지나 향수, 옷, 음식과 같은 대상들도 '자아 지시적'인데, 이것을 생성하거나 만들어낸 주체들의 의미가 담긴 산물이면서, 사람들의 느낌이나 생각, 입장이 투사될 수 있다. 사람들의 의견이 담겨있는 핵심 대상이 텍스트 글자로 표현된 진술문만 있는 것은 아니다. 의견이 담긴 메시지는 이미지도 있고, 실물로 제작된 특정 대상들도 존재한다. 중요한 것은 '자아 지시적'이라는 개념에서 모든 대상이 모집단으로 구축될 수 있는 것이다. 오닐·니콜슨-콜(O'Neill & Nicholson-Cole, 2009)은 이에 대해 "모집단은 응답자(P 표본)가 존중할 가치가 있다고 생각하고 공감할 수 있는 실체들이면 된다"라고 언급했다.

언어적 요소(verbal Q-studies) 소팅 과정	시각적 요소(visual Q-studies) 소팅 과정
Ellingsen et al. 2014:4 인용	O' Neill et al, 2012:416 인용

이러한 모집단의 다양성에 대해 두안 외(Duan et al., 2021)는 '언어적 요소(verbal Q-studies)와 시각적 요소(visual Q-studies)'로 정리하여 설명하기도 하였다. 특히 Q의 전통적인 연구 수행은 언어적 요소가 핵심을 이루고 있기는 하지만, 2000년 이후의 연구들에서는 점차 시각적 이미지가 고려된 연구(e.g. Fairweather & Swaffield, 2001; Nicholson-Cole, 2004, Hooff, Botetzagias & Kizos, 2017; Duan, Hepworth, Ormerod & Canon, 2021)들이 늘어나면서 대상의 확장성을 가져왔다.

해외뿐만 아니라 국내에서도 시각적 요소(visual Q-studies)가 반영된 Q 연구들이 많이 나오고 있는데, 대표적인 연구자들을 보면 김흥규, 최원주, 홍장선, 이종윤 등이 있다.

시각적 요소(visual Q-studies) 대표 연구들	
광고홍보 분야	1) 김흥규·오주연(2005). 광고 속 자아 투영하기, 주관성 연구 2) 최원주(2007). 여성의 자아 이미지 인식을 통한 브랜드 이미지의 전략적 접근: 광고 속 여성 모델의 이미지를 중심으로, 주관성 연구 3) 김선남·남궁영 외(2011). 광고에 나타난 여성 이미지 선호 유형에 관한 연구, 주관성 연구 4) 심현준·신상혁 외(2020). 광고사진 비주얼에 관한 소비자의 주관성 연구: 국제광고사진 공모전 수상작을 중심으로, 커뮤니케이션학 연구
마케팅 분야	1) 김흥규·이지수(2010). 백화점 여성 의류 브랜드의 비주얼 머천다이징 지각요인에 관한 연구, 한국의류학회지 2) 최원주(2011). 도시 브랜드의 아이덴티티 구축을 위한 탐색: 브랜드 심벌과 슬로건을 중심으로, 주관성 연구 3) 최원주·홍장선(2020). 한국 관광 활성화를 위한 광고 메시지의 전략적 탐색: 한국관광공사 인쇄광고에 대한 소비자 인식을 중심으로, 주관성 연구
디자인 분야	1) 김흥규·이종윤(2002). 가상공간에서의 아바타를 통한 다중적 자아의 요인 연구, 주관성 연구 2) 이종윤(2016). 국내 캐릭터를 통한 다중적 자아의 선호유형 연구, 주관성 연구 3) 홍장선(2016). 비언어 커뮤니케이션의 기호특성과 자아표현 연구: SNS 이모티콘을 중심으로, 커뮤니케이션학 연구 4) 이연주·박승배(2018). 카페 이용자의 사인 디자인 선호 유형 연구, 주관성 연구
미디어 및 기타 분야	1) 김봉인·장서지(2010). 미용 성형수술을 통한 미적 관점에 관한 연구, 주관성 연구 2) 홍장선(2015). 문화 간 커뮤니케이션에 있어서 미디어 채널 선호특성을 위한 방법론적 접근 - 한국과 영국 대학의 다문화 유학생의 비교를 중심으로, 기초조형학회 3) 윤선민·김명희 외(2018). 음식 TV 프로그램에 대한 시청자들의 주관성 연구 -프로그램 기획의도를 중심으로-, 한국콘텐츠학회논문지

① 문헌자료에 의한 모집단 구축

모집단 구축은 모집단을 형성하는 과정이라서 사람들이 느낄 수 있는 모든 자극 항목을 수집하는 행위와도 같다. 자극 항목은 어디에만 특정하게 있는 것이 아니고 어디에서나 존재하는 보편적인 특성을 보인다. 누구나 쉽게 이해되고, 동감하고, 동의할 수 있는 모든 자극 항목들을 대상으로 해야만 한다. 그래서 간단하게 추출되지 않는다. 비교적 느리게 전개되고, 많은 시간이 걸리며, 어떤 대상을 어떻게 활용해 찾아낼 것인지 많은 궁리를 해야 한다. 모집단 구축의 실질적인 과정이 시작되면 다양한 문헌자료나 많은 사람과의 인터뷰에서 여러 자극 항목 자료들을 찾아내야 하므로, 문헌자료의 조사범위와 인터뷰 대상들의 능력치 여부를 고려해 기초 디자인을 잘 수립해야 한다.

문헌자료의 경우 연구의 주제나 목적에 따른 적절한 문헌자료들을 대상으로 하면 되는데, 논문이나 보고서와 같은 사실적인 표기로 적혀진 내용보다는 개인의 의견이나 판단, 분석 같은 형태로 적혀진 내용이 자극 항목을 더욱 확실하게 구성해 준다. 어쨌든 문헌자료는 신문 기사, 잡지 기사, 노래가사, 블로그 및 SNS 글, 광고물 카피나 장면, 영화의 내사나 장면, 브로셔, 백과사전, 연구논문, 보고서 등에서 포괄적인 자료조사를 통해 찾을 수 있다. 자료 수집의 범주에 있어 직접적 사안으로 형성해도 되고, 간접적 사안으로 형성해도 된다.

만약 헛개나무 열매에 대해서 직접적 자료를 찾는다면 피로회복이라는 건강의 효능에 있어 신문 기사의 자료(간 건강 지킴이 헛개나무 효능 "통으로 먹어야 더 효과적")[1]을 통해 다음과 같이 뽑아낼 수 있을 것이다.

> '헛개나무는 열매－줄기－잎 통째로 갈아 먹어야 효과가 제대로 나타나는 것 같다'

그런데 피로회복이라는 건강의 효능이라는 같은 범주를 간접적 자료를 통해 찾을 수 있는 것은 자연에서 온 천연 재료의 우수성이라는 측면에서 접근할 수 있기에 블로그의 자료(이달의 수산물, 매생이는 최고의 천연 간 해독제)[2]을 통해 다음과 같이 뽑아낼 수 있을 것이다.

1) 신문 기사 주소 https://n.news.naver.com/mnews/article/081/0002809007?sid=101
2) 블로그 주소 https://post.naver.com/viewer/postView.naver?volumeNo=30469522&memberNo=24108940&vType=VERTICAL

'천연 간 해독제는 몸의 부작용이 덜해서 좋다'

이처럼 직접적 사안은 주요 키워드에 초점을 맞춘 유효한 자료들을 모을 수 있고, 간접적 사안은 부수적인 의견이나 표현을 두고 핵심 내용을 드러낼 수 있는 자료가 구축될 수 있어서 전체의 대상들을 더욱 풍부하게 확보시켜 준다.

• 문헌자료 수집 점검 사항

– 연구주제 및 목적에 맞는 직접적 사안 대상 확보

– 신문 기사, 잡지 기사, 노래가사, 블로그 및 SNS 글, 광고물 카피나 장면, 영화의 대사나 장면, 브로셔, 사전, 연구논문, 보고서 등 다양한 문헌자료를 대상으로 개인의 의견이나 판단, 분석의 형태로 표현된 대상 위주로 수집 진행

– 부수적인 의견이나 표현들에 의한 간접적 사안 대상 확보

– 신문 기사, 잡지 기사, 노래가사, 브로셔, 블로그 및 SNS 글 등 다양한 문헌자료를 대상으로 개인의 의견이나 판단, 분석의 형태로 표현된 대상 위주로 수집 진행

② 인터뷰에 의한 모집단 구축과 주관적 답변에 대한 사용 동의(consent)

인터뷰와 같은 면담은 문헌조사보다 더욱 효용적인 자극 항목들을 수집할 수 있다. Q는 궁극적으로 보면 사람에 관한 연구이기에 사람들이 말하는 의견들, 표현들, 묘사들, 설명들이 주요 자료로 활용될 수 있다. 사람들의 의견으로부터 출발해서 사람들의 판단으로 구성되는 Q만의 특징이 고스란히 담겨있는 것이다. 인터뷰의 방식은 당연히 연구주제나 목적에 초점을 맞춰서 진행해야 하겠지만, 부분적으로 확장된 여러 이야기를 전반적으로 펼쳐서 직접적인 인터뷰의 내용과 간접적인 인터뷰 내용을 같이 확보하는 것이 좋다. 이러한 방법에 대해 김흥규(2008)는 한 문

화권 안에서 가능한 모든 의견이라 할 수 있는 모집단, 즉 통합체를 보장하는 긍정적 행위라고 설명하고 있다. 인터뷰 대상 역시 인터뷰 방식과 비슷하게 구성하면 되는데, 연구의 주제나 목적에 따라 그 대상이 결정된다. 모집단 구축에 있어 전문적이면서 구체적인 사안의 자료들을 얻고자 할 경우, 연구주제나 목적에 깊게 관여되어 있는 학자나 전문가, 실무자, 평론가 또는 비평가, 기 경험자와 같은 대상을 위주로 진행하면 좋다. 반면에 일반적이면서 보편적인 사안의 자료들을 얻고자 할 경우에는 무작위의 형태로 일반적인 사람들을 대상으로 진행하면 된다. 즉 '이렇게 하는 것'이라는 정형화된 방식은 없지만, 다양한 입장을 지닌 사람들을 적절하게 포함하여 구성하게 되면, 창의적이면서 서로 다른 의견이 고르게 반영될 수 있는 최적의 효용성을 구축할 수 있게 된다.

모집단을 구했다면 주관적 답변을 논문에 써도 되는지에 대한 동의를 구한다. 이는 질문지맨 앞부분에 넣을 수도 있고, 구두로 대체할 수도 있다. 정식으로는 이 설문을 하는 목적, 답변 활용 여부, 기간 등에 이르기까지 1장 정도의 동의서(Consent Form)를 작성해 사인을 받는 형식을 활용한다. 국제 학술지의 경우, 개인 정보에 대한 동의(consent)를 중요시하기 때문에 질문지 설계 부분에서 설문 동의에 대한 장치를 넣는 것이 바람직하다. 한편, 설문 대상에게 양해를 구하고 녹취나 녹화를 하여 전체의 과정을 기록하는 것도 좋은 방법이 된다. 물론 녹취 및 녹화의 결과물은 논문 이외에는 활용하지 않겠다는 언급을 명시해 응답자를 안심시키는 것이 필요하다.

만약 헛개나무 열매에 대해 인터뷰 형태로 자료를 모은다면 연구의 목적이 '새로운 기능성 음료에 대한 소비자의 구매 태도'인 만큼 일반 소비자들을 대상으로 경험의 여부나 관심의 여부에 따라 인터뷰 대상을 선정하면 된다. 그럼 이들을 대상으로 처음에는 중립의 감정을 유지한 후에 헛개나무 열매의 특정한 방향을 설정하지 말고 무난하게 대화를 전개하고, 점점 헛개나무 열매의 건강의 효능이나 사용성에 초점을 둔 심층적인 대화를 이끌면 된다. 마치 지인들과 진중하게 상담하는 듯이 진행하면 좋다.

주의할 점은 '네-아니오', '맞다-아니다'와 같이 단답형으로 대답할 수 있는 질문들은 삼가고, 구술의 형태로 말을 이어갈 수 있는 방식으로 이야기를 나누어야 한다. 중간 중간 적절한 추임새를 사용하는 것도 좋은데, '아, 그렇군요', '흥미로운데요', '좀 더 설명해 주시겠어요?'처럼 당신의 말에 관심이 있고 동의하고 있음을 무언중에 알려주면서 대화를 유지하는 것이다.

가. "요즘은 많은 사람이 건강에 대해 신경을 쓰고 있지 않나요?"
나. "주변 사람들 가운데 누가 어떤 방식으로 신경을 쓰고 있나요?"
다. "아 그렇군요"
라. "그럼 헛개나무 열매에 대해 어떻게 생각하고 있나요?", "요즘 유행하는 것인데 잘 몰라도 주변에서 들은 이야기에 덧붙여서 말해도 됩니다"
마. "흥미로운데요", "좀 더 설명해 주시겠어요?"
바. "관련 광고들도 있어요", "자 여기에 광고 영상이 있으니 시청하시고, 의견을 좀 더 말해 보세요"

의 형태로 대화를 이어가면 좋은데, 가볍고 사소한 대답을 한다고 해도 잘 경청하면서 그 대답에 성의를 보이면 상대방도 점차 호의를 보이게 된다. 본인의 대답이 쓸모없는 것이 아니라는 감정을 갖게 되면서 조금씩 질문과 관련한 대답에 더욱 성의있는 이야기를 하게 된다. 이 과정에 있어서 상대방의 집중이 흐트러지지 않도록 주변의 환경을 잘 정비해야 하는데, 순조롭게 이야기를 나눌 수 있는 적절한 장소를 선정하고 녹취보다는 메모장에 내용을 천천히 받아 적으면서 면담의 상황 분위기를 긍정적으로 유지할 필요가 있다.

인터뷰와 같은 면담 방식으로 진행되는 Q 모집단 구축은 문헌자료에 의한 모집단 구축되는 그 형태가 다소 다르다. 문헌자료에 의한 모집단 구축은 문헌자료의 종류와 범위에 따라 최대한 많은 자료를 모아야 하는데, 인터뷰 방식은 최대한 많은 대화를 유도한다고 해도 자료를 모으는 양에 있어서는 제한적이다. 그것은 한 개인이 생각하고 판단하고 의미하는 영역은 다른 사람과 비교해서 그 범위가 매우 넓고 클 수가 있지만, 서로가 다른 의견만을 가지고 있는 것이 아니라 일정 수준은 비슷하거나 중복되는 내용의 의견들을 내놓기 때문이다. "헛개나무의 OOO 같은 특성은 좋다고 본다"라는 답변은 "헛개나무의 OOO 같은 특성은 별로라고 본다"와 의미적으로 중복되고 있기에 한 문장의 표현으로 묶을 수 있다. 모집단 구성을 위한 인터뷰를 진행하다 보면 이러한 상황들이 펼쳐지게 되는데, 아래의 그림을 통해서 그 현상을 쉽게 이해할 수 있다. 첫 번째 인터뷰 대상과의 여러 이야기를 통해서 대략 80개 내외의 진술문을 확보했다면, 두 번째 인터뷰 대상과의 이야기를 통해서는 중복된 의미를 제외하고 대략 50개 내외의 진술문을 찾을 수 있다. 그다음인 세 번째 인터뷰 대상과의 이야기를 통해 대략 40개 내외의 진술문을 얻었다면, 네 번째 인터뷰 대상과의 이야기를 통해서는 대략 20개 내외의 진술문을 찾을 수 있다.

이렇게 인터뷰어와의 면담 과정을 한 명씩 하다 보면 어느 순간은 중복된 내용만 나오게 되는 상황을 맞이하게 되는데, 이때부터는 더는 인터뷰 행위가 의미가 없는 것이기에 마침내 통합체(concourse)가 완성되었다고 규정한다. Q 학자들은 이에 대해 Q 모집단의 완성은 통상적으로 10명 정도의 인터뷰어들과의 면담이면 충분하다고 언급했다(김흥규, 2008).

인터뷰어와의 면담을 통한 통합체 구성

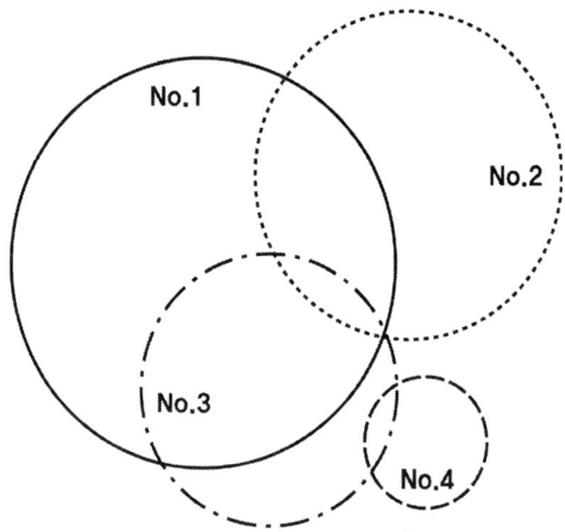

③ Q 모집단의 Q 표본 구축

문헌자료 모집단 구축과 인터뷰 모집단 구축 과정을 전개하다 보면, 포화한 Q 모집단의 단계에 이르게 되고 이 시기가 바로 통합체(concourse)가 완성된 때이다. 통합체는 20개~60개 내외의 대상이 모집단으로 구성되어 있기도 하고, 몇백 개 또는 몇천 개의 대상이 모집단으로 구성되어 있기도 하다. 연구의 주제나 목적, 문헌자료의 범위와 인터뷰 이야기의 내용에 따라 그 양이 달라지는 것이다. 그러다 보니 언어적 요소(verbal Q－studies)인 텍스트 진술문으로 구성된 대상이 시각적 요소(visual Q－studies)인 그림이나 사진과 같은 이미지, 또는 향수, 옷, 음식과 같은 실물 대상보다 훨씬 더 많다.

어쨌든 언어적 요소인 텍스트 진술문으로 구성된 대상의 모집단에 대해 Q 표본으로의 구축을 위해서는 이들을 다듬는 과정이 필요하다. 진술문의 다듬는 방법은 아래의 내용을 참고해서 진행하면 좋다.

• 연구의 주제 및 목적과 관련성 있도록 정리

– 진술문 항목들은 피상적인 범주보다는 본질적인 범주로 구성되어야 한다.

• 모든 항목이 '자아 지시적'으로 구성되어야 하기에 그렇지 않은 항목은 재구성해야 함

– 진술문 앞머리에 '내가 생각하기에는', '내가 볼 때는'을 가상으로 적었을 때 자아 지시적인 형태가 구축되면 된다.

• 하나의 항목은 하나의 아이디어만 담고 있어야 함

– 진술문은 짧고 간결하게 표현되면 좋다. 그것은 항목의 표현이 길어지게 되면 두 가지 이상의 입장이 담기게 되는데, 이럴 때 진술문의 입장이 중립이 될 수 있다. 즉 '나는 이러한 입장인데, 특정 사항 때문에 이렇게 되었다'가 될 수 있기 때문이다. 예를 들어, "나는 술자리에서 상대방을 챙기는 것을 좋아하는데, 헛개나무 열매로 만든 기능성 음료를 준비하면 술 마실 때 걱정 없이 즐길 수 있기 때문이다"라는 진술문이 있다고 하자. 여기에서 내가 좋아하는 행위가 상대방을 챙기는 것인지 아니면 헛개나무 관련 상품으로 숙취 없이 즐길 수 있기 때문인지가 불분명하다. 나의 입장이 정확하게 무엇인지가 모호하게 된다.

• 항목의 표현은 이것을 읽는 사람들의 수준을 고려하여 정리

– 진술문 항목을 대하는 이들이 어떤 사람인가에 따라 표현의 수준을 고려할 필요가 있다. 전문적이면서 직접적인 표현이 필요한가, 아니면 보편적이고 일상적인 표현이 필요한가를 고려해야 한다. 속어나 은어, 심한 비유어, 트렌드를 반영한 시대어 등은 피하는 것이 좋다.

• 항목의 표현은 의미상으로 전체를 대표할 수 있는 것으로 축약

– 진술문의 표현이 자연스럽게 특정 의견을 나타내고 있다고 해도, 해당 사항들이 의미상으로 중복될 수 있기도 한데, 이럴 때 하나로 군집하여 대표성을 가지도록 정리해야 한다. "헛개나무의 OOO는 피로회복에 좋다"와 "헛개나무의 OOO는 간 기능 개선에 제격이다", "헛개나무의 OOO는 건강 유지에 괜찮다고 본다"라는 '건강'이라는 범주에서 동일하게 묶을 수 있는 내용이기에 '피로회복'으로 군집할 것인지, '간 기능 개선'으로 군집할 것인지, '건강 유지'와 군집할 것인지를 고려한다면 1개나 2개의 표현으로 정리될 수 있다.

• 항목의 표현에서 긍정적 기술과 부정적 기술은 하나로 취급

– 진술문은 긍정적 표현이나 부정적 표현이 적절하게 반영해 표현되면 좋은데, 특정 내용에 대해서 기술될 때는 긍정이나 부정 중 하나를 선택해야만 한다. 예를 들어 "나는 헛개나무 열매로 만든 기능성 음료를 좋아한다"와 "나는 헛개나무 열매로 만든 기능성 음료를 싫어한다"라는 동의와 비동의의 연속선상에 위치하게 되기 때문에 어느 정도 좋아하는가에 관한 내용이 중복되기 때문이다. 이와 함께 Q 표본이 최종적으로 구성될 때 진술문의 표현이 긍정적 기술과 부정적 기술로 정리해서 양측이 동수가 되거나 비슷하게 구성될 수 있도록 "U"자의 모양처럼 적절하게 배치하면 좋다.

④ 구조화 방법과 비구조화 방법으로의 표본 표집

Q는 특정 항목에 대한 사람 간의 차이보다는 한 개인 내에서 항목들의 중요성을 비교하는 입사티브(Ipsative)한 특징을 가진다. 그래서 Q

표본(항목) 수를 너무 적게 설정하면 차별적인 요인들을 추출하기가 까다롭고, 정보의 양이 얼마 없기에 요인들 간의 차이에 대한 유의미한 해석을 펼치기가 어려워진다. 반대로 Q 표본(항목) 수를 너무 많게 설정하면 요인이 불안정하게 추출되는 경향이 있다. 따라서 원활한 요인을 찾기를 위해 Q 표본(항목)의 최적 정도를 어떻게 찾을 것인지가 매우 중요하다. 그래서 어느 정도가 많고 어느 정도가 적느냐는 것은 연구주제와 목적에 따른 Q 표본(항목) 자체의 복잡성 여부와 Q 응답자(Q 소터)의 능력이나 수준, 요구와 같은 상황을 고려해서 합리적으로 판단해야 한다.

Q 표본의 수는 연구주제와 목적, 과정의 독특한 특성에 따라서 달라진다. 컬린저(Kerlinger, 1973)는 Q 항목은 60개~90개 사이를 이루면서, 60개 이하이거나 140개 이내에서 표본의 수를 구성하는 것이 긍정적이라고 보았다. 보통은 40개~60개 정도가 보편적인 표본의 수를 이루고 있는데(Curt, 1994; Rogers, 1995), 오히려 실질 연구에서는 20개~40개의 표본 수가 주류를 이루고 있다(김흥규, 1990; 2008). 쉬운 진술문이나 대상의 이름, 사진 같은 이미지처럼 간단한 자극들이 표본을 구성하고 있다면 60개 이상도 무방하겠지만, 반대로 심층적인 진술문, 전문적인 이미지처럼 자극이 복잡할 경우는 30개 이하로 구성하는 것이 좋다. 웨블러 외(Webler et al., 2009)도 그간의 경험으로 보았을 때, Q 항목의 적절한 크기는 20개~60개 사이라고 언급하였다. 한편 Q 표본은 내부표준(the house standard)에 의해 그 수가 정해지기도 하는데, 와트·스테너(Watts & Stenner, 2012)는 40개~80개 사이를 적절한 표본의 수로 설정하기도 하였다. 조심해야 할 사항은 Q 표본(항목)이 100개 이상으로 형성될 때 오히려 여러 가지 문제가 발생함으로 Q 연구자들의 선행연구들을 참고하면서 적절하게 구성할 필요가 있다.

• 구조화 방법으로의 표본 표집

구조화 방법으로의 표본 표집은 Q 연구가 탐구해야 할 토픽 내의 광범위한 지침 테마와도 같다. Q 항목의 기초를 형성하는 다양한 차원의 표현들이 그대로 투영되는 것을 포함한다(Cross, 2005; Kamal et al., 2014). 따라서 일정한 규칙이나 방식, 기존 연구에서 거론된 사항들을 대상으로 수집할 수 있다. 구조화 방법으로의 Q 표본 선정은 과학 행위의 과정이라 말하기보단 기술적 행위의 과정이라 지칭하기도 한다. 다양하게 표현되거나 제시되어있는 Q 항목에 대해 특정 기준에 의한 합리적인 정리나 조합의 과정이다. 즉, 구조화 표본은 선택된 변인을 기준으로 끼워 맞추는 작업이라서 발견되는(found) 가정과 만들어지는(created) 상황이 같이 펼쳐진다(김흥규, 2007; 2008). 구조화 방법으로의 표집은 특정 이론을 검증할 때도 종종 사용된다.

Q에서의 대표성은 Q 모집단 항목을 이론적인 모델링이나 개념화하는 변량분석 설계의 원칙, 이른바 피셔(Fisher)의 실험설계 원칙(Fisherian experimental design)에 근거하여 정립된다. Q 항목의 모집단을 구조화하는 것은 연구자가 생각하는 최적의 방식의 조합으로 조직하거나 이론적 관점을 활용하여 새롭게 조합하는 방식을 활용하면 된다. 주관성을 탐구하는 Q 연구이기에 외부적 관점이나 기준에 적용을 받지 않고, 피험자(응답자, Q 소터) 스스로 만들어가는 과정이기에 타당도와는 거리를 둔다.

Q 표본의 구조는 연구에서 활용된 이론적 배경의 내용을 참고하여 기본 설계의 기준점을 구성할 수 있다. 그리고 기본 설계 때문에 Q 표본의 수도 같이 정해진다. 예를 들면 헛개나무 열매를 활용한 새로운 기능성 음료에 대한 소비자의 구매 태도 진술문들을 '자연 건강-일반 건강', '음료-식품'이라는 구조를 설정해 진행한다고 하자. 반복 횟수(m)를 8회로 정하여 Q 표본을 구성한다면, '자연 건강-일반 건강', '음

료-식품'이 2개 요소 및 2개 요소가 되어서 2 X 2 = 4인 4셀이 된다. 4셀 X 8회(반복 횟수) = 32, 그래서 총 32개의 진술문이 선정되는 것이다. 주의해야 할 점은 8회라는 반복 횟수의 상황은 진술문들이 서로 이질적인 특성을 보이게 되지만, 전체로 보게 되면 모든 진술문이 상대적으로 각각 동질성을 지니면서 설계의 완성도를 강화하는 것이다. 즉 진술문끼리는 서로 매우 다르게 존재해야 하지만 종합적으로는 모든 진술문끼리 서로 연결이 되는 포괄적인 전체성을 가지고 있어야 한다.

한편 전수조사 방식도 있다. 모집단의 Q 항목들을 별도의 원칙에 근거해서 구분하는 것이 아니라 모든 모집단을 Q 항목화하는 것이다. 연구주제와 목적에 따른 대상들이 소규모이거나 특정 시기, 시점, 상황, 위치, 순위, 평가 등이 사회적으로나 문화적으로, 경제적으로 의미가 부여될 경우, 이 역시도 독립적으로 구조화된 대상이라 할 수 있다.

예를 들자면 헛개나무 열매에 대한 진술문들이 소비문화 트렌드로 유행을 얻고 있을 때, 해당 특정 시기를 전후로 생성된 모집단을 모두 Q 표본으로 구축할 수 있다.

• 비구조화 방법으로의 표본 표집

비구조화 방법으로의 표본 표집은 사람 유형(type)의 확인-기술-설명을 목적으로 하거나, 어떤 이론적 시각을 가정할 수 없는 연구의 진행 시에 사용된다(김흥규, 2007; 2008). 비구조화 방법으로의 Q 표본 선정은 "표본을 구축하는 행위"로 이해하면 좋다. 김흥규(2007)는 이에 대해 "마치 모집단의 명단을 확보할 수 없는 서베이를 행할 경우처럼 연구자는 다른 대안을 강구해야 하는데, 예를 들면 특정 거리의 오른편으로 매 세 번째 집을 방문하라는 지시를 내린다. 그러나 Q에서는 모집단이 반드시 만들어지므로 위와 같은 대안적 지시는 필요가 없다. 그것은 모집단을 단순히 정의하는 것이 아니라 모집단을 구축하는 문제이기 때문이다."라고 설명한다.

간단하면서 가장 표준적인 방식의 비구조화 표집 방법으로는 단순 무작위 표집 방법(emerged structure)이 있다. 연구자가 표본의 표집 과정에서 특정 주관의 개입을 최소화한 상태에서 진행될 수 있는 장점이 있다. 하지만 표본의 크기를 불필요하게 마음대로 판단한다는 점, Q 모집단의 특성이나 중요한 정보를 배제하는 것들이 단점으로 지적되기도 한다.

비례적인(proportionately) 체계적 표집 방법도 있다. 각 주제의 범주 안에서 무작위로 선정하는 것으로, 특정 범주를 고려해 일정량의 퍼센트(%)를 조정하여 여기에 맞는 표본으로 구성하는 것이다.

또한 대표성에 입각한 표집 방법도 있다. 각 주제 범주 안에서 가장 대표성을 드러내는 항목들을 대상으로 선정하는 것이다. 모집단 구축 단계에서 군집 형태로 전개되는 과정을 참고하는 것으로, 이 시기에 진행했었던 기준 정보를 반영한 표본 구성의 방식이다.

※ Q 모집단 및 Q 표본을 쉽게 이해한다면 해당 과정에서 제기되는 다양한 용어들이 있다. 이 용어들에 대해 정확하게 짚고 가야 할 것인데, 여기서는 김흥규(2008)가 정리해 놓은 용어설명을 바탕으로 표현하고자 한다.

● Q 모집단(Q population)
Q 연구를 위해 수집된 항목의 집합체를 의미. 한 문화 안에서 공유되는 의견의 총체적인 통합체(concourse)의 개념과도 같다, 연구를 위해 수집한 모든 항목이다.

● Q 표본(P sample)
Q 모집단으로부터 추출된 항목을 의미. 모집단에서 대상별로 군집을 이루거나, 대표성이 되는 항목을 말한다. 보통 수십 개로 구성된 카드 위에 표현된 진술문이 될 수도 있고, 다른 방식으로 표현된 Q 항목이 그것이다.

● Q 항목(Q item)
응답자에 의해 분류되는 물체(thing: 글씨가 적혀진 카드나, 그림, 향수, 음식 등)를 의미. 자극 항목(stimulus item)이라고도 하는데, 이것은 반드시 응답자가 손으로 옮겨 분류할 수 있어야 하고, 응답자의 의견이 표현되는 자아참조적 대상이어야 한다. 항목을 구성하는 것들은 이론상 어떠한 것도 될 수 있다. 흔하게 사용되는 Q 항목은 카드 위에 인쇄된 진술문(statement)이다. 하지만 진술문 이외에도 다양한 대상이 Q 항목을 구성할 수 있는데, 사진이나 그림, 광고 이미지, 사람 이름이나 뉴스 헤드라인, 영화 타이틀, 도시 이름, 옷이나 음식, 장신구, 자동차 등이 자극물도 Q 항목이 될 수 있다.

● Q 카드(Q card)
손으로 옮길 수 있도록 카드의 형태로 구성된 것으로, 단어나 문장으로 구성된 진술문이 적혀져 있거나, 사람 이름 - 뉴스 헤드라인 등이 적혀 있거나 사진이나 그림 이미지가 인쇄된 대상을 말한다.

● 구조화된 Q 표본 (Structured Q sample)
이론이나 가설의 특정 번인에 따라 선정되었거나, Q 모집단 구축 과정에서 범주화된 개념에 따라 구조화된 표본을 지칭

● 비구조화된 Q 표본 (Unstructured Q sample)
구조화된 Q 표본과는 다르게 특정 변인을 고려하지 않았거나 범주화되지 않은 항목의 표본을 지칭

2) 분포도 구성 관련

예시 연구인 <다문화 가정을 위한 공익광고의 수용 유형에 관한 연구>에서는 분포도의 구성이 다음과 같이 형성되었다.

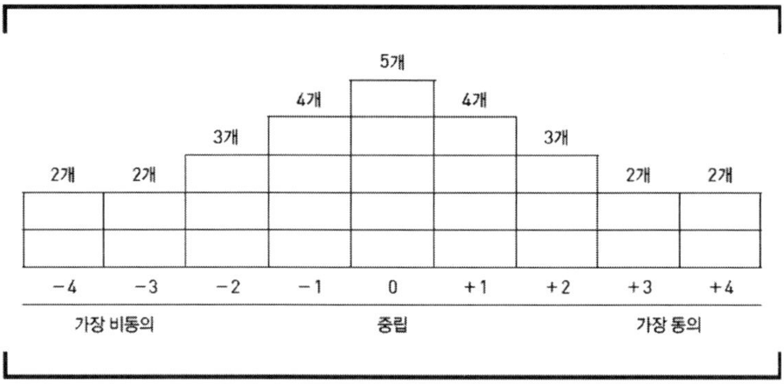

그림 1. Q 분류 분포도(N=27)

■ Comment

Q 표본의 개수는 총 27개였고, 분포의 척도는 9점 척도를 형성하였다. 연구의 성격이 우리 주변의 실생활 영역이면서 TV나 인터넷, SNS와 같은 미디어 수단을 통해 자주 접하는 일반적이면서 친근한 형태였다. 그래서 Q 표본의 성립 또한 일반적이면서 친근한 형태의 자아 참조적 속성을 지녔기에 분포도 모양의 경우 전체적으로 수평적이면서 편평한 분포로 형성되었다. 양 사이드 칸 수 구성은 '+', '−' 각각 2칸씩 이뤄져 있다.

Q 가이드

분포도의 구성은 연구주제와 Q 샘플의 난이도, P 표본의 이해력 등을 고려해 분포의 범위와 경사도를 구성하게 된다(Brown, 1980; Kim, 2008; Watt & Stenner, 2012). 주관적 사항들이 분명하게 드러날 수 있는

'양쪽 측면 위치'의 영역과 주관적 사항들이 약하게 나타날 수 있는 '중앙 위치'를 종합적으로 고려해 수직적 측면이 고려된 '가파른 분포'의 형태와 수평적 측면이 고려된 '편평한 분포'의 형태로 정리된다. P 표본들이 실제 응답을 하는 데 있어 편안함을 느끼면서 자신들의 주관적 요소(느낌, 감정, 취향, 입장 등)들을 솔직하게 표현할 수 있도록 분포의 범위와 경사도를 구성하는 것이다. 쉽게 생각해보자. 연구가 단순하거나 까다롭다면 P 표본들이 자신들의 의견이나 입장, 느낌 등을 드러내기가 어려울 수 있다. 따라서 각각의 Q 표본에 대해 아무런 생각이 없거나 판단을 할 수 없을 것이라서 주관이 척도가 매우 낮을 것이다. 그러면 양쪽 측면의 '+', '−'의 영역보다는 '0'에 가까운 중립적 '+', '−' 측면에 입장을 결정할 수 있는 여유를 많이 제공해 주어야 한다. 그래서 양쪽 측면보다는 중앙부 영역의 칸들이 많으면 좋아서 '정상성(normality)'의 형태를 가지는 것이 좋다. 반대로 연구가 흥미롭거나 매우 논쟁적이라면 P 표본들은 자신들의 의견이나 입장, 느낌 등을 강하게 드러낼 것이다. 따라서 각각의 Q 표본에 대해 P 표본들의 주관이 강하게 드러날 수 있도록 척도를 구성해야 하기에, '0'에 가까운 중립적 '+', '−'의 영역보다는 양쪽 측면의 '+', '−'의 영역에 여유를 많이 제공해 주어야 한다. 그래서 중앙부 영역보다는 양쪽 측면 칸들이 많으면 좋아서 '납작한(platycurtic)' 형태를 가지는 것이 좋다.

분포도 구성은 다음의 특징을 고려해서 설계하면 된다.

분포 모양	① Q 표본의 내용이 (P 표본들이 느끼기에) 전문적으로 구성되어 있을 때 ② Q 표본의 내용이 (P 표본들이 느끼기에) 일반적으로 구성되어 있을 때 ③ Q 표본의 내용이 (P 표본들이 느끼기에) 생소하게 구성되어 있을 때 ④ Q 표본의 구성이 (P 표본들이 느끼기에) 친근하게 구성되어 있을 때 ⑤ Q 표본의 구성이 (P 표본들이 느끼기에) 복잡하게 구성되어 있을 때 ⑥ Q 표본의 구성이 (P 표본들이 느끼기에) 단순하게 구성되어 있을 때

양쪽 사이드 구성	Ⓐ P 표본들의 깊이 있는 설명이 요구될 경우 Ⓑ P 표본들의 심층적인 입장이 요구될 경우 Ⓒ P 표본들의 가벼운 설명이 요구될 경우 Ⓓ P 표본들의 일반적인 입장이 요구될 경우

(1) 척도의 설계

척도의 설계는 수직적 측면이 고려된 '가파른 분포'의 형태와 수평적 측면이 고려된 '편평한 분포'의 형태를 구축하는 기초 단계이다. 보통은 Q 표본의 개수와 연구주제의 난이도를 고려하여 수평－수직의 모양을 디자인하게 된다. 또한 변량을 극대화해야 해서 양쪽 사이드의 항목 수 칸을 2개 이상으로 하면 좋다.

만약 21개의 Q 표본이 있다면, 수평의 형태를 구성할 때의 척도와 수직의 형태를 구성할 때의 척도가 달라질 수 있다. 또한 41개의 Q 표본의 경우에도 수평의 형태를 구성할 때의 척도와 수직의 형태를 구성할 때의 척도가 달라질 수 있다.

'가'라는 연구에 사용된 Q 표본이 21개라 할 경우, 위의 표 10가지 조건들을 반영하여 수직 혹은 수평적 형태로 구출해야 하는데 이 경우 Q 표본의 개수에 따라 원활한 모양이 만들어질 수 있고 그렇지 못할 경우도 있다. 그래서 척도를 어떻게 형성하는가에 따라 수직－수평의 모양이 적절하게 구성된다. 또한 핵심 인터뷰 대상에 해당하는 양쪽 측면 구성을 추가로 고려해서 전체적인 분포도 디자인을 전개해야 한다. 마찬가지로 '나'라는 연구에 사용된 Q 표본이 41개라 할 경우, 위의 표 10가지 조건들을 반영하여 수직 혹은 수평적 형태로 구출해야 하는데 이 경우 Q 표본의 개수에 따라 원활한 모양이 만들어질 수 있고 그렇지 못할 경우도 있다. 그래서 척도를 어떻게 형성하는가에 따라 수직－수평의 모양이 적절하게 구성된다. 또한 핵심 인터뷰 대상에 해당하는 양쪽 측면 구성을 추가로 고려해서 전체적인 분포도 디자인을 전개해야 한다.

그럼 사례를 들어 살펴보도록 하자.

• '가'연구 사례 1 : n=21

'가'연구 사례 1에서 Q 표본들이 '① Q 표본의 내용이 (P 표본들이 느끼기에) 전문적으로 구성되어 있을 때', '③ Q 표본의 내용이 (P 표본들이 느끼기에) 생소하게 구성되어 있을 때', '⑤ Q 표본의 구성이 (P 표본들이 느끼기에) 복잡하게 구성되어 있을 때'에 해당하고, 수직적인 가파른 분포를 형성한다면 척도의 설계를 좁게 형성하면 기울기 폭이 급격하게 형성될 수 있다.

아래의 1번, 2번, 3번, 4번 가운데 어떤 분포도가 적합할지 선택해야 한다.

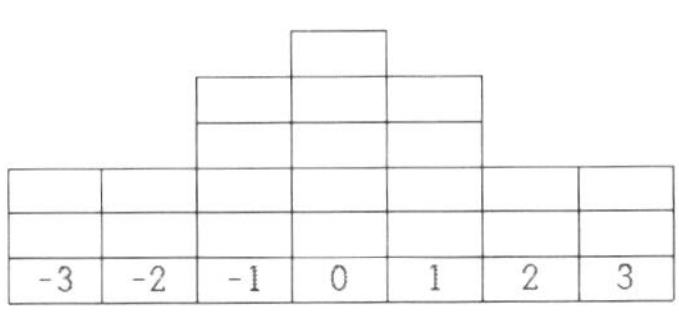

1번. n=21

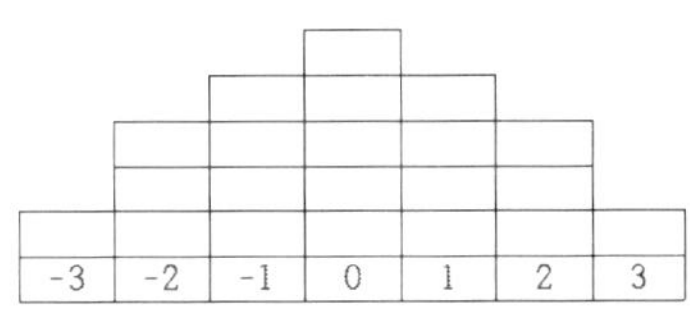

2번. n=21

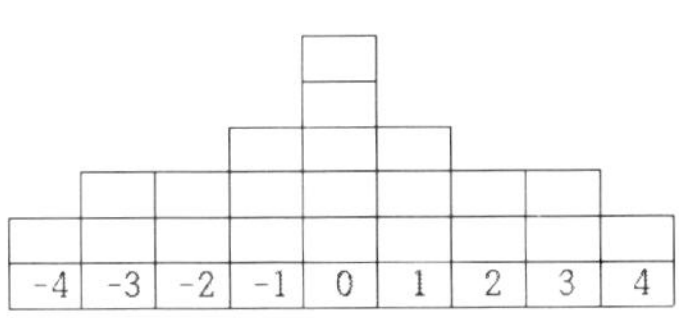

3번. n=21

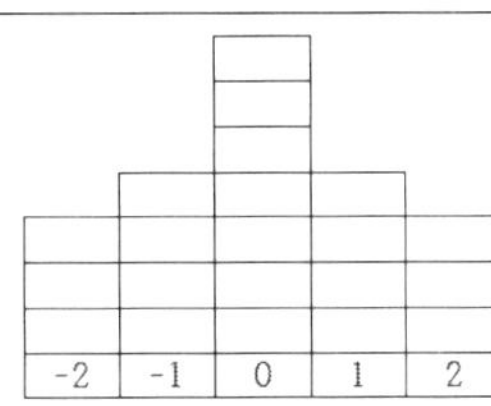

4번. n=21

양쪽 측면 구성에서 주관적 요소를 더 담고 싶다면 2칸 혹은 3칸을 사용하면 좋은데, Q 표본이 21개로 형성되어 있기에 제한적 선택이 발생하게 된다. 그래서 수직적인 가파른 분포의 경우는 1번 혹은 4번이 적절할 것이고, 전체적인 모양 구성에서는 1번이 보다 긍정적이다.

• '가'연구 사례 2 : n=21

'가'연구 사례 2에서 Q 표본들이 '② Q 표본의 내용이 (P 표본들이 느끼기에) 일반적으로 구성되어 있을 때', '④ Q 표본의 구성이 (P 표본들이 느끼기에) 친근하게 구성되어 있을 때', '⑥ Q 표본의 구성이 (P 표본들이 느끼기에) 단순하게 구성되어 있을 때'에 해당하고, 수평적인 편평한 분포를 형성한다면 척도의 설계를 넓게 형성하면 기울기 폭이 완만하게 형성될 수 있다.

위의 1번, 2번, 3번, 4번 가운데 어떤 분포도가 적합할지 선택해야 한다.

양쪽 측면 구성에서 주관적 요소를 더 담고 싶다면 2칸 혹은 3칸을 사용하면 좋은데, Q 표본이 21개로 형성되어 있기에 제한적 선택이 발생하게 된다. 그래서 수평적인 편평한 분포의 경우는 1칸이 적용된 2번 혹은 3번이 적절할 것이고, 전체적인 모양 구성과 변량의 극대화 유도를 위해 3번이 보다 긍정적이다.

• '나' 연구 사례 1 : n=41

'나' 연구 사례 1에서 Q 표본들이 '① Q 표본의 내용이 (P 표본들이 느끼기에) 전문적으로 구성되어 있을 때', '③ Q 표본의 내용이 (P 표본들이 느끼기에) 생소하게 구성되어 있을 때', '⑤ Q 표본의 구성이 (P 표본들이 느끼기에) 복잡하게 구성되어 있을 때'에 해당하고, 수직적인 가파른 분포를 형성한다면 척도의 설계를 좁게 형성하면 기울기 폭이 급격하게 형성될 수 있다.

아래의 1번, 2번, 3번, 4번 가운데 어떤 분포도가 적합할지 선택해야 한다.

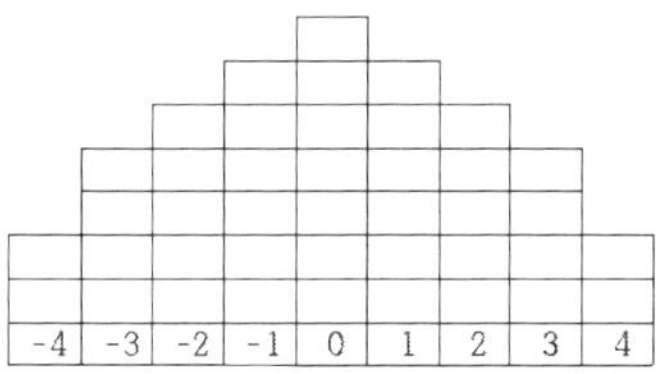

1번. n=41

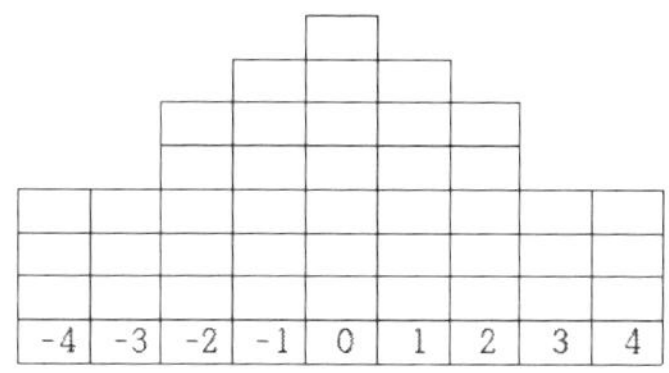

2번. n=41

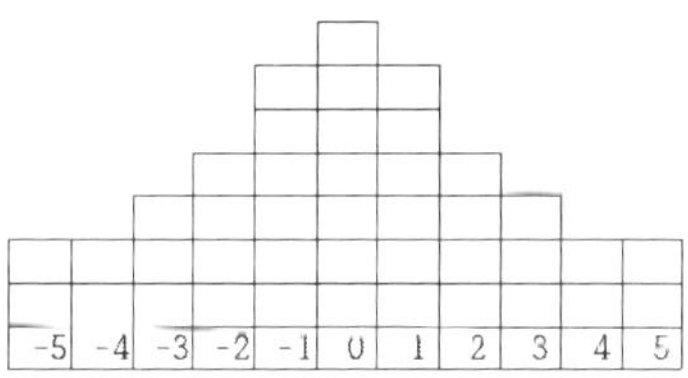

3번. n=41

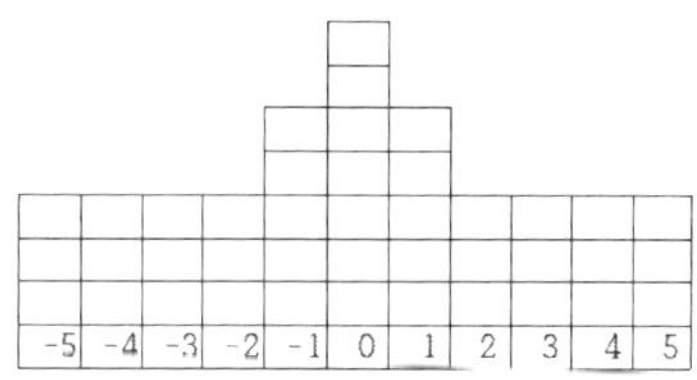

4번. n=41

양쪽 측면 구성에서 주관적 요소를 더 담고 싶다면 2칸 혹은 3칸을 사용하면 좋은데, Q 표본이 41개로 형성되어 있기에 적절한 선택을 요구한다. 그래서 수직적인 가파른 분포의 경우는 2번, 3번 혹은 4번이 가능할 것이고, 전체적인 모양 구성에서는 2번과 3번이 보다 긍정적이다. 9점 척도를 활용한다면 2번이, 11점 척도를 활용한다면 3번이 좋다.

그래서 수직적인 가파른 분포의 경우는 척도의 설계를 좁게 형성하면 기울기 폭이 급격하게 형성될 수 있다.

• '나' 연구 사례 2 : n=41

'나' 연구 사례 2에서 Q 표본들이 '② Q 표본의 내용이 (P 표본들이 느끼기에) 일반적으로 구성되어 있을 때', '④ Q 표본의 구성이 (P 표본들이 느끼기에) 친근하게 구성되어 있을 때', '⑥ Q 표본의 구성이 (P 표본들이 느끼기에) 단순하게 구성되어 있을 때'에 해당하고, 수평적인 편평한 분포를 형성한다면 척도의 설계를 넓게 형성하면 기울기 폭이 완만하게 형성될 수 있다.

위의 1번, 2번, 3번, 4번 가운데 어떤 분포도가 적합할지 선택해야 한다.

양쪽 측면 구성에서 주관적 요소를 더 담고 싶다면 2칸 혹은 3칸을 사용하면 좋은데, Q 표본이 41개로 형성되어 있기에 적절한 선택을 요구한다. 그래서 수평적인 편평한 분포의 경우는 2칸이 적용된 1번과 3칸이 적용된 2번이 적절할 것이고, 전체적인 모양 구성에서는 1번이 보다 긍정적이다.

(2) 통상적인 설계

브라운(Brown, 1980)과 와트 · 스테너(Watts & Stenner, 2012)는 Q 표본의 개수를 통해 일반적인 분포 형태를 제시해 주기도 했다. 첫째, Q 표본이 40개 전후 항목 또는 40개 이하의 항목일 경우 척도 구성은 9점 척도 분포를 형성하면 좋다. 둘째 Q 표본이 40개에서 60개 사이의 항목으로 되어 있다면, 척도 구성은 11점 척도 분포를 형성하면 좋다. 셋째 Q 표본이 60개 이상 항목 또는 그 이상으로 형성되어 있다면, 척도 구성은 13점 척도 분포가 적절하다.

Q 항목	척도 분포	범위
40개 이하 혹은 40개 전후	9점 척도	-4 ~ +4
40개 이상 60개 사이	11점 척도	-5 ~ +5
60개 이상	13점 척도	-6 ~ +6

하지만 이러한 통상적 방식도 이전보다 더욱 합리적으로 진화되고 있는데, 많은 Q 연구를 살펴보면 40개 이하 혹은 40개 전후의 Q 항목의 경우, 20개 전후에서는 5점 척도(−2에서 +2)가 30개 전후에서는 7점 척도(−3에서 +3)가 적절하게 사용되고 있다.

김흥규(2008)도 비슷한 이야기를 하고 있는데, 표본의 수가 40개 이하인 경우는 9점 척도(−4 ~ +4)가 안전하며, 표본의 수가 40개를 넘는다면 11점 척도(−5 ~ +5), 만일 60개를 넘는다면 13점 척도(−6 ~ +6)를 사용하면 좋으나 표본 수가 60개를 넘는 연구들은 제한적이기 때문에, 대개 40개~50개 정도에서 양쪽 측면의 항목이 조금 더 두툼하게 구성하거나 평퍼짐한 분포의 모양을 취하도록 설계하라고 강조했다.

그뿐만 아니라, P 표본들의 주관적 요소(느낌, 감정, 취향, 입장 등)에 대해 심층 인터뷰를 통해 추가로 더 확보하고자 하는 목적이 있다면 분포도 칸수를 조절해서 연구목적에 맞는 결과 도출의 척도 분포를 구성하도록 한다.

3) P 표본 관련

예시 연구인 <다문화 가정을 위한 공익광고의 수용 유형에 관한 연구>에서는 P 표본의 구성이 다음과 같이 형성되었다.

> 이 연구를 위해서 P 표본은 소표본 원리(small sample doctrine)를 바탕으로 진행하였다. Q 표본은 개인 간의 차이(Inter-individual difference)가 아니라 개인 내의 중요성의 차이(Intra-individual difference in significance)를 다루고 있어서 P 표본 수의 제한을 받지 않는다는 점에 의미를 두었다(김흥규, 2008). 따라서 본 연구의 P 표본은 남녀 총 29명으로 구성하였다.

■ Comment

P 표본은 남녀 총 29개(명)였고, 소표본의 원리(small sample doctrine)를 바탕으로 랜덤 샘플링의 형태로 진행했다.

Q 가이드

Q는 주관성 연구이다. 연구를 진행하는 연구자들의 주관성이 아니라, 바로 P 표본의 자아참조적 주관성을 연구하는 것이 바로 Q 연구이다.

P 표본(P sample)은 Q 분류에 참여한 실제 응답자인 설문 행위자 말한다. 즉, 분류를 직접 수행하는 Q 소터(sorter)를 의미한다. Q 방법론에서의 P 표본은 행태주의적 연구 방법론인 R 방법론과는 다르게 샘플 크기에 있어서 별다른 제한이 없다. 개인간의 차이(inter-individual differences)가 아닌 개인 내의 중요성 차이(intraindividual difference in significance)를 다루고 있기 때문이다. 또한 가설 검증에 의한 일반화가 목적인 R과는 다르게, Q는 가설을 발견하는 데 초점을 둔다. 그래서 일정 샘플 수 이상의 P 표본을 대상으로 하는 R과는 다르게 Q에서는 요인 생성 및 요인들 간의 비교가 가능할 정도의 샘플이면 된다(김흥규, 2008; 홍장선, 2013; 최원주·홍장선, 2017). 이는 Q 방법론의 입장에서는 P 표본이 곧 변인이라는 방법론적 개념으로 뒷받침이 된다.

이에 대해서 와트·스테너(Watts & Stenner, 2012)는 다음과 같이 이야기한다.

"Q 방법론에서는 응답자들을 한 명씩 세거나 사람들의 모집단을 두고 일반화하는 것에는 거의 관심을 두지 않는다. 대략 200여 명의 표본 크기보다 더 많은 사람 모집단을 요구하는 아이디어도 애매하기 때문이다. R 방법론 연구의 경우 응답자들이 많으면 많을수록 좋다는 견해를 펼치는 것과는 상반된 모습이다. 브라운(Brown, 1980)이 명시하듯 Q 방법론은 특정한 관점의 존재를 발견하고, 이 관점에 대한 이해와 해석을 하는 데 목적이 있다."

Q에서는 오히려 P 표본의 수가 크면 한 요인에 많은 수의 사람이 모이게 될 수 있고, 이 경우 명확한 특성 파악이 어려울 수도 있으며, 통계상의 문제가 생겨날 수도 있다(김흥규, 2008). 심지어 Q 분석의 프로그램 가운데 P 표본의 수가 100을 넘지 못하도록 세팅된 것도 있다. 그래서 Q 표본의 항목 수보다 더 적은 P 표본의 수를 구성하는 것이 합리적일 수 있다. 연구에 따라 각기 다르겠지만, 주요 학자들이 주로 제시하고 있는 방법(Stephenson, 1980; Curt, 1994; Rogers, 1995; Watt & Stenner, 2005, Kim, 2007;2008)은 이러하다.

① 요인을 생성하고 요인들 간 비교가 가능할 정도의 P 표본 형성

② Q 표본 항목의 개수보다 대략 1/2 작은 규모로 P 표본 형성

③ 상당히 적은 수(심지어 1~2명도)의 P 표본 형성

④ 선행연구의 결과를 참고해서 일반적으로 50명 내외의 P 표본 형성

⑤ 영국적 전통에 따른 연구들처럼 통상 40명~60명의 P 표본 형성

⑥ 내부표준(the house standard)으로 간주하는 40명~80명 사이의 P 표본 형성

여기에 스티븐슨(Stephenson)은 별도로 톰슨(Thompson)의 스키마타(Schemata) 방식의 사용을 추천하기도 했다. 사람들의 주장이나 의견,

생각이나 평가는 다음에서 설명하는 5개의 카테고리를 고려하면 긍정적인 평가를 도출할 수 있다는 것이다. 첫째는 'special interest'로 연구주제나 목적에 관해 특별한 흥미를 갖는 사람들을 대상으로 하는 것이다. 둘째는 'judge, dispassionate interest'로 공평하게 의견을 제시할 수 있는 사람들을 대상으로 하는 것이다. 셋째는 'authorities, expert'로 연구주제나 목적과 관련해서 권위가 있거나 전문성을 가진 사람들을 대상으로 하는 것이다. 넷째는 'class interest'로 일반적인 것에 관심이 있는 사람들을 대상으로 하는 것이다. 다섯째는 'uninformed, uninterested'로 연구주제나 목적에 관해 흥미가 없거나 잘 모르는 사람들을 대상으로 하는 것이다(Tompson, 1966; 김흥규 · 김우룡, 1998).

P 표본 구성의 궁극적인 수행은 피셔(Fisherian)의 '실험설계 원칙'과 '소표본 원칙'을 기준으로 하여 진행하면 된다. 응답자인 사람이 표본으로 구성되는 것이기에 이들의 알려진 정보나 특성들이 주요 고려 대상들이다. 연구주제와 밀접하게 연관된 특수한 사람들을 표본으로 할 것인가 아니면 연구주제에 맞는 일반적인 사항들을 중심으로 한 사람들을 표본(주변의 일반인들을 대상으로 무작위로 표본)으로 할 것인가 말이다.

만약 첫째로 연구주제와 밀접하게 연관된 특수한 사람들을 표본으로 할 것인가에 대한 요소를 생각하고 있다 가정해 보자. 연구주제가 아트토이의 디자인 상품화에 관한 연구라면 인구학적 변인이나 사회문화적 변인을 참조했을 때, '아트토이 제작자'를 P 표본으로 할 수도 있고, '아트토이 구매자'를 P 표본으로 할 수 있을 것이다. 여기에 '아트토이 제작자'의 경우 아트토이 장르, 아트토이 제작 경험, 회사 규모, 성별 등의 변인들을 추가하여 P 표본의 설계가 가능할 것이다. '아트토이 구매자'의 경우는 수입 규모, 직업사항, 결혼 여부 등의 변인들을 추가하여 P 표본 설계가 가능할 것이다.

변인의 설정과 각 변인의 수준 결정은 연구목적이나 주제, 선행 문헌 연구의 결과들을 참고해서 결정하면 좋은데, 층화표본(stratified sample)처럼 기존의 높은 통제나 정확도가 반영되는 방식을 사용하는 것이 긍정적이다. 물론 층화 조합(셀)이 쉽게 형성돼서 적절하게 반영될 수도 있지만 반대로 어렵게 형성되어 반영이 어려워질 수도 있다. 따라서 선행연구들에서 제시된 방식들을 참고하면 층화 조합의 형성을 적절하게 만들어 낼 수 있을 것이다.

김흥규(2007; 2008)가 말하고 있는 방식은 다음과 같다.

"먼저 사람들을 무작위로 선정한 다음 그들의 특성으로 각 셀에 배정하는 방법이 있다. 이때 각 셀에 속한 사람들의 수는 다를 것이다. 또한 비율적으로 선정할 수도 있다. 예를 들어 센서스의 자료를 바탕으로 각 셀에 들어갈 비율을 정한 다음 그것에 따라 표집하는 방법이다. 특정 셀의 모집단 비율이 30%면 표본 수의 30%가 해당 셀 속에 포함되면 된다."

그럼 '아트토이 구매자'를 예시를 들어 반영한다면, 앞서 언급한 '수입 규모, 직업사항, 결혼 여부' 변인으로 하고, 각각의 수준을 정립해 보도록 한다.

수입 규모는 '연 3,000만 원 이하, 연 3,000만 원~5,000만 원 사이, 연 5,000만 원 이상'으로 하고, 직업사항은 '전문직, 사무직, 무직, 기타'로 하며, 결혼 여부는 '결혼을 했다. 결혼하지 않았다'로 간단하게 설정해 본다. 그런 수입 규모에서 3, 직업사항에서 4, 결혼 여부에서 2의 조합이 구성되기에 전체 셀은 24(3X4X2)가 되는 것이고, 바로 24명이 P 표본이 된다. 하지만 이 경우는 각 셀마다 1명씩만 속하는 것이 되는 것이라서, 연구의 방향에 따라 1명 이상의 표본을 원할 수도 있다. 셀마다 최소 2~3명씩은 포함되기를 바랄 수도 있다. 그렇다면 셀 조합은 추가로 반복(replication)하는 과정을 전개할 수 있는데, 각 셀마다 2명씩 속하게 한다면 24명 단위에 추가 24명이 돼서 2회 반복이 되는 것이고 전체 단위는 총 48명이 된다. 여기에 셀마다 3명씩 속하게 한다면 24명 단위에 추가 24명, 또 추가 24명이 돼서 3회 반복이 되는 것이고 전체 단위는 총 72명이 된다.

그러면 1회 반복할 때 24명, 2회 반복할 때 48명, 3회 반복할 때 72명이 되는 것이고, 연구의 방향에 맞게 P 표본의 단위를 결정하면 된다. 다만 Q 연구에서는 P 표본의 수가 많아지면 자료도출에 있어 왜곡된 결과가 나오기 때문에, 적절한 P 표본의 수를 결정할 필요가 있다.

둘째로 연구주제에 맞는 일반적인 사항들을 중심으로 한 사람들을 표본으로 할 것인가에 대한 요소를 생각하고 있다 가정해 보자. 첫째의 경우처럼 연구주제가 아트토이에 디자인 상품화에 관한 연구라면 인구학적 변인이나 사회문화적 변인을 참조했을 때, '아트토이 제작자'를 P 표본으로 할 수도 있고, '아트토이 구매자'를 P 표본으로 할 수 있을 것이다. 하지만 이후의 진행은 단순한 방법 가운데 하나인 단순 무작위(random sampling)로 진행하는 것이다. 단순 무작위 방식은 층위 조합에 의한 각 셀의 단순 무작위로 표집도 있고, 모든 것을 배제하고 진행하는 단순 무작위 표집도 있다. 층위 조합에 의한 단순 무작위 표집 방식은 인구학적 속성을 고려한 아주 간단한 기초 단위의 셀을 형성하고, 이 셀에 포함되는 P 표본에 대해 무작위로 선정해서 진행하는 것이다.

모든 것을 배제하고 진행하는 단순 무작위 표집의 경우는 연구주제와 상관없이 주변 일반인들을 상대로 P 표본을 구성하는 것이다. 흔히 연구와 연관되거나 이해관계가 있는 대상이나 영향을 끼치거나 영향을 받는 대상들을 표본으로 선정하는 것이 좋다고는 하지만, Q 연구는 사람들의 진정한 주관적 입장을 얻고자 하는 것이기에, 관련성이 없는 사람들에게서 나오는 견해도 중요한 연구 자료화할 수 있다. 찬성과 반대의 측면이 아니라 다른 생각하는 집단 차원(dimensions)의 표현들도 매우 소중한 것이다.

※ P 표본을 쉽게 이해한다면 해당 과정에서 제기되는 다양한 용어들이 있다. 이 용어들에 대해 정확하게 짚고 가야 할 것인데, 여기서는 김흥규(2008)가 정리해 놓은 용어설명을 바탕으로 표현하고자 한다.

● P 모집단(P population)
Q 연구에 있어 Q 분류를 이행할 수 있는 응답자로 생각될 수 있는 모든 집합체이다.

● P 표본(P sample)
P 모집단으로부터 추출되어 실제로 Q 분류에 참여해 설문을 이행하는 응답자 혹은 피험자를 지칭, P 소터(sorter)라고도 부른다.

4) Q 분류 관련

예시 연구인 <다문화 가정을 위한 공익광고의 수용 유형에 관한 연구>에서의 Q 분류는 P 표본들 각자가 진술문이 인쇄된 카드를 보고 전체적인 내용을 파악하는 것으로부터 소팅 프로세스 과정을 시작했다. 이와 함께 각각의 순서에 맞춰 P 표본들이 원활하고 순조롭게 전체 과정을 무난히 진행할 수 있도록 했다. 분류 절차는 아래의 순서 과정을 통해 진행했다.

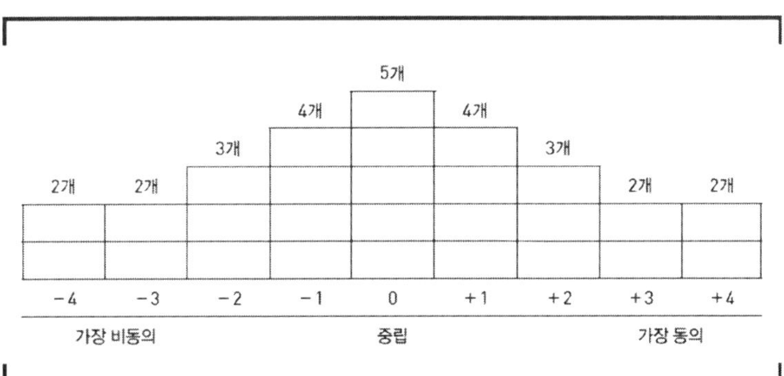

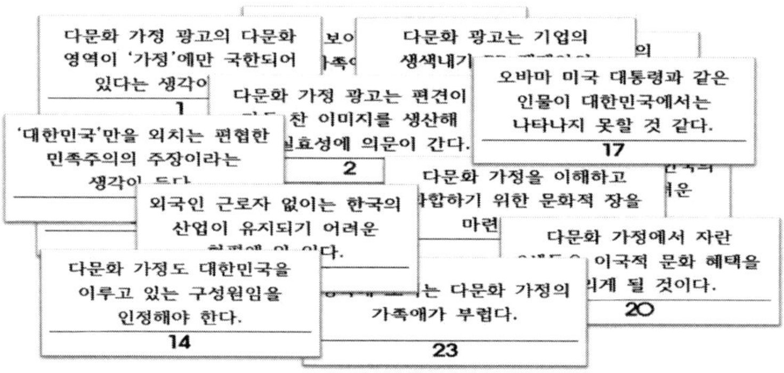

■ Comment

① 응답자인 Q 소터(sorter, P sample, 피험자)에게 Q 표본이 인쇄된 각각의 카드를 읽고 전체적인 내용을 파악하게 한다. (예시 연구인 <다문화 가정을 위한 공익광고의 수용 유형에 관한 연구>의 Q 카드는 Q 표본이 단어나 문장으로 표현된 진술문으로 형성되어 있다. 전형적인 Q 연구의 경우는 단어나 문장으로 표현된 진술문이 Q 표본(verbal Q-studies) 이며, 이 경우는 진술문이 인쇄된 카드가 Q 카드가 된다. 하지만 연구주제에 따라서는 진술문이 아니라 특정 대상으로 항목이 구성될 수도 있는데, 이 경우 그림이나 향수, 옷, 음식 등이 Q 표본(visual Q-studies)이 되는 것이고 Q 카드를 형성하게 된다.)

② 그다음 Q 표본이 인쇄된 Q 카드를 긍정(+), 중립(0), 부정(-)으로 크게 3개의 그룹으로 분류하게 한다.

③ 응답자인 Q 소터(sorter, P sample, 피험자)가 읽은(확인한) Q 카드를 긍정부터 시작하거나 또는 부정부터 시작하거나 Q 분류 분포도에 맞게 선택하여 각 그룹의 Q 카드를 다시 읽고 바깥부터 안쪽으로 하나하나 분류케 한다.

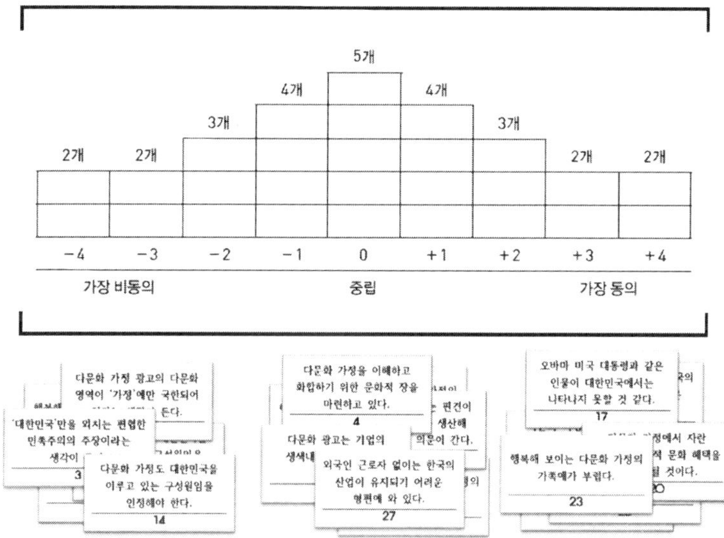

④ 분류된 배열은 분포도의 모양과 같게 한다.

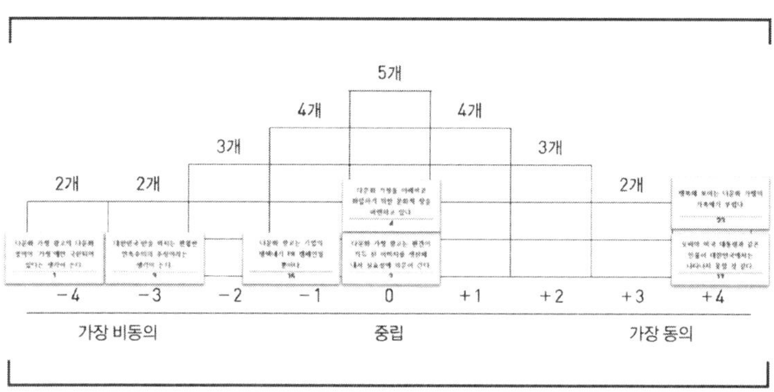

⑤ Q 소팅을 마치고 난 후 배열된 분포도를 기준으로 Q 표본의 번호들을 기재하게 한 후, 응답자의 의사를 가장 강하게 반영해 주는 양극단에 있는 항목에 대해 추가적인 자료를 추출한다. 양극단에 있는 Q 표본은 심리적인 강한 어조가 형성되는 것이기에 별도의 추가 구술 인터뷰(후속 인터뷰(FUI, Follow−Up Interview), 심층 인터뷰(IDI, In−Depth Interview), 상황에 따라 그룹 토론(FGD, Focus Group Discussion)을 정밀하게 실시한다.

No.	동의하지 않는 이유?
24	이미 대한민국에서 외국인이 없어서는 안되는 산업도 있고 외국인이 아니면 결혼을 못하는 경우도 있다. 오히려 외국인한테 고마워 해야한다고 생각한다
26	단일민족만을 강조하는 것은 세계화의 흐름에 뒤떨어진 편협한 생각이다.

No.	동의하는 이유?
11	흑인은 흑인, 백인은 백인, 황인은 황인 따위는 능력과 상관없이 내 의지와 상관없이 결정되서 태어난건데 그것으로 우위를 나타내려는게 어이가 없다.
7	대부분 대한민국에 오는 외국인들이 노동이나 중매결혼 때문에 오고 빈부에 따라 국가를 구별하고 부자나라에서는 대부분 오지 않기 때문이라고 생각한다.

⑥ 추가 구술 인터뷰(Follow−Up Interview나 In−Depth Interview, 혹은 Focus Group Discussion)의 경우 딱딱한 대답보다는 P 표본들의 자연스러운 대답을 할 수 있도록 환경을 만들면 좋다. 해당 내용은 응답자에 대한 이해를 강화하고 추후 결과를 해석할 때 중요한 정보를 얻을 수 있는 자료로 활용한다. 그래서 P 표본의 양해를 구하고 녹취나 녹화를 하여 전체의 과정을 기록하는 것도 좋은 방법이 된다.

Q 가이드

Q 분류는 통상적으로 '설문하는 과정'과 같은 행위이다. 그런데 특정 항목에 대해서 찬성이나 반대, 점수 표기와 같은 의견을 확인하거나 검증하는 것이 아니다. 소팅 응답자인 P 표본이 Q 표본 전체를 대상으로 자신의 내부에서 그 Q 표본이 어떻게 분포하게 되는가에 초점을 맞춘 설문 행위이다. 그래서 Q 표본 전체를 대상으로 각각의 것들이 서로 상대적 중요성에 따라 배열될 수 있게끔 강제분포(forced-distribution)시켜서 구조화를 진행한다. 정상분포 혹은 의사정상분포(Quasi Normal Distribution)에 기반하여 분포도와 Q 표본의 숫자에 맞춰 분류(Q 소팅)를 하는 것이다.

Q 분류는 사람들이 평소에 경험하는 일반적인 설문 작업과는 차이가 있다. 주어진 문항의 지시에 따라 번호를 선택하거나, '✓' 또는 'ㅇ'표기를 하는 것이 아니다. 디자인된 분포표의 모양에 따라 Q 카드를 하나씩 채우는 작업이다. 이는 마치 퍼즐을 맞추는 작업과 비슷한데, Q 표본 전체에 대해 각각의 표본들이 서로 상대적으로 주요한가에 따라 배열될 수 있게 전개되는 것이다. 배열은 분포도의 모양대로 진행하면 되는데, 피라미드의 형태로 분포도가 구성되어 있으니 피라미드가 구축되도록 강제(forced Q-sorting)하면 된다(Gobo, 2011; Kamal et al., 2014).

즉, 사람(응답자, Q 소터)들이 Q 표본을 분류하는 과정은 새로운 설문 시스템에 대해 흥미로움이 동반된다. 이러한 진행 절차에 의한 관여는 응답자(Q 소터)의 주관으로 투영되는 것이기에 자아 지시적인 행위가 나타나게 된다. Q 표본을 하나씩 보거나 읽음으로써 해석하는 과정은 응답자가 지닌 경험이나 가치, 느낌, 성향 등과 연계되어 나타나게 되는 매개체, 즉 자극이 되는 것이다(Cairns, 2012). Q 분류에 대해 김흥규(2008)는 다음과 같이 말하고 있다.

"Q 소트 테크닉은 '순위 정하기(rank ordering)' 절차와 매우 흡사하다. 응답을 실행하는 P표본의 Q 소터가 특정 조건에 따라 자극물(Q 표본: 자아참조적이고 손으로 위치화 시킬 수 있는 것)들을 그들의 관점에서 중요한 순서대로 배치하는 행위이다."

Q 분류는 '표현의 장'이라 불릴 정도로 P 표본들의 의견이나 느낌, 생각이나 방향성 같은 주관적 요소들이 자연스럽게 표출되는 현상의 결과다. 분포도 칸의 구성대로 Q 표본에 대한 응답자(Q 소터)들의 판단을 통해 한 칸 한 칸씩 '−'의 영역과 '+'영역을 채워 나가는 것이다. 제일 극단의 감정적 자극이라 할 수 있는 가장 부정이 되거나 동의하지 않는 영역과 가장 긍정이 되거나 동의하는 영역에 대해 평가를 하고, 감정 교차가 생기지 않거나 판단의 여부가 모호할 때는 중립 영역에 평가하여 전체의 분류 과정을 적절하게 이행한다. 좌우의 영역은 매우 중요하지만, 위아래의 영역에는 크게 영향을 끼치지 않는다.

위-아래의 영역은 영향을 끼치지 않는다

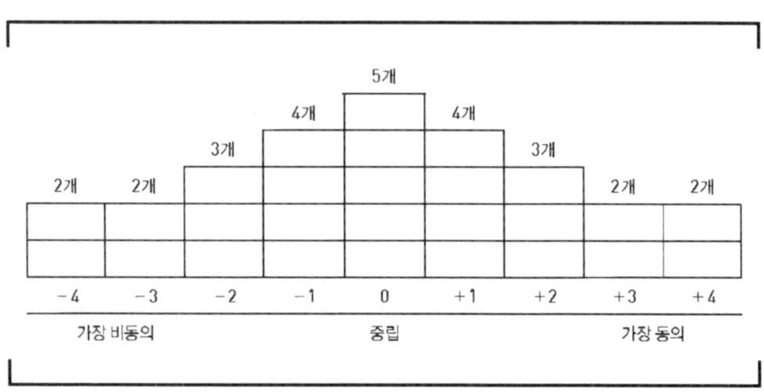

왼쪽-오른쪽 좌우의 영역은 매우 중요하게 평가되는 요소이다

그러므로 가장 비동의, 가장 동의에 해당하는 영역을 출발점으로 하여 각각의 중요도를 고려해 분포도 칸을 채우는데, 칸의 하나에 중복되는 Q 표본이 없도록 '매우, 가장'이라는 전제에서 최적의 Q 표본들을 결정하여 위치시킨다. 분포도 칸은 빈칸이 하나도 없이 모두 채워져 있어야 하는데, Q 분류 방법에 대해 충분하게 이해 및 방식을 숙지하지 못한 응답자들이 간혹 한 칸에 몇 개의 Q 표본을 중복하여 배치하는 경우가 있다. 만약 한 칸에 2~3개의 Q 표본이 놓여 있으면, 해당 Q 표본 가운데 '매우, 가장'에 적합한 대상은 1개만 선정하여 배치시킨 후 나머지는 한 단계 전환된 위치로 옮겨서 계속 '매우, 가장'에 해당하는 Q 표본들 위주로 채우면 된다.

위의 예시 그림을 보게 되면, (−4) 에 해당하는 칸은 2개이기에 (-4) 영역에 놓인 Q 표본들 가운데 '매우, 가징'에 해당하는 Q 표본을 선택하여 위치시키고, 그다음 (−3) 에 해당하는 것 역시 칸이 2개이기에 2개를 선택, (−2) 에 해당하는 것은 3개이기에 3개를 선택, (−1) 에 해딩하는 것은 4개이기에 4개를 선택하면 된다. 강제분포의 방식에 의한 실행이다. 반대 영역인 (+) 영역도 역시 동일하게 강제분포의 방식으로 분포도 칸의 개수에 맞게 위치시키면 된다. (+4) 에 해당하는 칸은 2개이기에 (+4) 영역에 놓인 Q 표본들 가운데 '매우, 가장'에 해당하는 Q 표본을 선택하여 위치시키고, 그다음 (+3) 에 해당하는 것 역시 칸이 2개이기에 2개를 선택, (+2) 에 해당하는 것은 3개이기에 3개를 선택, (+1) 에 해당하는 것은 4개이기에 4개를 선택하면 된다. 마지막으로 중립에 해당하는 Q 표본에 대해서 중앙부의 5개의 칸에 자리 잡게 되면, 자연스럽게 N=27의 27개 Q 표본들이 분포도 구성을 적절하게 채울 수 있다.

이렇게 Q 표본 27개의 분류가 마무리된 후에는 Q 표본에 적혀져 있는 번호를 분포도 위에 한 칸에 하나씩 적으면 된다. Q 표본 1번부터 27번까지의 번호를 종료된 분포도의 위치 형상대로 써넣으면 된다. 그런데 종료 후 바로 작성하는 것보다는 응답자(Q 소터)로 하여금 전체의 분포 현황을 잘 살펴보도록 하고, 혹시 실수로 잘못 배치했거나 판단한 평가를 수정하고 싶어 할 때 얼마든지 수정하여 다시 배치하도록 허용한다. 전체적으로 이상이 없다고 확신이 들면 그때 해당 번호들을 써넣는 것이 좋다. Q 분류를 통한 Q 소트 테크닉은 행위는 어떤 문제에 대해 응답자(Q 소터, P 샘플, 피험자)의 시각에 따라 순수하게 표출되거나 제공된 의견의 집합체라 할 수 있다.

참고로 Q 분류 과정에서는 주의해야 할 사항이 있는데, 해당 사항들을 아래에 몇 가지 제시하도록 한다.

① 응답자(Q 소터, P 샘플, 피험자)가 Q 분류하기에 앞서 분류 방법에 대한 사전 설명을 통해 충분한 이해를 한 뒤 진행되어야 한다.

흔히 '설문을 한다'라고 한다면, 설문 문항을 읽고 척도 표기나 기재된 번호에 표기하는 것을 이해하는 경우가 많다. 또는 특정 질문 문항에 관한 생각들을 서술하게 한다거나 대화의 방식으로 녹취(촬영)로 받아들이기도 한다. 하지만 Q에서 '설문을 한다'라는 것은 위의 <Q 분류> 영역에서 설명한 바처럼 매우 생소한 방식으로의 과정을 이행하게끔 해야 한다. 가장 중요한 응답자의 시각에서 펼쳐진 Q 표본들의 상대적인 의미의 중요성에 대해 인식시킨다. 따라서 Q 분류하기 위해, 가볍게 Q 방법론이 무엇인지, 이를 통해 진행되는 연구의 의의는 무엇인지, Q 표본은 무엇이고, 분포도는 무엇인지, 분류는 어떠한 절차로써 진행되는지를 잘 설명하여 응답자(Q 소터) 별로 완벽하게 숙지시켜야 한다. 그래야 연구자가 원하는 결과다운 결과를 도출해 낼 수 있다. 응답자별로 상대적인 차이는 있겠지만, Q 분류 과정의 이행 평균 시간은 대략 30분~60분 내외로 소요된다. 기초 사전 설명부터 실질 분류 진행, 추가 구술 인터뷰, 최종 표기 점검까지의 시간이다.

② Q 분류의 프로세스는 좁은 장소가 아닌 어느 정도의 공간이 확보된 장소에서 진행되어야 한다.

Q 표본들과 분포도 등 체크해야 할 것들이 많고, Q 표본의 경우 무엇이 있는지 집중해서 살펴봐야 하므로 Q 표본들이 모두 펼쳐질 수 있는 여유가 있는 공간이 필요하다. 물리적 공간이 좁으면 Q 표본들을 접하자마자 바로 분포도에 써넣는 경우가 있어 제대로 된 평가가 어려워져 분류의 부정확성을 가져올 수 있다. 흔히 강의실 2인용 책상을 2개 정도 붙여 놓으면 될 만한 공간을 준비해서 진행하는 것이 좋다. Q는 특정 항목에 대한 찬-반을 요구하는 것이 아니다. Q 표본들이 응답자 개인에게 전체적으로 어떻게 분포되어 있는가에 초점을 맞춘다. 그래서 전체의 시각 속에서 상대적인 의미의 중요성에 따라 표본들이 배치되어야 한다.

③ Q 분류의 실질 이행은 최대한 대면 방식(face to face)으로 진행하는 것이 좋다.

모든 설문이 그러하듯 원칙적인 방식은 대면 방식이다. 연구자나 연구 보조자가 설문을 이행하는 응답자를 직접 만나 연구주제 및 연구의 의의를 설명하고 진행하는 것이 좋다. 또한 직접적으로 만나 전체의 프로세스 과정을 확인하면서 이행하다 보면 답안의 오류도 줄일 수 있고, 설문 내용의 신뢰도 또한 높아질 수 있다. Q는 일단 설문을 한다는 것 자체가 생소한 방식으로 진행이 되는 것이라서 대면을 통한 사전 설명과 함께 문제점들이 나타나지 않도록 옆에서 체크를 해주면서 진행을 해야 한다. 또한 분류 막바지에 구술 인터뷰(Follow-Up Interview나 In-Depth Interview, 혹은 Focus Group Discussion)를 정밀하게 해야 하는데, 이는 비대면으로 하기에는 어려움이 많다. 특히 Q에서는 Q 표본들이 응답자 개인에게 전체적으로 어떻게 분포되어 있는가에 초점을 맞추는 것이기에 더더욱 직접적인 만남을 통해 진행해야만 한다. 그런데 최근 들어 비대면 온라인 방식의 도구(tools)들이 생겨나면서 대면이 아닌 비대면으로 분류를 전개하는 경우가 조금씩 늘어나고 있다. 여기에 전염병과 같은 질병 질환이 사회적 문제로 대두될 때 상황을 핑계로 비대면 온라인 방식으로 진행을 하고 있는데, 되도록 방역수칙을 지키면서 대면 방식을 고수하는 것이 좋다. 아니면 Q-Kit라는 것을 준비하여 진행하면 문제의 소지가 없을 것이기에 비대면보다는 대면으로 진행하는 것을 권장한다. 그래도 어쩔 수 없는 상황이 펼쳐져서 부분적으로 비대면 진행을 하게 될 경우, Zoom이나 Webex 프로그램을 통해 온라인 화상으로 진행을 하고, 응답자(Q 소터, P 샘플, 피험자)에게 양해를 구한 다음 해당 과정을 모두 녹화하여 그 신뢰도를 강화해야 할 것이다.

제4절 분석 결과

1) 기초 데이터 제시

예시 연구인 <다문화 가정을 위한 공익광고의 수용 유형에 관한 연구>의 분석 결과는 다음과 같이 형성되었다.

> 4. 분석 결과
>
> 다문화 가정 공익광고에 대한 수용자 인식의 주관적 성향을 Q 유형분석한 결과, 각각 독특한 특성을 가진 네 개의 유형이 발견되었다. 결과의 분석을 원활하게 하기 위해서, 이 네 개의 유형을 '지역적 성향 내포형(Connotative Geographical Bias)', '이데올로기적 성향 내포형(Connotative Ideological Bias)', '관념적 성향 내포형(Connotative Abstract Bias)', '정책적 대안제시형(Alterative Provider)'으로 각각

명명하였다.
〈표 1〉에서는 아이겐 값과 변량을 확인할 수 있는데 아이겐 값은 각각 8.9395, 2.3325, 2.0109, 1.7133 순으로 나타났으며, 총 변량은 0.5171로 약 52%의 설명력을 가지고 있음을 알 수 있다.

	제1유형	제2유형	제3유형	제4유형
아이겐 값	8.9395	2.3325	2.0109	1.7133
변량	0.3083	0.0804	0.0693	0.0591
총변량	0.3083	0.3887	0.4580	0.5171

표 1. 아이겐 값과 변량과 총변량

	제1유형	제2유형	제3유형	제4유형
제1유형	1.000	0.429	0.421	0.504
제2유형	0.429	1.000	0.253	0.369
제3유형	0.421	0.253	1.000	0.292
제4유형	0.504	0.369	0.292	1.000

표 2. 유형 간 상관관계계수

〈표 2〉는 유형 간 상관관계계수를 보여주고 있다. 제1유형과 제4유형과의 상관관계계수는 0.504로 다른 유형 간의 상관관계보다 다소 높음을 확인할 수 있다.
〈표 2〉에 나타난 유형별 상관관계를 살펴보자. 제1유형과 제2유형과의 상관관계는 0.429, 제1유형과 제3유형과의 상관관계는 0.421, 제1유형과 제4유형과의 상관관계는 0.504로 나타났으며, 제2유형과 제3유형과의 상관관계는 0.253, 제2유형과 제4유형은 0.369로, 제3유형과 제4유형과의 상관관계는 0.292로 각각 나타났다. 그러나 이러한 상관관계계수는 단순히 주관적 통계지수에 불과하며, 각 요인별 특성을 대변하고 있지 않음을 주지할 필요가 있다.

■ Comment

유형의 발견 및 추출을 위해 '주요인분석(principal component analysis)'를 채택하여 진행하였다. 이와 함께 '요인간 상관관계 계수',

'인자가중치'를 검토 및 반영하여 여러 적재치를 원활하게 구성하였고, 설명변량과 스크리(scree) 검증을 추가로 고려해 유형 채택의 총괄적인 과정을 전개하였다. 여기에 아이겐밸류(eigen value)는 통상적인 기준인 1.0 이상을 기준으로 하여 요인간 안정성을 고려하였다. 그 결과 최종적으로 독특성을 지닌 4개의 유형을 발견하였다.

<표 1>은 주요인분석으로 도출된 결과를 표로 구성한 것이다. 각 유형별 아이겐밸류는 제1유형이 8.9395, 제2유형이 2.3325, 제3유형이 2.0109, 제4유형이 1.7133으로 나타났고, 각 유형별 변량으로는 제1유형이 0.3083, 제2유형이 0.0804, 제3유형이 0.0693, 제4유형이 0.0591이며, 유형별 전체 누적 변량은 51.71%로 나타났다. 그러나 Q 방법론에서의 전체 누적 변량은 연구의 설명력을 의미하지는 않는다.

각 유형 사이의 상관계수는 유형별 큰 차이를 나타내기보다는 통상적으로 나왔다. 그 가운데, 제1유형과 제4유형의 상관계수는 0.504로 유형 간 유사성이 타 유형과 비교해서 상대적으로 높았고, 제2유형과 제3유형의 상관계수는 0.253으로 유형 간 유사성이 타 유형과 비교해서 상대적으로 낮게 구성되었다. 각 유형 사이의 상관계수가 높게 나왔지만, 각 유형이 독립적으로 분리되어 발견된 것은 유형 사이의 유의미한 차이점이 있다는 말이다. 그래서 유형별 특성을 보다 정확하고 의미있게 확인할 필요가 있다.

Q 가이드

유형의 발견을 위한 Q에서 매우 중요한 영역이다. Q에서는 유형 발견을 위한 다양한 프로그램들이 있는데 여기서는 가장 기본이라 할 수 있는 QUANL 프로그램을 통한 '주요인분석(principal component analysis)' 방식으로의 유형 발견을 소개하고자 한다.

QUANL 프로그램은 매우 고전적인 형태이긴 하지만, 그 결과값을 객관성 있는 프로그래밍 시스템으로 도출하는 것이기에 여전히 주목받고 있다. 연구자의 판단이 개입(judgmental rotation)되는 이론적 회전이 아니라 연구자의 판단을 불허하는 非이론적 회전 방식(atheoretical ro-tation)으로 설명변량의 극대화를 이끌면서 유형의 결과치를 통한 해석의 편리성을 제공해 준다. 이것의 특징은 다수의 연구가 연구설계 및 연구 이행의 프로세스에 있어 완벽함을 도모하면서 진행을 하지만, 간혹 연구주제에 관해 이론적 형태를 지니지 못했거나 Q 분류나 추가 면담 과정에서 특정 시각의 부족함이 있더라도 다양한 결과물을 얻어낼 수 있기에 자주 사용된다. 각각의 Q의 유형 발견을 위한 프로그램들이 서로 장단점을 지니고 있는데, QUANL은 단점보다는 장점이 많다.

(1) 변환점수 구성 및 기계어 프로그래밍

QUANL 프로그램을 활용하여 적절한 유형을 발견하고자 할 경우, Q 분류를 통해 도출된 결과자료들을 기계식 언어로 변환하는 원점수의 변환 점수화 과정을 거쳐 기초 데이터 구성을 전개해야 한다. 일단 분포도를 대상으로 하단에 변환점수 변경을 위한 작업을 진행해야 하는데, 분포도 하단에 별개의 변환점수를 왼쪽의 '−' 영역부터 가운데 '0'을 지나 오른쪽의 '+' 영역으로 숫자를 상향 순번으로 작성하면 된다. 상향 순번이란 번호순을 1부터 2, 3, 4, 5 ………로 각각 표기하는 것이다. 이럴 경우,

- 5점 척도로 구성된 분포도의 변환 점수화는
'−2'에서부터 '+2'로 구성되어 있으니 '−2'는 <1점>, '−1'은 <2점>, '0'은 <3점>, '+1'은 <4점>, '+2'는 <5점> 이 된다.

• 7점 척도로 구성된 분포도의 변환 점수화는 '−3'에서부터 '+3'으로 구성되어 있으니 '−3'은 <1점>, '−2'는 <2점>, '−1'은 <3점>, '0'은 <4점>, '+1'은 <5점>, '+2'는 <6점>, '+3'은 <7점> 이 된다.

				13			
			19	4	20		
			1	5	12		
	15	8	11	10	7	16	2
	3	9	14	17	21	6	18
	-3	-2	-1	0	+1	+2	+3
변환점수	**1**	**2**	**3**	**4**	**5**	**6**	**7**

가. 7점 척도 예시 (n=21)

• 9점 척도로 구성된 분포도의 변환 점수화는 '−4'에서부터 '+4'로 구성되어 있으니 '−4'는 <1점>, '−3'은 <2점>, '−2'는 <3점>, '−1'은 <4점>, '0'은 <5점>, '+1'은 <6점>, '+2'는 <7점>, '+3'은 <8점>, '+4'는 <9점> 가 된다.

					21				
					4				
				14	16	7			
		6	5	18	1	12	15	3	
	2	10	20	9	17	13	8	11	19
	-4	-3	-2	-1	0	+1	+2	+3	+4
변환점수	**1**	**2**	**3**	**4**	**5**	**6**	**7**	**8**	**9**

나. 9점 척도 예시 (n=21)

- 11점 척도로 구성된 분포도의 변환 점수화는
‘−5’에서부터 ‘+5’로 구성되어 있으니 ‘−5’는 <1점>, ‘−4’는 <2점>, ‘−3’은 <3점>, ‘−2’는 <4점>, ‘−1’은 <5점>, ‘0’은 <6점>, ‘+1’은 <7점>, ‘+2’는 <8점>, ‘+3’은 <9점>, ‘+4’는 <10점>, ‘+5’는 <11점> 이 된다.

그래서 분포표에 기재되어 있는 Q 표본 번호에 맞춰 변환점수로 일괄 변경하는데, 각각의 번호를 찾아 변환점수로 표기를 하면 된다. (가)의 7점 척도 예시를 두고 변환점수는 다음과 같다. Q 표본 1번에 해당하는 위치는 원점수의 (−1) 에 있는 것으로, 변환점수는 3점이다. Q 표본 2번에 해당하는 위치의 원점수는 (+3) 이기에 변환점수는 7점이다. Q 표본 3번에 해당하는 위치의 원점수는 (−3) 이기에 변환점수는 1점, Q 표본 4번에 해당하는 위치의 원점수는 (0) 이기에 변환점수는 4점, Q 표본 5번에 해당하는 위치의 원점수는 (0) 이기에 변환점수는 4점이다. 이렇게 Q 표본 1번부터 21번까지 해당 사항에 대해 모두 변환점수 변경작업을 진행하면 된다. 해당 결과를 한 줄로 나열하면 다음과 같다.

---

3 7 1 4 4 6 5 2 2 4 3 5 4 3 1 6 4 7 3 5 5

3(1) 7(2) 1(3) 4(4) 4(5) 6(6) 5(7) 2(8) 2(9) 4(10)

3(11) 5(12) 4(13) 3(14) 1(15) 6(16) 4(17) 7(18) 3(19) 5(20) 5(21)

가. 7점 척도 예시의 변환점수 (앞의 숫자는 변환점수, 뒤의 (숫자)는 Q 표본 번호)

(나)의 9점 척도 예시를 두고 변환점수는 다음과 같다. Q 표본 1번에 해당하는 위치는 원점수의 (0) 에 있는 것으로, 변환점수는 5점이다. Q 표본 2번에 해당하는 위치의 원점수는 (−4) 이기에 변환점수는 1점이다. Q 표본 3번에 해당하는 위치의 원점수는 (+3) 이기에 변환점수는 8점, Q 표본 4번에 해당하는 위치의 원점수는 (0) 이기에 변환점수는 5점,

Q 표본 5번에 해당하는 위치의 원점수는 (−2) 이기에 변환점수는 3점이다. 이렇게 Q 표본 1번부터 21번까지 해당 사항에 대해 모두 변환점수 변경작업을 진행하면 된다. 해당 결과를 한 줄로 나열하면 다음과 같다.

5 1 8 5 3 2 6 7 4 2 8 6 6 4 7 5 5 4 9 3 5

5(1) 1(2) 8(3) 5(4) 3(5) 2(6) 6(7) 7(8) 4(9) 2(10)

8(11) 6(12) 6(13) 4(14) 7(15) 5(16) 5(17) 4(18) 9(19) 3(20) 5(21)

나. 9점 척도 예시의 변환점수 (앞의 숫자는 변환점수, 뒤의 (숫자)는 Q 표본 번호)

변환점수가 마무리되었다면, 이제는 QUANL 프로그램을 구동하기 위한 기계어 프로그래밍 작업을 전개해야 한다. 기계어 작업과 관련하여 기본 사항은 김흥규(2008)의 자료를 일부 인용하여 가상으로 <ABC에 대한 소비자 연구>를 가지고 설명하도록 한다. 기계어 작업 표기와 관련해서는 크게 첫째 영역(첫째 줄), 둘째 영역(둘째 줄), 셋째 영역(셋째 줄), 넷째 영역, 다섯째 영역, 여섯째 영역, 일곱째 영역으로 구분할 수 있다.

① 첫째 영역이다.

첫째 영역은 연구주제 요약이나 연구 제목을 작성하는 곳이다. 영문도 좋고 한글도 좋으니 간단하게 확인할 수 있는 형태로 작성하면 된다.

② 둘째 영역이다.

둘째 영역은 기계어 제시의 기본 요소들을 작성하는 것으로, 선행 연구자들이 사용했던 파일을 참고로 주요 표기 숫자들을 연구자의 연구에 맞게 수정하면 된다. 그것은 열에 해당하는 영역의 표기가 기계어 형태로 인식되기에 새롭게 작성해도 되지만 열의 위치가 약간이라도 어긋나면 오류 값이 발생할 수도 있기에 기존의 자료를 활용하는 것이

편하다. 총 7개의 구간으로 형성되어 있는 각각의 요소들은 아래의 표를 통해 살펴보자.

열구간	표기	내용
가. 4~5번째칸	30	Q 소터인 설문 응답자 수 (P 표본)
나. 9~10번째칸	37	Q 표본수 (Q 아이템이나 Q 카드 혹은 진술문의 수)
다. 14~15번째칸	-4	요인의 수 (유형의 실질 개수임)
라. 24번째칸	1	상관관계 매트릭스, PCA, 배리맥스 회전 등이 끝난 후 WRAP으로 종료하라는 지시어
마. 30번째칸	1	요인분석을 위해 입력하는 자료를 전환해 매트릭스를 만들도록 하는 지시어
바. 46번째칸	V	배리맥스 회전 방법으로 회전하라는 지시어
사. 56~60번째칸	1.000	아이겐값 (요인을 추출하는 기준을 1.000 이상으로 지정)

• 가: 4~5번째 칸 구간은 Q 소터인 응답자(P 샘플, 피험자)의 수를 말한다. 가상의 연구인 <ABC에 대한 소비자 연구>에서는 총 30명의 P 표본을 사용했다고 했기에, '30'을 써넣으면 된다. 즉 연구를 위해서 응답에 실질적으로 참여한 사람들의 수를 적는 것이다.

• 나: 9~10번째 칸 구간은 Q 표본 수(Q 아이템)를 말한다. 가상의 연구인 <ABC에 대한 소비자 연구>에서는 총 37개의 Q 표본을 사용했다고 했기에, '37'을 써넣으면 된다. 연구를 위해 최종적으로 결정된 Q 표본(진술문이 Q 카드에 표기된 대상이나 그림이나 이미지 등이 Q 카드에 인쇄되었거나, 실물 대상들이거나)의 개수를 적는 것이다.

• 다: 14~15번째 칸 구간은 유형 도출을 위한 요인의 수를 말한다. 연구자가 지정한 요인의 수를 써넣으면 이에 대한 최종 결과값이 나오게 되는데, 이 결과값이 정상적으로 구축되는 요인의 수인가 아니면 오류 발생으로 결과값 구축이 형성되지 않는가를 확인하게 된다. 가상의 연구인 <ABC에 대한 소비자 연구>에서 현재 제시된 숫자는 '−4'이다.

가상의 ABC 연구

```
결과값-001_ABC데이터hm4.txt - Windows 메모장
파일(F) 편집(E) 서식(O) 보기(V) 도움말(H)
ABC에 대한 소비자 연구(일반)
  30  37  -4      1   1            V       1.000
(37f1.0)
4884418566523643555647357758922692713
7668327686615257547539252845443384915
4888577666522213576658133255344957449
(... 중략 ...)
5778346689745423875566544332225916815
4478236697935345177828245266553846515
5545144549545233836679823267686877512
1 OOO 남 25 대학생 알고있다 2 2
2 OOO 남 25 대학생 알고있다 2 1
3 OOO 남 24 대학생 알고있다 3 1
(... 중략 ...)
28 OOO 여 26 대학생 알고있다 1 1
29 OOO 여 22 대학생 알고있다 1 1
30 OOO 여 25 대학생 알고있다 2 1
2  1. 건강기능식품에 대한 정보를 구하기
쉽다
1  2. 건강기능식품은 건강 악화를 방지한다
1  3. 건강기능식품은 건강을 증진시킨다
2  4. 건강기능식품은 꾸준히 장기적으로
먹어야 한다
(... 중략 ...)
2  34. 건강기능식품을 먹기 전에 식습관부터
개선해야 한다
2  35. 건강기능식품을 먹는 것은 좋은
습관이다
2  36. 건강기능식품을 먹는 사람은 건강이
좋지 않은 사람이다
2  37. 건강기능식품을 먹는 사람은 자기관리를
잘하는 사람이다
end.
```

유형의 도출은 이 구간에서 '-'표기와 함께 숫자를 적게 된다. '-2'는 "2개의 유형을 도출하고자 함"이고, '-3'은 "3개의 유형을 도출하고자 함", '-4'는 "4개의 유형을 도출하고자 함", '-5'는 "5개의 유형을 도출하고자 함", '-6'은 "6개의 유형을 도출하고자 함", '-7'은 "7개의 유형을 도출하고자 함", '-8'은 "8개의 유형을 도출하고자 함", '-9'는 "9개의 유형을 도출하고자 함"을 의미한다. 그래서 2개부터 9개까지 요인의 수를 기입하고 최적의 유형을 찾아내는 것이 중요한 포인트이다. 이것을 와트&스테너(Watt & Stenner, 2005)는 합리적 의사결정의 준거(Decision-making criteria)라고 지칭했다.

이를 위해서는 Q 학자마다 다양한 의견들이 있는데, 가장 흔하게 진행하는 방식은 '2, 3, 4, 5, 6, 7, 8, 9'의 요인을 차례대로 도입하고 이에 대한 유형을 추출하는 것이다. 각각의 요인의 수를 대입해 나온 결과값을 확인해 보면, 정상적으로 구축되는 결과 데이터와 오류 발생으로 인한 비정상적 결과 데이터가 생기게 되는데, 비정상적 결과 데이터는 모두 오류에 해당하는 결과값이기 때문에 제외하고, 정상적으로 구축되는 결과값 데이터를 대상으로 최적의 합리적인 유형을 선정하면 된다. 브라운(Brown, 1980)과 와트&스테너(Watt & Stenner, 2005)는 <매직 넘버 7 (Magic number 7)>이라는 방식을 제언하고 있는데, 이것은 요인의 수를 7로 먼저 대입해서 결과값을 확인하고, 그다음 6, 그다음 5, 그나음 4, 그다음 3, 그다음 8등의 순번으로 요인의 수를 도입한 후 적절한 유형을 추출하도록 하고 있다.

• 라–마–바: 24번째 칸 구간, 30번째 칸 구간, 46번째 칸 구간은 원활하고 정확한 결과 도출을 위한 기계 지시어이다. 1을 지정함으로써 해석에 도움이 되는 부가적인 정보를 받을 수 있다. 자세한 설명은 김흥규(2008)의 <Q 방법론, 커뮤니케이션북스>를 참고하기를 바란다.

• 사: 56~60번째 칸 구간은 유형 도출의 기준이 되는 아이겐 값의 지정을 말한다. 아이겐값은 흔히 고정된 방식으로 1.000 이상으로 지정하여 결과값을 추출하게 되는데, 연구주제나 Q 표본의 특성, P 표본의 성향 등을 고려해 해당 값을 1.000이 아닌 그 이하로 설정하여 결과값을 나오게 할 수도 있다. 하지만 1.000 이하의 낮은 아이겐 값의 경우 요인의 추출과 유지에 대해 불안정성을 가져온다고 해서 컷오프 지점(cut–off point)으로 여기고 1.000을 고수하는 경우가 많다. 그러나 1.000 이상에서 요인 추출에 어려움을 맞는다면, 1.000 이하로 조정하여 정상적인 결과값을 도출할 수 있도록 다각적인 수치 조절을 전개할 필요가 있다.

'다: 14~15번째 칸 구간 요인의 수'처럼 최적의 유형 도출을 위한 중요 점검 사항인데, 최종 결과값에서 비정상적 결과 데이터의 오류 발생을 줄이는 데 도움을 주기도 한다. 결과값 데이터들을 살펴보면 간혹 '의미가 없는 요인'이 나타날 수도 있고, '가짜 요인'이 추가될 수도 있고, '데이터 구성의 단절이나 생략'처럼 부적절한 값들이 제시될 수도 있다. 이처럼 아이겐값의 조정으로 비정상적 결과 데이터를 정상 결과 데이터로 구축되게 할 수 있으므로, 이에 대한 기준을 0.700, 0.500 등 (0.500~0.009 사이로 조절)으로 조정해서 진행하면 때에 따라 긍정적인 결과값을 끌어낼 수 있다.

③ 셋째 영역이다.

셋째 영역은 둘째 영역처럼 기계어 제시의 기본 요소들을 작성하는 것으로, 선행연구자들이 사용했던 파일을 참고로 주요 표기 숫자들을 연구자의 연구에 맞게 수정하면 된다. 여기에서는 Q 표본의 수와 한 표본이 차지하는 열의 수를 지정하는 것인데, 한 표본의 열의 수는 'F'로 표기해서 분포도 척도에 따른 변환점수를 고려해 기재하게 된다. 표기는 다음과 같다.

(37F1.0)

괄호 안에 표기된 숫자와 기계어 명령 코드를 이해하면 쉽다. '37'은 둘째 영역에서 제시된 Q 표본 수를 의미한다. 그래서 총 37개의 Q 표본이 연구에 사용되었으니 '37'로 표기하는 것이다. 다음으로 기재된 'F'는 Fixed Format으로 열(column)에 표기된 숫자를 기계어로 인식되도록 지정하는 표기인데, <1.0> 은 한 열에 하나씩, <2.0> 은 두 열을 하나씩으로 읽도록 하는 것이다.

<1.0> 은 분포도 척도에 의한 표기를 변환 점수화한 숫자를 기계어로 인식되게 하는 것으로, 5점 척도로 구성된 분포도의 변환점수는 1~5까지, 7점 척도로 구성된 분포도의 변환점수는 1~7까지, 9점 척도로 구성된 분포도의 변환점수는 1~9까지라서 이를 한 열에 하나씩 읽어내는 것이다. 따라서 9점 척도 이하의 분포도 척도(7점 척도, 5점 척도 등)는 프로그래밍 기계어 기재 시 각각을 한자리로 작성하면 되는데, 예를 들어 변환점수에서 1은 '1'로 2는 '2', 3은 '3', 4는 '4', 5는 '5', 6은 '6', 7은 '7', 8은 '8', 9는 '9'로 표기하게 된다.

<2.0> 의 경우는 분포도 척도의 변환 점수화 숫자가 두 자릿수를 이룰 때 이 두 열을 하나씩 읽도록 하는 것으로, 11점 척도로 구성된 분포도의 변환점수가 1~11까지기에 바로 10과 11의 숫자를 하나로 읽어내도록 한다. 따라서 11점 척도 이상의 분포도 척도(13점 척도, 15점 척도 등)는 프로그래밍 기계어 기재 시 각각을 두 자리로 작성해야 하는데, 예를 들어 변환점수에서 1은 '01'로, 2는 '02', 3은 '03', 4는 '04', 5는 '05', 6은 '06', 7은 '07', 8은 '08', 9는 '09', 10은 '10', 11은 '11'로 표기하게 된다.

④ 넷째 영역이다.

넷째 영역은 셋째 영역에서 지정한 방식의 해당 자료를 기재하면 된다. 5점 척도, 7점 척도, 9점 척도의 경우 <F1.0>의 형태이기에, 변환점수의 표기를 (123456789)처럼 한자리로 표현하면 되고, 11점 척도, 13점 척도, 15점 척도의 경우 <F2.0>의 형태이기에, 변환점수의 표기를 (0102030405060708091011)처럼 두 자리로 표현하면 된다. 한 줄에 1명의 P 표본의 변환점수 값을 입력하면 되는데, 총 30명의 P 표본(응답자, Q 소터) 참가했으니 총 30줄의 변환점수 값이 생성될 것이다. 그리고 총 37개의 Q 표본을 사용했기에 37개의 열(글자)을 구성하게 될 것이다.

– 가상의 연구인 <ABC에 대한 소비자 연구>에서는
1번째 P 표본의 (4884418566523643555647357758922692713),
2번째 P 표본의 (7668327686615257547539252845443384915) 부터
29번째 P 표본의 (4478236697935345177828245266553846515),
30번째 P 표본의 (5545144549545233836679823267686877512) 자료가
입력됐다.

⑤ 다섯째 영역이다.

다섯째 영역은 둘째 영역의 P 표본들, 즉 Q 설문에 참여한 응답자들의 기본 정보를 가볍게 기재하는 것이다. 많은 정보를 작성한다고 해도, 최종 결과 데이터에서는 일부 영역이 생략되거나 표기가 안 되는 경우가 있기에 가장 중요하다고 판단되는 정보들만 입력하면 좋다. 흔히 응답자의 일련번호나 성명, 나이, 주요 기타 정보를 다룬다. 주의해야 할 점은 해당 정보를 써넣을 때는 반드시 일련 순서를 지켜야 한다. 네 번째 영역에서 진행한 변환점수 자료 기재 방식을 반영하는 것인데, 30명의 P 표본이 차례차례 작성되었다면 30줄이 순번으로 나열된 것이고, 이 나열의 차례로 P 표본의 추가 정보를 써넣는 것이다. 예를 들어 네 번째 영역의 첫 번째 줄이 P1 번의 자료였다면, 여기서 P1 번의 정보를 첫 번째로 입력해야 한다. 네 번째 영역의 두 번째 줄이 P2 번의 자료였다면, 여기서는 P1 번 정보 다음 줄인 두 번째 줄에 입력해야 한다. 네 번째 영역의 세 번째 줄이 P3 번의 자료였다면, 여기서는 P3 번 정보 다음 줄인 세 번째 줄에 입력해야 한다. 이러한 순번을 지켜가면서 총 30명의 기본 정보들이 작성되는 것이다. 역시 네 번째 영역처럼 총 30줄의 변환점수 값이 생성될 것이다.

– 가상의 연구인 <ABC에 대한 소비자 연구>에서는

1번째 P 표본의 (1 OOO 남 25 대학생 알고있다 2 2),
2번째 P 표본의 (2 OOO 남 25 대학생 알고있다 2 1) 부터
29번째의 P 표본의 (29 OOO 여 22 대학생 알고있다 1 1),
30번째의 P 표본의 (30 OOO 여 25 대학생 알고있다 2 1) 자료가 입력되었다.

⑥ 여섯째 영역이다.

여섯째 영역은 셋째 영역의 Q 표본들, 즉 Q 아이템에 대한 정보를 기재하는 것이다. 그런데 Q 표본을 구성하는 것은 매우 다양해서 텍스트로 구성된 진술문이 Q 카드에 표기되어 있거나, 사진이나 그림 등의 이미지가 Q 카드에 인쇄되었거나, 아니면 실물 대상들이 Q 표본을 이루고 있을 수 있다. 따라서 어떤 Q 표본을 대상으로 하는가에 따라 정보가 표기될 수도 있고, 아닐 수도 있다.

• 텍스트로 구성된 진술문이 인쇄된 Q 카드나 텍스트로 표기된 Q 표본

가장 흔하게 형성된 Q 표본의 대상이다. 글자로 적혀져 있으므로 해당 정보를 프로그래밍 과정에서 입력해 주어야 한다. 그런데 일정 영역은 기계어 제시의 기본 요소를 고려해서 작성해야 하는데, 각각은 '진술문 표기의 줄 수 지정 코드', '진술문이 인쇄된 Q 카드 번호', '진술문 내용'으로 구성되어 있다. '진술문 표기의 줄 수 지정 코드'는 진술문이 한 줄인가 – 두 줄인가 – 세 줄인가를 고려해 코드를 써넣는 것으로, 한 줄이면 <1>, 두 줄이면 <2>, 세 줄이면 <3> 을 입력한다. 진술문의 글자 수(열)는 한 줄이 보통 20개 내외(띄어쓰기 포함)를 이루고 있어서, 20개(열) 내외 분량이 넘으면 다음 줄로 분할하여 표기하게끔 되어 있다. 그래서 글자 수에 의한 줄 수에 따라 <1>, <2>, <3> 을 입력하면 된다. 가상의 연구인 <ABC에 대한 소비자 연구> 에서 Q 표본 2번 '2. 건강기능식품은 건강 악화를 방지한다'와 37번 '37.

건강기능식품을 먹는 사람은 자기관리를 잘하는 사람이다'가 있다. 2번은 글자 수가 대략 22개 정도라서 간단하게 1줄로 표기하면 되기에 <1> 이 되는 것이고, 37번은 글자 수가 대략 33개 정도 되어서 줄로 분할하여 표기해야 해서 <2> 로 입력하면 된다.

'진술문 표기의 줄 수 지정 코드' 다음은 '진술문이 인쇄된 Q 카드 번호'의 기재다. 해당 번호는 이미 Q 표본에 표기되어 있으므로 해당 번호를 1번부터 순서대로 입력하면 된다. 총 37개의 Q 표본이 연구에 사용되었으니 이 Q 표본들을 한 줄씩 차례차례 입력하도록 한다. 이와 함께 '진술문 내용'을 써넣으면 되는데, 앞서 '진술문 표기의 줄 수 지정 코드' 내용처럼 글자 수 20개 내외를 고려하여 한 줄, 두 줄, 세 줄로 적절하게 표기하면 된다. 가상의 연구인 <ABC에 대한 소비자 연구>에서는 텍스트로 구성된 진술문이 인쇄된 Q 카드를 사용했기 때문에 해당 내용을 기재 방식에 맞춰서 모두 입력하였다.

1번째 Q 표본은 24자이기에 2줄로
2 1. 건강기능식품에 대한 정보를 구하기 쉽다
2번째 Q 표본은 22자이기에 1줄로
1 2. 건강기능식품은 건강 악화를 방지한다

부터

36번째 Q 표본은 33자이기에 2줄로
2 36. 건강기능식품을 먹는 사람은 건강이 좋지 않은 사람이다
37번째 Q 표본은 33자이기에 2줄로
2 37. 건강기능식품을 먹는 사람은 자기관리를 잘하는 사람이다
까지 순차적으로 자료가 입력됐다.

- 사진이나 그림 등의 이미지가 인쇄된 Q 카드나 실물 대상들이 Q 표본

텍스트 글자가 아닌 이미지의 형태이기에 해당 정보를 프로그래밍 과정에서 입력할 수가 없다. 그렇다 하더라도 일정 영역은 기계어 제시의 기본 요소를 고려해 작성해야 하므로 'Q 표본 표기의 줄 수 지정 코드'와 'Q 표본 번호', '빈 공란의 내용'으로 구성해 진행하면 된다. 'Q 표본 표기의 줄 수 지정 코드'는 <1> 표기밖에 없다. 이미지 혹은 실물 대상들이어서 해당 내용을 써넣을 수 없어 '빈 공란의 내용'으로 두고 있기에 가장 기초 값인 <1> 로 표기해 두는 것이다. 다음은 'Q 표본 번호'의 기재다. 해당 번호는 이미 Q 표본에 표기되어 있어서 해당 번호를 1번부터 순서대로 입력하면 된다. 만약 27개의 Q 표본이 연구에 사용되었다면, 이 Q 표본들을 한 줄씩 차례차례 써넣는데, 1부터 27까지의 표기는 동일한 글자 수로 프로그래밍 기계어로 표현해야 하므로 01, 02. 03, 04, 05 ~ 25, 26, 27로 입력하도록 한다.

⑦ 일곱째 영역이다.

일곱째 영역은 프로그래밍 기계어의 진행이 종료됐다는 의미로, 여섯 번째 영역에서 작성된 내용의 다음 줄에 "end."를 입력함으로써 마무리한다.

(2) 유형 발견을 위한 정보

유형의 발견은 Q의 핵심 사항이다. 유형이 어떻게 구성되어 추출하는가는 QUANL 프로그램을 이용한 정밀한 작업이 필요하다. 선행연구에서 3개의 유형으로 구성했으니, 연구자의 연구도 3개로 비슷하게 맞추는 경우가 간혹 있는데 절대 그래서는 안 된다. 유형은 비슷하게 맞추는 작업이 아니라 Q 분류 및 프로그래밍 과정을 통해 제시된 기계어를 가지고 과학적 시스템에 의해 명확하고 합리적으로 추출되는 고

유의 결과이다.

해당 프로세스를 원활하게 진행하기 위해서는 몇 가지 고려해야 하는 요소들이 있다. 앞서 (1) 변환점수 및 기계어 프로그램 챕터에서 살펴본 바와 같이 기계어 작업 표기의 둘째 영역(둘째 줄)이 포함되는데, 그것은 바로 '아이겐값' 설정에 관한 것이고, 이 밖에 '인자가중치', '변량', '스크리 검증'을 통해서 진행하게 된다. 이 요소들을 종합적으로 점검하여 가장 적절한 유형을 찾아야 한다. 그것이 바로 Q 결과값이다.

아이겐밸류

아이겐값은 연구자가 얼마나 많은 유형을 데이터로부터 추출한 것인지에 대해서 현명하고 직관적이며, 합리적이고 과학적인 결정을 끌어낼 수 있는 필수 해법과도 같다. 가장 기본이 되는 준거 기준점에 관한 결과의 수치이기 때문이다.

아이겐값이란 요인 추출과정에서 나오는 양의 잔여계수를 지칭한다. 마치 차(tea)를 마실 때 차를 얼마나 우려서 뽑았는가와 같다. 가령 첫 번째로 우려낸 차의 향과 맛의 내음은 차 본연의 속성을 충분히 담아내고 있다. 하지만 첫 번째로 우려낸 차에 다시 물을 부은 뒤 두 번째로, 세 번째로 우려낼 때 그 횟수에 따라 차의 향과 맛이 조금씩 옅어지는 것을 경험할 수 있을 것이다. 바로 이 과정에서 나오는 차의 향과 맛의 양이 곧 아이겐값이다.

아이겐값은 통상적으로 유형의 판단과 결정을 위한 의사결정 방법으로 1.000 이상의 수치를 컷오프 지점(cut–off point)으로 하여 결과값을 추출하는데, 간혹 연구주제나 Q 표본의 특성, P 표본의 성향 등을 고려해 해당 값을 1.000이 아닌 그 이하로 설정하여 결과값을 나오게 할 수도 있다.

그럼 본격적으로 1.000을 기준으로 추출된 정상적인 데이터 결과값을 대상으로 판단의 근거화를 설명해 본다.

① 최적의 유형 개수로 결정 (가상의 ABC 연구를 예시를 들어 설명)

<ABC> 연구 결과 QUANL 프로그램 결과값 자료를 보니 5개의 유형과 4개의 유형, 3개의 유형에서 데이터 결과값들이 문제없이 나타났다. 다른 유형(2개, 6개, 7개, 8개, 9개)들에서는 '의미가 없는 요인'의 발생, '가짜 요인'의 추가 현상, '데이터 구성의 단절이나 생략'과 같이 부적절한 값들이 제시되어서 사용할 수가 없게 된 것이다. 그러므로 검토해 볼 수 있는 유형들은 5개의 유형 값, 4개의 유형 값, 3개의 유형 값을 대상으로 진행하는 것이다.

5개의 유형 값의 경우 모든 요소의 데이터들이 정상적인데, 그 가운데 아이겐값의 수치가 뒤로 갈수록 촘촘하게 구성되어 있어서 각각의 유형들끼리 서로 상대적 차이를 드러낼 수 있는지를 점검해 보는 것이다.

가상의 ABC 연구 5유형 원본 데이터의 예시

```
0  5 CHOSEN EIGENVALUES ARE
    9.1184   2.9534   2.0278   1.8494   1.6523

OPERCENTAGES OF TOTAL VARIANCE ARE
     .3039    .0984    .0676    .0616    .0551
 CUMULATIVE
     .3039    .4024    .4700    .5316    .5867

OPERCENTAGES OF VARIANCE WITHIN  5 FACTOR SOLUTION ARE
     .5181    .1678    .1152    .1051    .0939
 CUMULATIVE
     .5181    .6858    .8011    .9061   1.0000
```

일단 첫 번째 아이겐값 수치는 9.1184이고 두 번째 아이겐값 수치는 2.9534, 세 번째 아이겐값 수치는 2.0278. 네 번째 아이겐값 수치는 1.8494, 다섯 번째 아이겐값 수치는 1.6523이다. 각 수치들 마다의 서로 간 순차적 차이를 보면 6.165, 0.9256, 0.1784, 0.1971 가 되는데, 첫 번째 아이겐값은 수치가 높아서 그 성향을 잘 표현해 주는 집합도(마치 차의 향과 맛 내음의 밀도)가 충분하다고 할 수 있고, 그다음의 두 번째 아이겐값도 수치가 높아서 그 성향의 집합도가 적절하다고 하겠다. 다음의 세 번째, 네 번째, 다섯 번째 아이겐값은 순차적 차이에 의한 간극을 통해 0.2를 전후한 수치를 바탕으로 최종적인 유형의 추출 결정을 판단해야 한다. 조심해야 할 사항은 유형이 너무 촘촘하게 형성되었을 때 유형의 특성이나 각 유형 간 차이점이 덜 확립될 수도 있으므로 신중한 판단이 필요하다.

4개의 유형도 모든 요소의 데이터들이 정상인데, 그중에 아이겐값의 수치가 뒤로 갈수록 잘 형성되어 있어서 긍정적임을 확인할 수가 있다.

가상의 ABC 연구 4유형 원본 데이터의 예시

```
0  4 CHOSEN EIGENVALUES ARE
   9.1184   2.9534   2.0278   1.8494

0PERCENTAGES OF TOTAL VARIANCE ARE
    .3039    .0984    .0676    .0616
 CUMULATIVE
    .3039    .4024    .4700    .5316

0PERCENTAGES OF VARIANCE WITHIN  4 FACTOR SOLUTION ARE
    .5717    .1852    .1271    .1160
 CUMULATIVE
    .5717    .7569    .8840   1.0000
```

첫 번째 아이겐값 수치는 9.1184이고 두 번째 아이겐값 수치는 2.9534, 세 번째 아이겐값 수치는 2.0278. 네 번째 아이겐값 수치는 1.8494이고, 각 수치들마다 서로 간 순차적 차이는 6.165, 0.9256, 0.1784로 나타났다. 그런데 네 번째 아이겐값의 수치가 1.8494여서, 1.000 사이와의 추가적인 분할 가능성을 배제할 수는 없다. 하지만 유형별로 성향을 잘 표현해 주는 집합도(마치 차의 향과 맛 내음의 밀도)는 충분한 것으로 나왔다.

3개의 유형도 모든 요소의 데이터들이 정상인데, 그중에 아이겐값의 수치가 뒤로 갈수록 잘 형성되어 있어서 긍정적임을 확인할 수가 있다. 다만 세 번째 아이겐값의 수치가 2.0278이기에 2.000~1.000 사이에 있어서 유형의 특성이 반영되어 분할될 가능성이 크다. 즉 <ABC> 연구 결과에서는 2.0278에서 1.000까지 무려 1.0278의 추출 가능한 아이겐값 구간이 있다. 따라서 3개의 유형값은 3에서 마무리되는 것이 아니라 4나 5, 6처럼 그 이상의 유형을 추출할 수 있도록 추가적인 아이겐값 수치의 체크가 필요하다. 그래서 프로그래밍 기계어 입력할 때 다른 값들을 계속 기재하여 확인해야 한다.

가상의 ABC 연구 3유형 원본 데이터의 예시

```
0  3 CHOSEN EIGENVALUES ARE
   9.1184   2.9534   2.0278

0PERCENTAGES OF TOTAL VARIANCE ARE
    .3039    .0984    .0676
  CUMULATIVE
    .3039    .4024    .4700

0PERCENTAGES OF VARIANCE WITHIN  3 FACTOR SOLUTION ARE
    .6467    .2095    .1438
  CUMULATIVE
    .6467    .8562   1.0000
```

그러므로 <ABC> 연구에서는 부적절한 값들의 유형을 제외한 정상적 값들의 데이터 결과자료를 도출한 3개의 유형, 4개의 유형, 5개의 유형 가운데서, 아이겐값의 자료 수치, 유형의 집합도, 유형의 특성과 유형 간 차이점 사안들을 고르게 반영해서 1차로 '4개의 유형'을 유형

확립의 적절한 임시 대상으로 결정했다. 하지만 이것은 임시적인 판단일 뿐, 향후 스크리 검증 및 설명변량의 정도, 인자가중치, 상관관계계수와 같은 추가 사항들을 통한 정밀하고 종합적인 점검을 통해 가장 적절한 유형의 수를 결정할 것이다.

② 스크리 검증에 의한 확인

커텔(Cattell, 1966)의 스크리(scree) 검증이란 Q 방법론의 목적을 고려한 주성분 분석의 맥락 영역 안에서 펼치는 방법이다. QUANL 프로그램에서의 사용보다는 다른 여타의 Q 프로그램에서 활용되긴 하지만, 아이겐값의 수치를 대상으로 결과들의 산포 상황과 추출할 유형들의 기울기 변화 지점을 고려해 요인의 수 결정 판단의 근거를 제시해 주기 때문이다.

적용 방식은 간단한데, 아이겐값의 수치들을 표로 산포 배열 그림을 작성하고, 아이겐값에 해당하는 수치 지점의 표기한 점과 다음 아이겐값 수치 지점의 표기 점을 선으로 이어놓고, 급격한 기울기의 지점이 끝나고 완만한 기울기의 지점이 형성되는 곳에서 결정짓는 것이다.

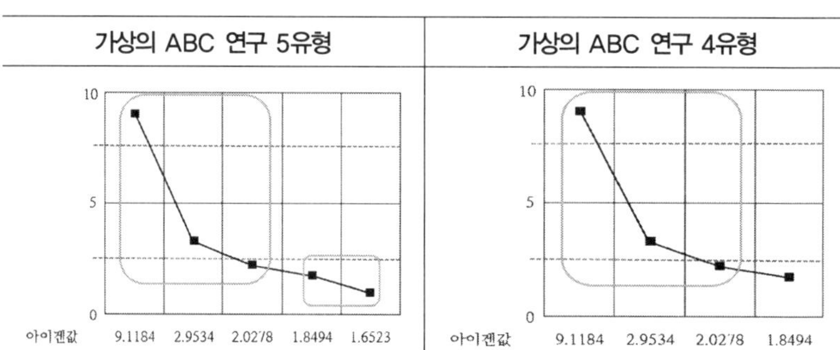

③ 설명변량의 정도

Q의 변량은 데이터 결과의 설명력에 대한 논의를 의미한다. 설명력이 높다면 도출된 데이터의 결과를 설득력 있게 하는 근거가 되는 것이고, 설명력이 낮으면 도출된 데이터의 결과가 설득력이 부족함을 나타내는 것이다. 하지만 설명력에 따라 데이터 전체의 적절-부적절을 논하는 것은 아니기 때문에 총 변량에 대해 집착할 필요는 없다. <ABC> 연구 결과에서는 각 요인별 설명변량들이 제시되고 있는데, 5개의 유형에서는 0.3039, 0.0984, 0.0676, 0.0616, 0.0551로 총 변량이 약 59%(0.5867)였고, 4개의 유형에서는 0.3039, 0.0984, 0.0676, 0.0616으로 총 변량이 약 53%(0.5316), 3유형에서는 0.3039, 0.0984, 0.0676으로 총 변량이 약 47%(0.4700)로 나왔다. 변량에 크게 신경을 쓰지 않아도 되지만, 요인의 수를 채택하는 근거의 경우에는 총 변량이 50% 내외로 값이 형성되는 것을 권장한다.

④ 인자가중치의 정도

인자가중치(weight)란 도출된 데이터 결과자료 가운데, 발견된 유형에 속한 P 표본(응답자, Q 소터)들의 성향이 강하게 표출되는 수치를 말한다. 해당 요인 측에 가깝다는 것으로 반대로 말하자면 원점에서 멀리 자리잡고 있는 독특한 성향의 대상들이다. 따라서 인자가중치가 높으면 높을수록 유형을 대표하거나 유형의 전형적 흐름을 전반적으로 이끄는 대상이 되는 것이다. 따라서 인자가중치 수치가 높은 P 표본들이 집단이 있어야 요인에 대한 독특성을 풀어낼 수 있어서, 요인의 수를 채택할 때도 어느 정도 반영하여 근거로써 활용될 수 있다. 즉, 요인의 수에 따라 형성된 유형에서 인자가중치가 1 이상인 P 표본들이 없으면 해당 유형의 성향이 강하게 반영된 대상이 없는 것이기에 독립된 요인의 수로 결정하기에는 다소 무리가 될 수도 있다.

가상의 ABC 연구 4유형 원본 데이터의 예시

0VARIABLE ASSIGNMENTS WITH FACTOR WEIGHTS BY TYPE

QVAR. WEIGHT	QVAR. WEIGHT	QVAR. WEIGHT	QVAR. WEIGHT
TYPE 1 (N= 12)	TYPE 2 (N= 7)	TYPE 3 (N= 6)	TYPE 4 (N= 5)
3 3 이00 남 1.5236	4 4 전00 남 .5003	6 6 이00 남 .6102	1 1 김00 남 1.1382
11 11 노00 남 .6543	8 8 민00 남 2.2702	9 9 김00 남 .5491	2 2 김00 남 2.0441
15 15 유00 남 1.3364	10 10 오00 남 .5875	20 20 김00 여 .4175	5 5 박00 남 .5807
16 16 정00 여 1.3412	12 12 백00 남 1.3086	21 21 백00 여 1.6307	7 7 하00 남 1.2705
17 17 이00 여 .7425	13 13 임00 남 1.4769	27 27 강00 여 .6340	14 14 심00 남 .5745
19 19 김00 여 .8529	18 18 정00 여 .8898	30 30 오00 여 1.5226	
23 23 김00 여 .6364	22 22 이00 여 1.8186		
24 24 이00 여 .7079			
25 25 고00 여 1.1059			
26 26 김00 여 .8273			
28 28 윤00 여 1.9555			
29 29 이00 여 .7120			

주의해야 할 점은 요인의 수에 의해 도출된 유형별 P 표본의 숫자와 인자가중치의 대상과는 별개의 개념이다. 인자가중치 1이나 2를 넘는 대상들은 유형의 전형성을 나타내거나 독특한 성향을 담고 있는 것을 말하는 것으로 해당 숫자가 많다고 해서 다른 요인들과의 특정한 차이를 말하는 것이 아니다. 유형 안에서 의미를 부여할 수 있지, 타 유형과의 비교를 위한 대상은 아니다. 또한 유형에 있어 전체의 숫자 역시 해당 숫자가 많다고 해서 다른 유형들보다 중요하다는 특징을 가지는 것이 아니라, 이 전체의 사람들이 모여서 유형을 형성하는 것이다. 즉 해당 P 표본들이 전체적으로 모여서 해당 유형을 만들어 낸 것이다.

예를 들면, 가상의 ABC 연구 4유형에서는 1유형은 총 12명(N=12)이고, 2유형은 총 7명(N=7), 3유형은 총 6명(N=6), 4유형은 총 5명(N=5)으로 나왔는데, 1유형이 12명이라고 해서 다른 유형들보다 더 중요하거나 핵심이거나 하는 것이 아니다. 그냥 1유형은 12명의 P 표본들에 의해 새로운 대상으로 재탄생된 것이다. 역시 2유형도 7명의 P 표본들에 의해 새로운 대상으로 재탄생, 3유형도 6명의 P 표본들에 의해 새로운 대상으로 재탄생, 4유형도 5명의 P 표본들에 의해 새로운 대상으로 재탄생된 것이다. 그래서 독특한 성향을 지닌 4개의 또 다른 대상이 발견된 것이다.

<ABC> 연구 결과에서 5개의 유형에서는 2 이상의 인자가중치를 가진 1명(#28, 윤OO 2.0154)의 P 표본과 1 이상의 인자가중치를 가진 5명(#25 고OO 1.2760; #15 유OO 1.2311; #19 김OO 1.1401; #16 정OO 1.0295; #17 이OO 1.0272)의 P 표본이 있다. 4개의 유형에서는 2 이상의 인자가중치를 가진 P 표본은 없고, 1 이상의 인자가중치를 가진 5명(#28 윤OO 1.9555; #3 이OO 1.5236; #16 정OO 1.3412; #15 유OO 1.3364; #25 고OO 1.1059)의 P 표본이 있다. 3개의 유형에서는 2 이상의 인자가중치를 가진 P 표본은 없고, 1 이상의 인자가중치를 가진 6명(#16 정OO 1.8688; #28 윤OO 1.5968; #25 고OO 1.5085; #3 이OO 1.4225; #15 유OO 1.2119; #29 이OO 1.2146)의 P 표본이 있다.

가상의 ABC 연구 5유형 원본 데이터의 예시	가상의 ABC 연구 4유형 원본 데이터의 예시	가상의 ABC 연구 3유형 원본 데이터의 예시
0VARIABLE ASSIGNMENTS WITH FACTOR WEIGHTS BY TYPE		
QVAR. WEIGHT	QVAR. WEIGHT	QVAR. WEIGHT
TYPE 1 (N= 10)	TYPE 1 (N= 12)	TYPE 1 (N= 13)
3 3 이00 남 .7366	3 3 이00 남 1.5236	1 1 김00 남 .5540
15 15 유00 남 1.2311	11 11 노00 남 .6543	2 2 김00 남 .7970
16 16 정00 여 1.0295	15 15 유00 남 1.3364	3 3 이00 남 1.4225
17 17 이00 여 1.0272	16 16 정00 여 1.3412	14 14 심00 남 .6786
19 19 김00 여 1.1401	17 17 이00 여 .7425	15 15 유00 남 1.2119
23 23 김00 여 .9830	19 19 김00 여 .8529	16 16 정00 여 1.8688
24 24 이00 여 .9919	23 23 김00 여 .6364	19 19 김00 여 .8748
25 25 고00 여 1.2760	24 24 이00 여 .7079	20 20 김00 여 .4790
26 26 김00 여 .8755	25 25 고00 여 1.1059	23 23 김00 여 .6264
28 28 윤00 여 2.0154	26 26 김00 여 .8273	24 24 이00 여 .6933
	28 28 윤00 여 1.9555	25 25 고00 여 1.5085
	29 29 이00 여 .7120	28 28 윤00 여 1.5968
		29 29 이00 여 1.2146

①, ②, ③, ④의 요소들을 종합적으로 고려했을 때, 1차 임시로 결정한 <ABC> 연구의 '4개의 유형'수는 스크리 검증 및 설명변량의 정도, 인자가중치, 상관관계계수와 같은 사항들에 의한 추가적인 정밀한 점검을 통해 그 결정이 '옳았다'라고 평가할 수 있겠다.

이처럼 아이겐값, 변량 및 스크리 검증, 인자가중치 등의 자료들은 Q 방법론의 요인의 수를 결정할 수 있는 합리적이고 과학적인 근거가 될 수 있을 것이다. 특히 카이저-거트만(Kaiser-Guttman) 준거는 요인의 수가 과도하게 추출될 수 있는 상황을 방지해 주기도 하는데, 이를 위해 1.000으로 지정된 아이겐값은 많은 Q 연구자들에 사이에서 폭넓게 수용되고 있다. 물론 연구주제나 Q 표본 및 P 표본의 특수성이 있는 연구나 1.000 이상에서의 결과값 데이터가 부적절하게 제시될 경우, 1.000 이하에서 부분적인 조정을 통해 긍정적인 결과값 데이터를 추출하는 것이 좋다.

상관관계계수

요인 간의 상관관계를 나타내는 것으로 해당 수치가 높다는 것은 각 요인 간의 상관이 깊은 것이고, 해당 수치가 낮다는 것은 각 요인 간의 상관이 크지 않음을 나타낸다. 해당 계수가 0에 가까우면 독립적인 상태를 나타내는 것이라서, Q에서의 요인 간 상관계수는 높거나 낮은 수치를 중심으로 전체 상황을 고르게 살펴보면 좋다. 그것은 이론적 개념 간의 연계와 분리를 통해 참가설 생성의 근거를 제공할 수 있기에 실제의 의미를 해석할 때 다양한 접근을 가능하게 한다. 수치가 높았을 때의 관계와 수치가 낮았을 때의 관계에 있어 모두 중요한 것이다. 물론 수치가 낮았을 때의 요인 간 상관은 뚜렷하게 특징화되는 상황이기 때문에 각각의 상관 요소가 고려된 풀이가 원활하겠지만, 반대의 경우에는 다양한 결과값 데이터 지표를 종합적으로 고려해 신중하고 현명한 풀이를 전개하면 된다.

예를 들면, 가상의 ABC 연구 4유형에서 제1유형과 제3유형의 상관계수는 0.557로 유형 간 유사성이 타 유형과 비교해서 상대적으로 높았고, 제1유형과 제4유형의 상관계수는 0.329로 유형 간 유사성이 타 유형과 비교해서 상대적으로 낮게 구성되었다. 이밖에 제1유형과 제2유형의 상관계수는 0.363, 제1유형과 제4유형의 상관계수는 0.507, 제2유형과 3유형의 상관계수는 0.370, 제3유형과 제4유형의 상관계수는 0.404로 나왔다.

가상의 ABC 연구 4유형 원본 데이터의 예시

```
1        CORRELATIONS BETWEEN TYPES

0             1          2          3          4
0   1     1.000       .363       .557       .507
0   2      .363      1.000       .370       .329
0   3      .557       .370      1.000       .404
0   4      .507       .329       .404      1.000
```

(3) 표본의 구성, 특성 및 인자가중치 (가상의 DEF 연구를 예시를 들어 설명)

예시 연구인 <다문화 가정을 위한 공익광고의 수용 유형에 관한 연구>에서는 표본의 구성, 특성 및 인자가중치의 기초 데이터가 제시되지 않았다. 연구주제나 목적, 연구자의 의도에 따라 기재 될 수도 있고, 생략될 수도 있는데 보통은 유형해석을 위한 기초 자료의 제시 형태로 표기될 수 있다. 표본의 구성, 특성 및 인자가중치의 자료 가운데, 특히 표준점수(z-score) 1.00 이상의 대상은 각 유형의 특징을 설명할 때 매우 의미가 있어서, Q 분류 시 진행한 인터뷰를 포함한 여러 주관적 태도를 주목할 필요가 있다. 다만 유형별로 군집 된 P 표본의 일반적인 특성을 살펴보면, 인구통계적 요소가 고르게 분포되어 있고 기타 요소들과는 특별한 관련성이 있지는 않다. 그래서 이 자료들은 Q를 통해 발견한 유형들이 인구통계적(성별이나 나이 등) 특성에 의해 나눠지고 배치되는 것이 아니고, Q에 의해서 유형들이 새롭고 독특하게 형성된 것임을 의미한다.

그럼 가상의 DEF 연구 자료를 통해 해당 사항들이 어떻게 표기되는지 살펴보도록 하자. DEF 연구는 3유형으로 1유형은 총 10명(N=10)이고, 2유형은 총 11명(N=11), 3유형은 총 7명(N=7)으로 나왔다.

가상의 DEF 연구 3유형 원본 데이터의 예시

0VARIABLE ASSIGNMENTS WITH FACTOR WEIGHTS BY TYPE		
OVAR. WEIGHT	OVAR. WEIGHT	OVAR. WEIGHT
TYPE 1 (N= 10)	TYPE 2 (N= 11)	TYPE 3 (N= 7)
2 2 김00 여 .7615	1 1 김00 여 .5696	10 10 김00 여 .7848
3 3 오00 여 .6037	4 4 정00 여 .3686	13 13 이00 여 1.2106
5 5 이00 여 2.0665	9 9 강00 여 .4071	19 19 최00 남 .3039
6 6 김00 여 .8027	14 14 이00 여 1.1539	21 21 노00 남 .9620
7 7 이00 여 1.1445	15 15 심00 남 1.3055	22 22 민00 남 .6996
8 8 윤00 여 1.5078	16 16 유00 남 2.4951	25 25 민00 남 .8447
11 11 김00 여 1.5510	17 17 김00 남 .6330	28 28 전00 남 .7343
12 12 백00 여 1.0908	18 18 김00 남 .3915	
24 24 하00 남 .5641	20 20 최00 남 .6047	
26 26 이00 남 .4514	23 23 박00 남 .6057	
	27 27 김00 남 .6100	

가상의 DEF 연구 3유형 소팅 자료

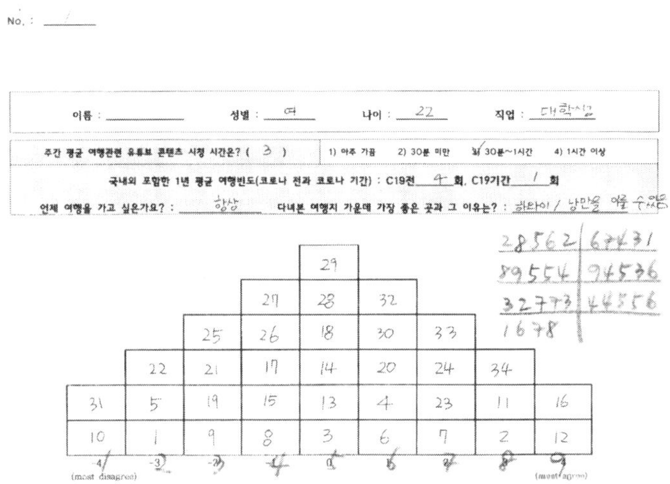

No. : 1

이름 : ____ 성별 : 여 나이 : 22 직업 : 대학생

주간 평균 여행관련 유튜브 콘텐츠 시청 시간은? (3) 1) 아주 가끔 2) 30분 미만 3) 30분~1시간 4) 1시간 이상

국내외 포함한 1년 평균 여행빈도(코로나 전과 코로나 기간) : C19전 4 회, C19기간 1 회

언제 여행을 가고 싶은가요? : 항상 다녀본 여행지 가운데 가장 좋은 곳과 그 이유는? : 하와이 / 낭만을 느낄 수 있음

-4	-3	-2	-1	0	+1	+2	+3	+4
				29				
			27	28	32			
		25	26	18	30	33		
	22	21	17	14	20	24	34	
31	5	19	15	13	4	23	11	16
10	1	9	8	3	6	7	2	12

(most disagree) (most agree)

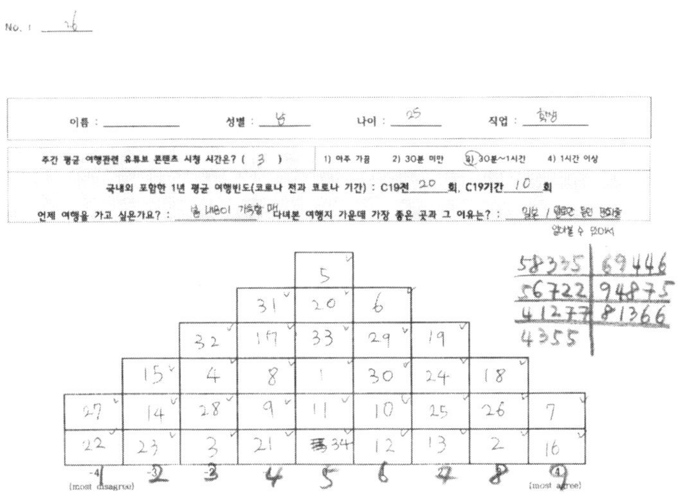

No. : 26

이름 : ____ 성별 : 남 나이 : 25 직업 : 학생

주간 평균 여행관련 유튜브 콘텐츠 시청 시간은? (3) 1) 아주 가끔 2) 30분 미만 3) 30분~1시간 4) 1시간 이상

국내외 포함한 1년 평균 여행빈도(코로나 전과 코로나 기간) : C19전 20 회, C19기간 10 회

언제 여행을 가고 싶은가요? : 일상이 지루할 때 다녀본 여행지 가운데 가장 좋은 곳과 그 이유는? : 일본 / [illegible]

-4	-3	-2	-1	0	+1	+2	+3	+4
				5				
			31	20	6			
		32	17	33	29	19		
	15	4	8	1	30	24	18	
27	14	28	9	11	10	25	26	7
22	23	3	21	34	12	13	2	16

(most disagree) (most agree)

가상의 DEF 연구 3유형 표기 예시

구분	ID 성별	인자 가중치	유튜브 1일 평균 시청시간	연평균 여행빈도
제1유형 (N=10)	P2-여	0.7615	30분미만	5~10회 미만
	P3-여	0.6037	30분미만	10회 이상
	P5-여	2.0665	30분미만	5회 미만
	P6-여	0.8027	30분미만	5회 미만
	P7-여	1.1445	30분미만	5회 미만
	P8-여	1.5708	30분미만	0회
	P11-여	1.5510	30분미만	5회 미만
	P12-여	1.0908	30분미만	5~10회 미만
	P24-남	0.5641	30~60분미만	5회 미만
	P26-남	0.4514	30~60분미만	10회 이상
제2유형 (N=11)	P1-여	0.5696	30~60분미만	5회 미만
	P4-여	0.3686	30분미만	5회 미만
	P9-여	0.4071	30분미만	5회 미만
	P14-여	1.1539	60분이상	5~10회 미만
	P15-남	1.3055	60분이상	5회 미만
	P16-남	2.4951	60분이상	5회 미만
	P17-남	0.6330	30~60분미만	5~10회 미만
	P18-남	0.3915	30~60분미만	5~10회 미만
	P20-남	0.6047	30분미만	5회 미만
	P23-남	0.6057	30분미만	5회 미만
	P27-남	0.6100	60분이상	5회 미만
제3유형 (N=7)	P10-여	0.7848	30분미만	10회 이상
	P13-여	1.2106	60분이상	5~10회 미만
	P19-남	0.3039	30분미만	5회 미만
	P21-남	0.9620	30~60분미만	10회 이상
	P22-남	0.6996	30~60분미만	5~10회 미만
	P25-남	0.8447	30분미만	5회 미만
	P28-남	0.7343	30분미만	5회 미만

2) 유형해석

예시 연구인 <다문화 가정을 위한 공익광고의 수용 유형에 관한 연구>의 유형해석은 다음과 같이 형성됐다.

1) 제1유형: 지역적 성향 내포형

제1유형에서의 다문화 가정 공익광고는 영토적 개념에서의 지역적 구분화라는 차별적 편견을 포함하고 있다. 이들에게는 대한민국의 인종적, 민족적, 문화적 구별 범주를 바탕으로 지역적 개념이 팽배해 있다. 다문화 가정은 대한민국이라는 지역에 들어온 동남아인들의 구성체이다. 심지어 다문화에 대해서 '동남아<서구' 라는 이항대립적 시각을 나타내기도 하지만 차별에 대해서는 경계의 시선을 보인다. 이것은 지역적 구분이 차등과 차별이라는 부정적 인식을 나타내는 것이 아니라 다문화를 다루는 데 있어서 지역적 개념에 의한 구분행위만 할 뿐인 것이다.
수지한 바대로 제1유형에서 나타나는 주요 특징은 지역적 측면으로의 인식 접근이다. 다문화 가정에 대해서 포괄적이고 전방향적인 수용 행태를 보인다라기보다는 지역 의미의 축소적 함의를 가지고 광고를 바라보는 것이나. 따라서 이들에게 다문화 가정은 다문화라는 다양하고 복합적인 의미가 아니라 그저 한국 사회를 이루고 있는 작은 구성체의 일원(#14)일 뿐이다. 구성체로 인식하고 있기에 제1유형들은 다문화 가정 구성원들이 도움을 요청할 경우 스스럼없이 도와준다(#12). 같은 구성체이기 때문에 일회성 광고 캠페인에 의해서 관심을 갖기보다는 꾸준한 관심과 교육이 필요(#25)하다고 보고 있다. 그래서 광고에 표현된 다문화 가정의 획일적인 지역적 편견에 대해서 염려하기도 한다(#7).
이처럼 제1유형에서는 다문화 가정에 대해서 긍정적이면서도 사회를 구성하는 공동체의 일원으로 인식하는 수용형태가 보여지지만, 다문화 가정을 재현하고 있는 공익광고에 대해서는 지역적 차별을 조장한다는 우려를 하고 있다. 서양 사람과 동남아 사람에 대한 차별적 편견을 가지는 태도를 걱정하고 있다(#10). 이들은 광고에 투영된 다문화 가정의 표상에 대해서 다문화 가정 공익광고가 편견을 합법화하는 수단임을 거부(#6)하며, 다문화 가정이 대한민국의 정체성을 훼손시키고 있다는 의견에 부정(#24)하면서, 민족주의적 시각에 대해 경계의 목소리를 외친다.

번호	Q 표본	z-score
11	나는 인종차별주의자를 경멸한다.	2.03
10	한국 사람들은 서양 사람과 동남아 사람에 대한 지역적 편견이 매우 다른 것 같다.	1.64
7	다문화 가정의 구성원(주로 동남아 출신)에 대한 지역적 편견이 들어가 있다는 생각이 든다.	1.41
25	일회성 캠페인으로 그칠 것이 아니라 다문화 가정에 대한 대대적인 교육이 필요하다.	1.13
14	다문화 가정도 대한민국을 이루고 있는 구성원임을 인정해야 한다.	1.11
22	다문화 가정에 관심이 없어 TV 채널이나 신문의 기사를 대충 넘겨 버린다.	-1.04
6	다문화 가정 광고는 편견을 합법화하는 수단일 뿐이다.	-1.23
24	다문화 가정은 대한민국의 정체성을 훼손시키는 주범이다.	-2.10
26	우리 민족이 더 이상 단일민족이 아니라는 사실이 서글프다.	-2.25

표 3. 제1유형에서 z-score가 +1.00 이상 또는 -1.00 이하를 보인 대표 항목들

그래서 제1유형들이 지닌 '지역적 성향'은 다문화 가정 공익광고가 인종, 민족, 문화적 범주를 바탕으로 영토적 개념과 지역적 구분화를 보여주면서 이항대립적 시각을 가지는 것이다. 다만 지역적 구분은 대한민국 사회를 이끌고 있는 한 무리의 구성원으로서 존중받아야 함을 강조하면서, 차별에 대한 우려의 시선을 보내고 있다.

2) 제2유형: 이데올로기 성향 내포형

제2유형에서는 다문화 가정을 영토적인 지역적 개념의 범주에서 벗어나 다문화 가정의 인식 범주를 더욱 확대하고 복합화하였다. 이들은 다문화 가정 공익광고뿐만 아니라 다문화 가정에 대한 이해를 불교나 이슬람교와 같은 종교나 가정, 친족과 같은 집단, 경제나 산업 분야, 정치나 사회 분야 등 여러 측면에서 다각적으로 접근한다. 여러 측면을포괄할 수 있는 이데올로기적인 접근을 강조하는데 미시적 접근보다는 거시적 접근을, 관념적 인식보다는 행위적 인식의 태도가 보이기도 한다. 주지한 바대로 제2유형에서 나타나는 주요 특징은 거시적 측면으로의 이데올로기

번호	Q 표본	z-score
14	다문화 가정도 대한민국을 이루고 있는 구성원임을 인정해야 한다.	1.82
19	한국 사람들은 진정한 마음으로 다국적 가정을 받아들일 수 있는 준비가 전혀 되어 있지 못하다.	1.44
1	다문화 가정 광고의 다문화 영역이 가정에만 국한되어 있다는 생각이 든다.	1.41
5	국가 이미지 제고를 위한 정책 수단에 불과하다.	1.08
18	다국적 가정에 대해 냉대와 무관심한 것을 보면서 대한민국 국민이라는 것이 수치스럽기까지 하다.	-1.07
26	우리 민족이 더 이상 단일민족이 아니라는 사실이 서글프다.	-2.29
24	다문화 가정은 대한민국의 정체성을 훼손시키는 주범이다.	-2.68

표 4. 제2유형에서 z-score가 +1.00 이상 또는 -1.00 이하를 보인 대표 항목들

적 인식의 접근이다. 다문화 가정에 대해서 거시적이면서 다방면적인 수용 행태를 가지고 광고를 바라보기 때문에 다문화 가정에 대해서 적극적이면서도 긍정적 인식을 보인다. 따라서 이들에게 다문화 가정은 대한민국을 이루는 구성원으로 인정한다는 보편적 인식(#14)이 담겨져 있다. 그래서 다문화 가정 구성원이 도움을 청할 경우 꺼릴 것 없이 그들을 자연스럽게 도와줄 것(#12)이다. 대한민국의 구성체이기 때문에 다문화 가정 공익광고의 다문화 영역이 너무 가정에만 국한되어 있음을 지적(#1)하기도 한다. 다문화 가정이 광고로 재현될 때는 기존의 접근 방식과는 다르게 복합적이면서도 전방향적인 접근이 이루어져야 함을 강조한다. 그리고 다문화 가정 공익광고가 국가 이미지 제고를 위한 형식적인 일회성 캠페인으로 표현되고 있음(#5)을 경계하면서, 좀 더 유화적이면서 유기적 효율성이 짙은 정책으로 광고 캠페인을 펼쳐야 함을 외친다.

이처럼 제2유형에서는 다문화 가정에 대해서 매우 긍정적이다. 구성원으로서 접근 범위를 확장시키자는 수용 형태가 보여지지만, 다문화 가정 공익광고가 궁극적으로 편견을 합법화하는 수단(#6)이기 때문에 근시안적 시각이나 가벼운 접촉을 걱정하기도 한다. 다문화 가정이라는 표상 자체가 차별과 편견의 산물(#21)이기 때문에 이에 대한 접근 방식과 인식에 변화가 있어야 함을 표출하고 있다. 그래서 이들은 다문화 가정이 대한민국의 정체성을 훼손시키는 주범(#24)이라는 의견에 전혀 동조하지 않는다. 다문화 사회로의 변화를 시대적 흐름으로 인식하고 수긍하면서, 우리나라가 더 이상 단일민족 국가가 아니라는 사실을 담담하게 받아들인다(#26). 또 이들은 다문화 가정 공익광고에 표현되는 다국적 가정에 대한 냉대와 무관심에 대해서 수치스러움(#18)을 느끼며, 문제 제기에 대한 인식의 변환과 태도의 전환이 필요하다는 데 적극 동조한다.

그래서 제2유형들이 지닌 '이데올로기적 성향'은 다문화 가정 공익광고를 바라보는 데 있어서 여러 측면을 포괄할 수 있는 이데올로기적인 거시적 접근을 강조하는데, 종교나 가정, 집단, 경제, 산업, 정치, 사회 분야 등의 넓고 다양한 시야를 가지고 있다.

3) 제3유형: 관념적 성향 내포형

제3유형에서는 다문화 가정을 바라보는 주된 관심사를 '가정'에 국한시켰다. 지역적 측면에서 더 지협적으로 접근한 것으로 피상적면서 관념적인 아이디어의 발현이다. 이들의 다문화 가정에 대한 관심 정도는 개인의 생활반경에 맞춘 지협적인 대응태도이다. 제3유형들은 '나'를 중심으로 다문화 구성원들을 응대하기 때문에, 이들이 실질적 구속력을 가지고 있는지, 구체적 생활의 공동체로 융화되고 있는지, 내 가족과 동질적 유기성이 있는지 등등의 밀접한 관계 지향성을 중요시한다.

주지한 바대로 제3유형에서 나타나는 주요 특징은 관념적 측면으로의 피상적 인식의 접근이다. '나' 혹은 '가족'이라는 지협적 측면에서 다문화 구성원들과의 관계 지향성을 고려하여 광고를 바라보는 것이다. 따라서 다문화 가정을 받아들이는 데 있어서 이들은 진정한 마음의 자세를 가지지는 않는다(#19). 표면적이고 피상적인 관계 속에서는 진정성이 필요치 않기 때문이다. 이는 다문화 가정을 대하는 인식적 과정에서 서양 사람과 동남아 사람(#10)이라는 지역적 편견이 내재되어 있다는 말(#7)과도 같다. 그러나 다문화 가정이 이들의 생활 반경에 포함되어 밀접한 관계를 유지하고 있을 때는 다문화 가정을 대한민국의 한 구성원으로 인정하는 태도(#14)를 보인다. 생활 공동체로서 관계를 맺고 있기에 다문화 가정 출신 2세대들의 생활상에 걱정 어린 시선(#8)을 보내기도 한다. 제3유형들의 자녀들과 다문화 가정 출신의 2세대들과의 관계 지향성을 고려했을 때, 평소와는 다르게 직접적이면서 다방면적인 관심 태도(#22)를 보이는 것이다.

번호	Q 표본	z-score
19	한국 사람들은 진정한 마음으로 다국적 가정을 받아들일 수 있는 준비가 전혀 되어 있지 못하다.	1.80
10	한국 사람들은 서양 사람과 동남아 사람에 대한 지역적 편견이 매우 다른 것 같다.	1.72
7	다문화 가정의 구성원(주로 동남아 출신)에 지역적 편견이 들어가 있다는 생각이 든다.	1.57
14	다문화 가정도 대한민국을 이루고 있는 구성원임을 인정해야 한다.	1.50
8	제3세계(동남아, 흑인 등) 다문화 가정을 보면서 2세대들의 어려운 생활이 걱정된다.	1.47
22	다문화 가정에 관심이 없어 TV 채널이나 신문의 기사를 대충 넘겨 버린다.	1.19
27	외국인 근로자 없이는 한국의 산업이 유지되기 어려운 형편에 와 있다.	-1.01
2	다문화 가정 광고는 편견이 가득 찬 이미지를 생산해 내서 실효성에 의문이 간다.	-1.10
24	다문화 가정은 대한민국의 정체성을 훼손시키는 주범이다.	-1.17
6	다문화 가정 광고는 편견을 합법화하는 수단일 뿐이다.	-1.27
11	나는 인종차별주의자를 경멸한다.	-1.33
5	국가 이미지 제고를 위한 정책 수단에 불과하다.	-1.71

표 5. 제3유형에서 z-score가 +1.00 이상 또는 -1.00 이하를 보인 대표 항목들

이처럼 제3유형은 다문화 가정에 대해서 '나' 혹은 '가족'과의 관계 범위에 따른 수용형태를 보인다. 피상적인 접근 태도나 긍정적인 접근 태도는 바로 관계범위의 척도인 것이다. 이들은 다문화 가정과 생활 권역에 의한 관계 지향성을 가지고 있기 때문에 다문화 가정 공익광고를 국가 이미지 제고를 위한 정책적 수단으로 바라본다(#5). 그래서 다문화 가정 공익광고가 생산해 내는 편견이 가득 찬 이미지(#2)는 편견을 합법화하는 수단(#6)이 아니라 단순히 재현 도구로서 표현되고 있을 뿐이다. 그것은 다문화 가정 공익광고가 편견만을 가지고 있는 광고는 아니기 때문이다. 어느 정도 실질 생활환경의 재현이라는 믿음이 있기 때문이다. 이들은 인종차별주의자를 경멸하기보다는 어느 정도 인정(#11)을 해야 한다는 입장이다. 같이 살아가는 환경에서 인종주의자 역시 하나의 개인적 성향이기에 그들의 입장이 이해되기도 한다. 삶 속에서 일어날 수 있는 다양성의 한 측면으로 치부할 수 있기 때문이다.
그래서 제3유형들이 지닌 '관념적 성향'은 다문화 가정 공익광고를 바라보는 데 있어서, '나'와 '가족'과의 관계 범위를 중심으로 다문화 구성원들과의 밀접한 관계를 중요시 한다.

4) 제4유형: 정책적 대안제시형

제4유형에서는 다문화 가정을 바라보는 데 있어서 단순한 관심에 의한 접근 방식이 아니라 구체성 있는 실질적 대안의 정책을 외치고 있다. 캠페인을 비롯하여 교육과 같은 구체적 정책안을 제시하여 기존 시각의 탈피를 바라고 있다. 천리안과 같은 혜안을 가지고 다문화 가정에 접근해야 하기 때문에 눈앞의 문제해결뿐만 아니라 숲 속의 복잡한 문제까지도 해결해야 함을 강조한다. 이들은 다문화 사회에서의 민족주의나 민족성에 대해서 강한 경계의 자세를 보인다. 교육만이 이를 극복할 수 있는 도구로 인식하고, 탈민족주의 인식 고양을 위해서 장기적이고 꾸준한 정책 캠페인이 펼치기를 바란다.
주지한 바대로 제4유형에서 나타나는 주요 특징은 정책적 대안의 시스템 구축이다. 다문화 가정에 대한 수용의 형태가 일회성 캠페인으로 그칠 것이 아니라, 다문화 가정에 대한 대대적인 교육을 통해 보다 구체적이고 시스템화되어 있는 방식으로의 접근(#25)을 강조한다. 그래서 이들은 서양 사람과 동남아 사람이라는 이항대립적인 차별적 편견에 대해서 부정적이며, 교육이나 공공정책을 통해서 인종적 편견을 없애고자 한다. 그렇지 않으면 오바마 미국 대통령과 같은 인물이 대한민국에서는 나타나지 못할 것(#17)이라면서 인종적 편견의 위험성을 제기한다.
또한 대한민국만을 외치는 편협한 민족주의를 거부(#3)한다. 다문화 가정도 대한민국을 구성하는 주요 요인으로 인식(#14)되고 있지만, 실질적인 마음이나 태도에 있어서 진정성이 담긴 모습을 찾아 볼 수가 없다. 바로 제도적 시스템의 부재와 빈약한 교육의 현실이 이러한 문제를 야기하고 있는 만큼, 다문화 가정에 대한 정부의 보다 효과적이고 효율적인 정책 개발과 함께 시스템으로의 매뉴얼화를 추진하고자 한다.
이처럼 제4유형에서는 다문화 가정에 대해서 제도화된 교육 시스템을 통한 효율적인 캠페인의 전방위적인 인식 전환을 강조한다. 이들은 다문화 가정 공익광고가

번호	Q 표본	z-score
25	일회성 캠페인으로 그칠 것이 아니라 다문화 가정에 대한 대대적인 교육이 필요하다.	1.88
10	한국 사람들은 서양 사람과 동남아 사람에 대한 지역적 편견이 매우 다른 것 같다.	1.79
17	오바마 미국 대통령과 같은 인물이 대한민국에서는 나타나지 못할 것 같다.	1.34
3	대한민국만을 외치는 편협한 민족주의의 주장이라는 생각이 든다.	1.16
14	다문화 가정도 대한민국을 이루고 있는 구성원임을 인정해야 한다.	1.12
12	다문화 가정 구성원이 도움을 청한다면 스스럼없이 도와줄 것이다.	1.11
24	다문화 가정은 대한민국의 정체성을 훼손시키는 주범이다.	-1.04
9	다문화 가정 광고는 다문화주의를 바탕으로 하는 국가 경쟁력을 키우고자 하는 정부의 의지가 담겨 있다.	-1.28
23	행복해 보이는 다문화 가정의 가족애가 부럽다.	-1.34
6	다문화 가정에서 자란 2세들은 이국적 문화 혜택을 누리게 될 것이다.	-1.53
4	다문화 가정을 이해하고 화합하기 위한 문화적 장을 마련하고 있다.	-2.08

표 6. 제4유형에서 z-score가 +1.00 이상 또는 -1.00 이하를 보인 대표 항목들

다문화 가정을 이해하고 화합하기 위한 문화의 장이라는 말에 극도의 부정적 의견(#4)을 표출한다. 다문화 가정에서 자란 2세들이 이국적 문화 혜택을 누리게 못할 것(#20)이라면서 비관적 입장을 취하고 있는데, 바로 제도적 시스템의 뒷받침이 없기 때문이라고 외친다. 또한 다문화 가정 공익광고가 국가 경쟁력 향상을 위한 다문화주의를 활용하지 못함(#9)을 지적하며, 방향성이 없는 정책의 일회성 외침은 더 이상 필요 없다고 강조한다. 그렇기 때문에 광고 속에 등장하는 다문화 가정의 가족애는 그저 연출(#23)된 거짓 행복이라고 주장한다.

제4유형들이 지닌 '정책적 대안 제시'는 다문화 가정 공익광고를 바라보는 데 있어서, 이전 유형들과는 다르게 정부의 효율적인 정책 개발과 함께 구체성 있고 실효성 있는 시스템의 매뉴얼화를 강조한다. 즉 이상론적인 접근보다 캠페인을 비롯한 교육과 같은 구체적 정책안을 제시하기를 바라는 것이다.

■ Comment

각 유형은 독립적 형태로 존재하는 것이라서, 개별적 속성이 지닌 유형별 독립체로 구성되어야 한다. 따라서 유형의 해석은 해당 유형이 논증 구조의 형태로 설계되면서, 동시에 연역적 방식의 풀이 기술이 동반되었다. 하나의 논리적인 형태가 유지될 수 있도록 신중하게 전개한 것이다. 유형 단락의 기초 구성은 '명명화에 따른 유형의 개념화', 'Q 항목(표본)과 통합체가 고려된 전개', '총괄적인 마무리' 이 세 파트인데, 이들이 적절하게 반영된 최적의, 합리적이고 밀도 있는 서술이 진행된 것이다.

이를 위해 먼저 제1유형, 제2유형, 제3유형, 제4유형의 특징이 종합적으로 고려된 사안들을 바탕으로 각각 명명화 작업을 진행했다. 이후 유형이 지닌 독특성에 대해 Q 표본의 표준점수(z-score), P 표본의 추가 구술 인터뷰(follow-up interview나 in-depth interview, 혹은 focus group discussion), 이론적 배경에서 제시된 내용을 고려해 전개했다.

제1유형의 명명화는 '지역적 성향 내포형'으로 정립했는데, 다양한 데이터 및 문헌 자료들을 근거로 명명화의 당위성과 유형의 개념화가 구성될 수 있도록 작성했다. 연역적 전개의 형태로 개념화된 내용이 서술된 후, 이를 뒷받침 할 수 있는 합리적 근거들을 바탕으로 진행했다. Q 항목(표본)들을 중심으로 이론적 배경의 사안들, P 표본들의 인터뷰 이야기 내용을 종합적으로 고려한 것이다. 그리고 z-score의 +1.00 이상과 -1.00 이하의 표본들을 표를 통해 제시했다. 이후 귀결을 위해 서두의 모든 사안을 종합적으로 정리하여 독립체로의 위치를 갖출 수 있도록 하였다.

제2유형과 제3유형, 제4유형도 제1유형과 동일한 방식으로 작성했는데, 제2유형의 경우 '이데올로기 성향 내포형'으로 명명화, 제3유형의 경우 '관념적 성향 내포형'으로 명명화, 제4유형의 경우 '정책적 대안 제시형'으로 명명화한 후, 다양한 데이터 및 문헌 자료들을 근거로 명명화의 당위성과 유형이 개념화가 구성될 수 있도록 진행했다. 연역적 형태로 전개된 개념의 내용이 서술된 후, 이를 뒷받침 할 수 있는 합리적 근거들을 바탕으로 잘 풀이했다. Q 항목(표본)들을 중심으로 이론적 배경의 사안들, P 표본들의 인터뷰 이야기 내용을 종합적으로 고려한 것이다. 그리고 z-score의 +1.00 이상과 -1.00 이하의 표본들을 표를 통해 제시했다. 이후 귀결을 위해 서두의 모든 사안을 종합적으로 정리하여 독립체로의 위치를 갖출 수 있도록 마무리했다.

Q 가이드

유형해석의 과정에서는 기초적인 논증 능력이 동반되어야 한다. Q 유형해석은 '설명'이 아닌 '이해'의 방식을 채택해야 하기 때문이다. 그래서 어떤 사물이나 현상에 대해 있는 그대로 서술하여 풀이하는 것이 아니라, 어떤 대상에 대해 확실한 논리적 근거를 가지고 사실로서 인지될 수 있도록 합리적인 설득과 최적의 논증 구조를 통해 이해를 권하는 것이다. 그래서 Q 유형해석은 주관적 해석이 절대 아니고, 논리를 바탕으로 전개되는 합리적인 객관성의 해석과도 같다. QUANL 프로그램으로 도출한 결과자료를 기반으로 유형 내의 통합적-맥락적 구성의미를 갖출 수 있도록 풀어내야 한다.

선행 Q 연구자들이 전하는 유형해석의 참고 요소들은 다음과 같다.

- 유형의 정의 및 개념은 명확하게 기술
  - 기술사적이거나 해석학적 방식으로 두텁게 기술
- 유형 내용이 읽는 이들에게 합리적으로 설득될 수 있는 논리 구조로 구성

- 다른 유형들과는 완벽하게 차별화된 하나의 독립적 글로 형성
- 유형마다 개별적인 독립체 혹은 집단이나 개인의 대표성으로 인식되도록 정립

양자이론과 유형해석

Q 유형의 해석은 Q의 매력 포인트 가운데 하나이다. 새로움에 대해 명확하게 개념화하는 것이자, 성향을 부여하고, 독특함을 제시하는 합리적인 조합의 결정체라 할 수 있겠다. 하지만 유형은 숫자에 불과할 뿐, 유형이 유형다움을 갖게 하는 것은 유형을 이루고 있는 각각의 Q 표본들이 어떤 표준점수(z-score)로 부여되고, 서로 연계될 수 있는 순위를 형성하고 있는가를 고려한 해석의 집합체라 하겠다.

실제로 QUANL 프로그램의 결과로 발견하게 된 유형들을 살펴보면 Q 표본들이 모여 있는 단순한 순번과 숫자들만이 나열되어 있다. 1유형에는 어떤 Q 표본들이 표준점수(z-score)를 가지면서 서로 순번의 차례로 값을 형성하고 있고, 2유형에는 1유형처럼 어떤 Q 표본들이 표준점수(z-score)를 가지면서 서로 순번의 차례로 값을 형성하고 있으며, 3유형은 어떤 Q 표본들이 표준점수(z-score)를 가지면서 서로 순번의 차례로 값을 형성하고 있었고, 제4유형은 어떤 Q 표본들이 표준점수(z-score)를 가지면서 서로 순번의 차례로 값을 형성하고 있다. 유형을 이루고 있는 Q 표본은 1유형에서 나타났다고 해서 2유형이나 3유형, 4유형에 없어지는 것이 아니라, 해당 Q 표본들은 1유형에도 존재하고, 2유형에서도 존재하며, 3유형에도 보이고, 4유형에도 있다. 표준점수의 수치 순차별로 나열되면서 중요도에 따라 선별적으로 제시되는 것이 아니라 모든 유형 안에서 하나의 집합을 이루면서 존재하고 있어

야 한다. 그래서 어떤 것이 중요하고 어떤 것이 덜 중요해서 Q 표본들을 마음대로 선택하거나 점수별로 선별하는 것이 아니라 전체의 집합을 이루는 그 특성들이 서로 유기적인 연결을 통해 새로운 대상으로 재탄생하는 심오한 과정을 거치게 된다. 즉 전체의 집합으로 모인 Q 표본들끼리 서로 연결이 되면서 새로운 특성으로 변모하는 신비한 현상을 경험하게 되는 것이다.

이것은 Q 방법론의 방법론적 베이스를 담당하는 양자이론에서 설명할 수 있다. 스티븐슨(Stephenson)은 인간의 모든 심리적 이벤트(주관적 표출행위)는 양자화될 수 있다고 보고 몇 가지 특성을 기본 가정으로 언급했다. 심리적 이벤트의 양자물질(quantum stuff)화와 자아참조적 대상의 무의미성(meaninglessness)이 그것이다. 전자는 이렇다. 심리적 이벤트는 이것이 가진 자아참조적 대상의 집합체라 할 수 있는 통합체(concourse)에 의해 양자물질로 전환된다는 가정이다. 후자는 양자물질은 자아참조적 대상의 집합체이자 통합체를 의미하는데, 통합체가 양자물질의 출처로 기능하여 양자물질를 탐지하는 활동이나 과정을 담당하게 된다는 것이다. Q에서의 심리적인 장(場)은 상호작용 상황의 요인을 단순하게 제시하는 것이 아니라 통합체적 시선과 관련 이론에 의해 이를 더욱 구체적으로 나타내게 된다(김흥규, 2008).

양자이론은 불확정성의 원리에 의해 나타나게 되는 새로운 결실의 가능성을 염두로 하는데, 상호작용 과정에서 얻을 수 있는 순간적인 형태나 일시적이면서 비실체적인 것에 대해 관심이 있다. 예기치 않은 상황이나 우연에 의해 형성될 수 있는 확률적 결과들도 있음을 강조하는 것으로 복합적 가능 상태가 매력이기도 하다. 어떤 법칙에 따라 제시되는 모든 현상에 대해 먼저 거론되고 나중에 거론되는 것이 순차를 이루고 있기에 각각이 하나로만 나타나서 그 의미가 있다면, 양자이론에서는 동시다발적으로 나타나는 것과 순번이 바뀌는 것까지도 모두 고려한다는 잠재성을 갖기도 한다.

쉽게 설명하자면 이렇다. 여기에 원소인 수소 <H> 가 있고, 산소 <O> 가 있으며, 탄소 <C> 가 있다.

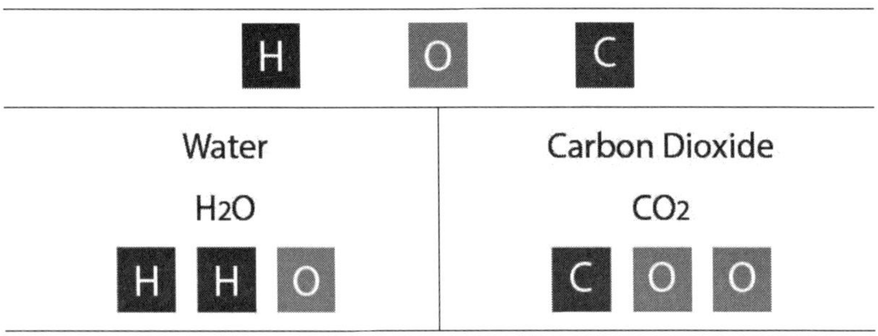

H는 무엇인가? 표준국어대사전에서는 H를 이렇게 설명하고 있다.

'모든 물질 가운데 가장 가벼운 기체 원소. 빛깔과 냄새와 맛이 없고 불에 타기 쉽다. 환원 작용을 일으키며 금속에 대하여 친화력이 적다. 원자 기호는 H, 원자 번호는 1, 원자량은 1.0079.'

그럼 O는 무엇인가? 표준국어대사전에서는 O를 이렇게 설명하고 있다.

'산소족에 속하는 비금속 원소, 또는 산소 원소로 만들어진 이원자 분자로, 공기의 주성분이면서 맛과 빛깔과 냄새가 없는 물질. 사람의 호흡과 동식물의 생활에 없어서는 안 되는 기체로, 원소 대부분과 잘 화합하여 산화물을 만들며, 화합할 때는 열과 빛을 낸다. 대기의 5분의 1, 지각 질량의 2분의 1을 차지하며, 고압이나 액체로 만들어 질식자의 치료, 산수소 불꽃, 산소아세틸렌 불꽃 따위에 쓰인다. 원자 기호는 O, 원자 번호는 8, 원자량은 16.'

그럼 C는 무엇인가? 표준국어대사전에서는 C를 이렇게 설명하고 있다.

'주기율표 제14족에 속하는 비금속 원소의 하나. 유기 화합물의 주요 구성 원소로, 숯·석탄·금강석 따위로 산출된다. 보통 온도에서는 공기나 물의 작용을 받지 않으나 높은 온도에서는 산소와 쉽게 화합한다. 산화물의 환원, 금속 정련 따위에 쓴다. 원자 기호는 C, 원자 번호는 6, 원자량은 12.011.'

이처럼 각각의 <H>, <O>, <C> 는 <H> 이고, <O> 이며, <C> 라서 원소기호로서 특수 성질에 의한 독립적 대상으로 존재한다. 고유의 성질을 가진 독립적인 것 말이다. 그런데 산소<H>가 수소<O> 2개와 만나면 더는 산소나 수소가 아닌 제3의 대상으로 재탄생하게 된다. 예기치 않은 상황이나 우연에 의해 형성된 새로운 것 말이다. 산소의 성질도 수소의 성질도 아닌 새로운 것, 여기서는 물(H_2O)의 형태로 존재하게 되었다. 또한 탄소<C>가 수소<O> 수소<O> 2개와 만나면 더는 탄소나 수소가 아닌 역시 제3의 대상으로 재탄생하게 되는데, 탄소의 성질도 수소의 성질도 아닌 새로운 것, 즉 이산화탄소(CO_2)로 바뀐다.

바로 물(H_2O)과 이산화탄소(CO_2)처럼 예기치 않은 조합이나 우연에 의해 새로운 대상으로 재탄생하여 만들어지는 것이 바로 Q에서 발견한 유형 안의 Q 표본들이다. 다시 말하면 각각의 원본 Q 표본은 바로 <H>, <O>, <C> 와 같은 원형의 원소기호와 같고, 유형에서 제시되는 Q 표본은 바로 <H>, <O>, <C> 의 원형 대상들이 조합이 되어 새롭게 만들어진 H_2O나 CO_2와 같다고 보면 된다. 그래서 각각의 Q 표본들은 원형의 개별로 존재하지만, 유형에서 제시된 Q 표본들은 각각이 결합하면서 새로운 대상으로 존재하게 되는 것이다.

원활한 이해를 위해 최원주·홍장선(2022)의 '건강기능식품에 대한 20대 소비자의 인식 유형 연구' 데이터 자료를 예시로 하여 진행해 본다.

건강기능식품에 대한 20대 소비자의 인식 유형 연구

A Study on the Perception of Health Functional Foods: Focusing on the Age Group of 20s

최 원 주·홍 장 선
Won Joo Choi, Jang Sun Hong

요 약 본 연구는 최근 핫 소비 아이템으로 부각되고 있는 건강기능식품에 대한 20대 위주 MZ세대 소비자의 주관성을 알아보고자 하였다. 홍삼, 비타민, 프로바이오틱스로 대표되는 건강기능식품 시장에서 젊은층이 왜 핵심 소비자층으로 급부상되었는지에 그 특성과 의미, 가치에 대해 살피고자 Q 방법론을 활용하여 연구를 진행하였다. QUANL 분석 프로그램을 이용, 총 37개의 Q 표본과 30개의 P 표본을 연구에 사용한 결과 독특한 성향을 지닌 3개의 유형을 발견하였다. 건강기능식품의 기능과 효력에 매우 긍정적이며 적극적인 관심을 표출하는 소비자인 제1유형, 건강기능식품이 심리적 안정에는 도움이 되지만, 의심이 많고 선택에 있어서 까다로운 모습을 보이는 소비자인 제2유형, 맹목적인 신뢰보다는 건강기능식품을 탐구하여 실생활에 적극적으로 활용하는 소비자인 제3유형이 그것이다. 이에 대해서 제1유형을 '유비무환(有備無患)', 제2유형을 '반신반의(半信半疑)', 제3유형을 '실사구시(實事求是)'로 명명하였다. 그리고 해당 속성들을 반영해 건강기능식품 시장의 새로운 특성과 소비자층 구분, 판매촉진을 위한 다양한 전략적 아이디어를 제시하였다.

주요어 건강기능식품, MZ세대, 관여도, Q 방법론

Abstract This study attempted to examine the subjectivity of consumers of the MZ generation in their 20s on health functional foods, which have recently emerged as hot consumption items. A study was conducted using the Q methodology to examine the characteristics, meanings, and values of the younger generation in the health functional food market represented by red ginseng, vitamins, and probiotics. Using the QUANL analysis program, a total of 37 Q samples and 30 P samples were used in the study, and three types with unique tendencies were found. The first type discovered through this was named "YubiMuhwan(Forewarned, orearmed; 有備無患)", the second type was "Bansinbanui(half confident; 半信半疑)", and the third type was called "Silsagushi(empirical tradition; 實事求是)". Reflecting these attributes, various strategic ideas were presented for the classification of new characteristics and consumers in the health functional food market and promotion of sales.

KEY WORDS Health Functional Food, MZ Generation, Involvement, Q Methodology

건강기능식품에 대한 20대 소비자의 인식 유형 연구 원본 데이터

```
1건강기능식품에 대한 소비자 연구(일반)
0PROGRAM TO BEGIN EXECUTION WITH  RAW DATA AND END EXECUTION WITH END OF WRAP
0NUMBER OF CASES OR ITEMS =  37
0NUMBER OF VARIABLES =  30

0CONTROL SUMMARY--
0    PRE-PROCESSOR PHASE (APPLIES TO ANY PROBLEM ENDING WITH WRAP PHASE,
      REGARDLESS OF PROGRAM ENTRY POINT)
     INPUT MATRIX TO BE TRANSPOSED.
     LABELS FOR VARIABLES TO BE READ
0    CORRELATION AND PRINCIPAL COMPONENTS FACTORING PHASE
     NO MORE THAN  3 FACTORS TO BE EXTRACTED
0    ROTATION PHASE
     VARIMAX (ORTHOGONAL) ROTATION REQUESTED
0    WRAP PHASE
     BIPOLAR SPLITTING CRITERION IS 25.00
     CONSENSUS ITEM CRITERION IS 1.000

0    FIRST ROW OF INPUT DATA
     4.0000  8.0000  8.0000  4.0000  4.0000  1.0000  8.0000  5.0000  6.0000  6.0000
     5.0000  2.0000  3.0000  6.0000  4.0000  3.0000  5.0000  5.0000  5.0000  6.0000
     4.0000  7.0000  3.0000  5.0000  7.0000  7.0000  5.0000  8.0000  9.0000  2.0000
     2.0000  6.0000  9.0000  2.0000  7.0000  1.0000  3.0000

0    FIRST ROW OF PROCESSED DATA--
     4.0000  7.0000  4.0000  7.0000  6.0000  9.0000  3.0000  5.0000  8.0000  5.0000
     5.0000  5.0000  5.0000  4.0000  5.0000  5.0000  7.0000  4.0000  6.0000  4.0000
     5.0000  5.0000  9.0000  4.0000  5.0000  4.0000  8.0000  5.0000  4.0000  5.0000
```

```
0VAR.    MEAN    STANDARD DEV.
  1     5.0000     2.1934
  2     5.0000     2.1934
  3     5.0000     2.1934
  4     5.0000     2.1934
  5     5.0000     2.1934
  6     5.0000     2.1934
  7     5.0000     2.1934
```

```
0TABLE OF T-VALUES FOR TWO-PLACE R'S AT N= 37. D.F.= 35.
.01 .059 .02 .118 .03 .178 .04 .237 .05 .296 .06 .356 .07 .415 .08 .475 .09 .535 .10 .595
.11 .655 .12 .715 .13 .776 .14 .836 .15 .898 .16 .959 .17  1.021 .18  1.083 .19  1.145 .20  1.208
.21  1.271 .22  1.334 .23  1.398 .24  1.463 .25  1.528 .26  1.593 .27  1.659 .28  1.726 .29  1.793 .30  1.861
.31  1.929 .32  1.998 .33  2.068 .34  2.139 .35  2.210 .36  2.283 .37  2.356 .38  2.430 .39  2.506 .40  2.582
.41  2.659 .42  2.738 .43  2.818 .44  2.899 .45  2.981 .46  3.065 .47  3.150 .48  3.237 .49  3.325 .50  3.416
.51  3.508 .52  3.602 .53  3.698 .54  3.796 .55  3.896 .56  3.999 .57  4.104 .58  4.212 .59  4.323 .60  4.437
.61  4.554 .62  4.675 .63  4.799 .64  4.928 .65  5.060 .66  5.197 .67  5.339 .68  5.487 .69  5.640 .70  5.799
.71  5.965 .72  6.138 .73  6.319 .74  6.509 .75  6.708 .76  6.918 .77  7.140 .78  7.374 .79  7.623 .80  7.888
.81  8.172 .82  8.476 .83  8.804 .84  9.159 .85  9.546 .86  9.970 .87 10.439 .88 10.961 .89 11.548 .90 12.215
.91 12.985 .92 13.888 .93 14.969 .94 16.300 .95 17.999 .96 20.284 .97 23.605 .98 29.135 .99 41.518

1COMMUNALITY ESTIMATES
 .7797 .8388 .8596 .8435 .8738 .6841 .9187 .9607 .7756 .8297 .7922 .9630 .9556 .8383 .9309 .8423
 .9054 .9401 .8246 .8028 .9532 .8819 .9057 .9011 .8102 .9511 .8828 .8867 .9597 .8258

0    3 CHOSEN EIGENVALUES ARE
     9.1184   2.9534   2.0278

0    PERCENTAGES OF TOTAL VARIANCE ARE
     .3039    .0984    .0676
     CUMULATIVE
     .3039    .4024    .4700

0    PERCENTAGES OF VARIANCE WITHIN  3 FACTOR SOLUTION ARE
     .6467    .2095    .1438
     CUMULATIVE
     .6467    .8562   1.0000
```

QVARIABLE ASSIGNMENTS WITH FACTOR WEIGHTS BY TYPE

QVAR. WEIGHT

TYPE 1 (N= 13)	TYPE 2 (N= 10)	TYPE 3 (N= 7)
1 1 김OO 남 .5540	4 4 전OO 남 .6207	5 5 박OO 남 .6830
2 2 김OO 남 .7970	8 8 민OO 남 2.4199	6 6 이OO 남 .3699
3 3 이OO 남 1.4225	10 10 오OO 남 .6844	7 7 하OO 남 1.1068
14 14 심OO 남 .6786	11 11 노OO 남 .7303	9 9 김OO 남 .4936
15 15 유OO 남 1.2119	12 12 백OO 남 1.0157	21 21 백OO 여 1.6084
16 16 정OO 여 1.8688	13 13 임OO 남 1.2187	27 27 강OO 여 .5229
19 19 김OO 여 .8748	17 17 이OO 여 .7375	30 30 오OO 여 1.3593
20 20 김OO 여 .4790	18 18 정OO 여 .6496	
23 23 김OO 여 .6264	22 22 이OO 여 1.4810	
24 24 이OO 여 .6933	26 26 김OO 여 .6524	
25 25 고OO 여 1.5085		
28 28 윤OO 여 1.5968		
29 29 이OO 여 1.2146		

ITEM DESCRIPTIONS	TYPAL ARRAY Z'S		
	1	2	3
N'S FOR EACH TYPE ARE	13	10	7
1. 건강기능식품에 대한 정보를 구하기 쉽다	.0	.1	.3
2. 건강기능식품은 건강 악화를 방지한다	.7	-.0	.3
3. 건강기능식품은 건강을 증진시킨다	1.4	-.4	-.7
4. 건강기능식품은 꾸준히 장기적으로 먹어야 한다	2.1	1.2	1.1
5. 건강기능식품은 나이 든 사람들이 먹는다	-1.4	-1.0	-2.4
6. 건강기능식품은 내 돈으로 사기 아깝다	-.6	.0	-.8
7. 건강기능식품은 더 나은 미래를 위한 투자이다	1.1	-.3	.2
8. 건강기능식품은 더 나은 삶을 위해 도움이 된다	.5	-.9	.7
9. 건강기능식품은 면역력 향상에 도움이 된다	1.2	-.3	.5
10. 건강기능식품은 몸에 부족한 영양분을 제공해준다	1.6	.3	1.1
11. 건강기능식품은 몸에 쌓인 피로도를 낮출 수 있다	.5	-1.4	.0
12. 건강기능식품은 몸에 좋다니까 그냥 먹는다	-1.3	.6	-1.1
13. 건강기능식품은 부작용에 주의해야 한다	-.7	.7	.4
14. 건강기능식품은 상술일 뿐이다	-1.4	.2	-1.3
15. 건강기능식품은 수명의 연장에 도움이 된다	-1.3	-1.6	-1.2
16. 건강기능식품은 심리적으로 안정감을 준다	-1.0	.5	-.3
17. 건강기능식품은 아플 때가 아니라 건강할 때 먹어야 한다	.3	1.1	.2
18. 건강기능식품은 약품처럼 질병을 치료할 수는 없다	1.1	1.4	.9
19. 건강기능식품은 어른들 선물용으로 좋다	1.0	1.6	.1
20. 건강기능식품은 우리 몸의 활력을 높인다	.5	-.9	.0
21. 건강기능식품은 우리가 균형 있는 식단을 하지 못하기 때문에 섭취한다	-.2	-.9	.7

22. 건강기능식품은 그 효능을 잘 알고 먹어야 한다	1.1	1.1	2.4
23. 건강기능식품은 젊을 때부터 챙겨 먹어야 한다	-.6	-.6	.8
24. 건강기능식품은 젊음을 유지하는 데 도움이 된다	-.9	-2.2	-1.6
25. 건강기능식품은 제품이 너무 많아서 선택하기 어렵다	.1	1.1	-.6
26. 건강기능식품은 주변인의 사용 경험을 듣고 구매하는 경우가 많다	-1.0	.4	-.5
27. 건강기능식품은 즉각적인 효과는 없다	-.2	1.4	.8
28. 건강기능식품은 질병 예방에 도움이 된다	-.7	-1.9	.1
29. 건강기능식품은 허위광고와 과대광고가 많다	-.3	1.3	.9
30. 건강기능식품은 현대인의 필수품이다	-1.0	-.6	.6
31. 건강기능식품은 굳이 먹을 필요가 없다	-.9	.5	-.7
32. 건강기능식품을 매일 챙겨 먹는다는 것은 어려운 일이다	1.1	.6	.9
33. 건강기능식품을 먹고 나면 왠지 건강해진 기분이 든다	.0	-.3	-.1
34. 건강기능식품을 먹기 전에 식습관부터 개선해야 한다	-.1	.9	1.5
35. 건강기능식품을 먹는 것은 좋은 습관이다	1.0	.2	.1
36. 건강기능식품을 먹는 사람은 건강이 좋지 않은 사람이다	-2.1	-1.9	-2.0
37. 건강기능식품을 먹는 사람은 자기관리를 잘하는 사람이다	.5	.4	-1.4

CORRELATIONS BETWEEN TYPES

0		1	2	3
0	1	1.000	.385	.601
0	2	.385	1.000	.457
0	3	.601	.457	1.000

유형 1에서는 표준점수의 (+)영역이 7개, 표준점수의 (−)영역이 8개로 총 15개의 Q 표본이 구성되어 있다. 그래서 표준점수 (+)영역에 7개, 표준점수 (−)영역에 8개가 하나씩 나열되면서 1유형을 나타내고 있음을 풀이할 수 있다. 하지만, 이것은 총 15개 표본의 표준점수 수치만을 의미 없이 단조롭게 읽어만 주는 행위이다. 이 경우 <H>, <O>, <C> 처럼 유형 1에서의 모든 Q 표본들은 단순한 원론적인 대상일 뿐이다. 그래서 이들끼리의 상황이 단순하게 제시될 뿐 그 이상의 형태들이 나타날 수 없다.

하지만, Q 표본들의 상호작용 과정에서 얻을 수 있는 순간적인 형태나 일시적인 결합은 예측할 수 없는 새로운 그 무엇을 만들어 낼 수 있다. 마치 <H>, <O>, <C> 가 모여 H_2O나 CO_2와 같은 새로운 특

건강기능식품에 대한 20대 소비자의 인식 유형 연구 원본 데이터의 예시	
1DESCENDING ARRAY OF Z-SCORES AND ITEM DESCRIPTIONS FOR TYPE 1	
4. 건강기능식품은 꾸준히 장기적으로 먹어야 한다	1.97
10. 건강기능식품은 몸에 부족한 영양분을 제공해준다	1.53
32. 건강기능식품을 매일 챙겨 먹는다는 것은 어려운 일이다	1.44
18. 건강기능식품은 약품처럼 질병을 치료할 수는 없다	1.30
9. 건강기능식품은 면역력 향상에 도움이 된다	1.22
3. 건강기능식품은 건강을 증진시킨다	1.20
19. 건강기능식품은 어른들 선물용으로 좋다	1.12
28. 건강기능식품은 질병 예방에 도움이 된다	-1.07
30. 건강기능식품은 현대인의 필수품이다	-1.09
14. 건강기능식품은 상술일 뿐이다	.-1.12
5. 건강기능식품은 나이 든 사람들이 먹는다	.-1.15
24. 건강기능식품은 젊음을 유지하는 데 도움이 된다	.-1.31
26. 건강기능식품은 주변인의 사용 경험을 듣고 구매하는 경우가 많다	-1.42
15. 건강기능식품은 수명의 연장에 도움이 된다	-1.54
36. 건강기능식품을 먹는 사람은 긴강이 좋지 않은 사람이다	-2.20

징을 형성하며 존재하는 것처럼, 표준점수 (+)영역에 7개, 표준점수 (-)영역에 8개의 총 15개 Q 표본이 서로 통합체적 형태를 지니면서 새로운 무엇을 만들어내는 것이다. Q의 매력은 바로 이러한 과정을 전개하면서 느낄 수 있다.

다음의 데이터들을 보자. 제1유형과 제2유형의 표준점수(z-score)의 (+)영역을 보면, 18번과 19번이 동일하게 존재하고 있다. 18번은 '건강기능식품은 약품처럼 질병을 치료할 수는 없다'로 제1유형은 z-score가 1.30, 제2유형은 z-score가 1.13으로 표기되어 있다. 19번 역시 '건강기능식품은 어른들 선물용으로 좋다'에서 제1유형은 z-score가 1.12, 제2유형은 z-score가 1.49이다.

수치를 기반으로 높은 z-score가 더 중요하다거나, 의미가 있다고 하는 것이 아니라, 각각의 P 표본들이 해당 유형을 이루는 데 있어 어떤 기능과 작용이라는 영향을 미쳐 새롭게 구성되는 유형의 재료로 사용되었는가 라고 이해할 필요가 있다. 또한 먼저 거론된 것에 대한 후

건강기능식품에 대한 20대 소비자의 인식 유형 연구 원본 데이터의 예시

1DESCENDING ARRAY OF Z-SCORES AND ITEM DESCRIPTIONS FOR TYPE 1

4. 건강기능식품은 꾸준히 장기적으로 먹어야 한다	1.97
10. 건강기능식품은 몸에 부족한 영양분을 제공해준다	1.53
32. 건강기능식품을 매일 챙겨 먹는다는 것은 어려운 일이다	1.44
18. 건강기능식품은 약품처럼 질병을 치료할 수는 없다	1.30
9. 건강기능식품은 면역력 향상에 도움이 된다	1.22
3. 건강기능식품은 건강을 증진시킨다	1.20
19. 건강기능식품은 어른들 선물용으로 좋다	1.12

1DESCENDING ARRAY OF Z-SCORES AND ITEM DESCRIPTIONS FOR TYPE 2

29. 건강기능식품은 허위광고와 과대광고가 많다	1.59
19. 건강기능식품은 어른들 선물용으로 좋다	1.49
22. 건강기능식품은 그 효능을 잘 알고 먹어야 한다	1.47
27. 건강기능식품은 즉각적인 효과는 없다	1.38
4. 건강기능식품은 꾸준히 장기적으로 먹어야 한다	1.17
18. 건강기능식품은 약품처럼 질병을 치료할 수는 없다	1.13
25. 건강기능식품은 제품이 너무 많아서 선택하기 어렵다	1.04
17. 건강기능식품은 아플 때가 아니라 건강할 때 먹어야 한다	1.01
13. 건강기능식품은 부작용에 주의해야 한다	1.01

순위 거론에 대한 독립적 의미는 적용되지 않고, 동시다발적 등장과 함께 주변의 요소들과 결합해서 새롭게 만들어지는 현상의 잠재성이 더 중요한 것이다.

그러므로 'P 표본의 수치를 고려해 순차적으로 단순 나열한다거나', '주요 P 표본들만을 선택하듯이 몇 개만 제시한다거나', '중복된 P 표본에 대해 일부를 제외하여 표기한다거나', '비논리적인 방식으로 조합된 내용을 제시한다거나'와 같은 행동은 절대로 진행해서는 안 된다. Q는 해당 유형에서 제시되는 Q 표본들이 통합체를 이루면서 개별적 독립체를 형성하게 되는 것이고, 유기적면서 상호적 결합을 통해 새로운 결실을 만들어내기 때문이다.

제1유형과 제2유형에서 제시된 내용을 바탕으로 살펴본 잘못된 실수들은 다음과 같다.

Ⓐ 실수 1) 단순 나열식 표현, P 표본의 수치가 고려된 순차 순 제시

제1유형의 특징은 이렇다. '건강기능식품은 꾸준히 장기적으로 먹어야 한다(#4, z=1.97)', '건강기능식품은 몸에 부족한 영양분을 제공해 준다(#10, z=1.53)', '건강기능식품은 매일 챙겨 먹는다는 것은 어려운 일이다(#32, z=1.44)', '건강기능식품은 약품처럼 질병을 치료할 수는 없다(#18, z=1.30)', '건강기능식품은 면역력 향상에 도움이 된다(#9, z=1.22)', '건강기능식품은 건강을 증진시킨다(#3, z=1.20)', '건강기능식품은 어른들 선물용으로 좋다(#19, z=1.12)'.

Ⓑ 실수 2) 유형별 P 표본 구성원의 수치 특성을 중심으로 내용 제시

제1유형의 P 샘플은 30명 가운데 13명이 포함되었고, 변량은 30%를 구성하고 있다. 전체 유형에 대한 상대적인 중요도가 높았는데, 표본들의 주요 특징으로는 '건강기능식품은 꾸준히 장기적으로 먹어야 한다(#4, z=1.97)', '건강기능식품은 몸에 부족한 영양분을 제공해 준다(#10, z=1.53)', '건강기능식품은 면역력 향상에 도움이 된다(#9, z=1.22)' 등이 있다.

Ⓒ 실수 3) 단순 나열식 표현, 비논리적인 방식으로 조합된 내용 제시

제1유형의 특징은 이렇다. 건강기능식품은 꾸준히 장기적으로 복용하면(#4, z=1.97) 건강을 증진시킬 수 있다(#3, z=1.20), 장점으로는 건강기능식품은 몸에 부족한 영양분을 제공해 주거나(#10, z=1.53), 면역력 향상에 도움이 될 수 있기 때문이다(#9, z=1.22).

Ⓓ 실수 4) 단순 나열식 표현, 부정적인 Q 표본들의 의도적 제외, 유형 간 동일 P 표본 제외

제1유형은 다음과 같은 요소들을 가지고 있다. '건강기능식품은 꾸준히 장기적으로 먹어야 한다(#4, z=1.97)', '건강기능식품은 몸에 부족한 영양분을 제공해 준다(#10, z=1.53)', '건강기능식품은 면역력 향상에 도움이 된다(#9, z=1.22)', '건강기능식품은 건강을 증진시킨다(#3, z=1.20)', '건강기능식품은 어른들 선물용으로 좋다(#19, z=1.12).' 제2유형도 다음과 같은 요소들을 가지고 있다. '건강기능식품은 허위광고와 과대광고가 많다(#29, z=1.59)', '건강기능식품은 그 효능을 잘 알고 먹어야 한다(#22, z=1.47)', '건강기능식품은 아플 때가 아니라 건강할 때 먹어야 한다(#17, z=1.01)'.

그렇다면 정상적인 유형해석은 어떤 것일까? 이에 관한 내용은 다음과 같다.

제1유형은 건강기능식품을 섭취함으로써 미래의 건강을 준비하는 유형으로, 긍정적이며 적극적인 소비자이다. 건강기능식품은 꾸준히 장기적으로 먹어야 하며(#4, z=2.07), 더 나은 미래를 위한 투자이다(#7, z=1.08). 건강기능식품은 몸에 부족한 영양분을 제공해 주기에 면역력 향상(#9, z=1.23)과 건강증진(#3, z=1.36)에 도움이 된다. 건강기능식품은 약품처럼 질병을 치료할 수는 없지만(#18, z=1.07), 그 효능을 잘 알고 먹는다면(#22, z=1.14) 노후의 질병을 대비할 수 있다고 믿는다. 그래서 건강기능식품은 어른들 선물용으로 좋다(#19, z=1.01). 이들은 건강기능식품을 매일 챙겨 먹는 것은 어렵지만 (#32, z=1.14), 건강기능식품을 먹는 좋은 습관을(#35, z=1.04) 만들기 위해 노력하는 유형이다.

그럼 QUANL 프로그램 결과값 자료를 바탕으로 유형 해석 시에 반영해야 하는 사항들을 살펴보기로 하자.

① TYPAL ARRAY Z'S 체크

건강기능식품에 대한 20대 소비자의 인식 유형 연구 원본 데이터의 예시

ITEM DESCRIPTIONS	TYPAL ARRAY Z'S			
	1	2	3	4
N'S FOR EACH TYPE ARE	12	7	6	5
1. 건강기능식품에 대한 정보를 구하기 쉽다	.1	.0	.7	.0
2. 건강기능식품은 건강 악화를 방지한다	.8	-.3	.4	.6
3. 건강기능식품은 건강을 증진시킨다	1.2	-.6	-.6	.5
4. 건강기능식품은 꾸준히 장기적으로 먹어야 한다	2.0	1.2	1.4	1.0
5. 건강기능식품은 나이 든 사람들이 먹는다	-1.2	-1.2	-2.3	-1.4
6. 건강기능식품은 내 돈으로 사기 아깝다	-.2	.0	-.3	-1.6
7. 건강기능식품은 더 나은 미래를 위한 투자이다	.9	-.7	.0	1.0
8. 건강기능식품은 더 나은 삶을 위해 도움이 된다	.6	-1.3	.5	.4
9. 건강기능식품은 면역력 향상에 도움이 된다	1.2	-.6	.0	1.2
10. 건강기능식품은 몸에 부족한 영양분을 제공해준다	1.5	.1	.9	1.0
…… 중략 ……				
30. 건강기능식품은 현대인의 필수품이다	-1.1	-.4	1.1	-.9
31. 건강기능식품은 굳이 먹을 필요가 없다	-.6	.3	-.6	-1.2
32. 건강기능식품을 매일 챙겨 먹는다는 것은 어려운 일이다	1.4	.5	1.2	-.4
33. 건강기능식품을 먹고 나면 왠지 건강해진 기분이 든다	-.4	-.1	-.1	1.2
34. 건강기능식품을 먹기 전에 식습관부터 개선해야 한다	-.2	1.0	1.4	.2
35. 건강기능식품을 먹는 것은 좋은 습관이다	1.0	.2	.6	1.0
36. 건강기능식품을 먹는 사람은 건강이 좋지 않은 사람이다	-2.2	-1.5	-1.7	-2.2
37. 건강기능식품을 먹는 사람은 자기관리를 잘하는 사람이다	.6	.1	-.8	-.7

TYPAL ARRAY Z'S 은 요인별로 Q 항목(표본)들이 획득한 요인점수가 표준점수(z-score)로 표기된 중요 정보이다. 상단의 '1 2 3 4' 표기는 발견된 요인의 수를 지칭하고, 요인의 수 아래의 N'S FOR EACH TYPE ARE는 요인에 소속되어 있는 P 표본(응답자, Q 소터)의 숫자이다. 해당 연구는 총 30명의 P 표본들로 이루어져 있고, 각 요인에 소속되어 있는 숫자는 유형 1에서는 12명, 유형 2에서는 7명, 유형 3에서는 6명,

유형 4에서는 5명을 나타내고 있다. 12, 7, 6, 5의 숫자는 이루고 있는 P 표본의 구성일 뿐, 상대적으로 중요하다거나 의미가 더 있다거나 하는 판단은 금물이다. 일반화는 Q와는 전혀 상관이 없기 때문이다.

그다음 줄부터 바로 TYPAL ARRAY Z'S 의 표준점수이다. Q 항목들이 각각의 유형별로 어떤 요인점수를 얻고 표준 점수화가 되었는가를 표기한 것으로 중요도에 따라 (+)표기와 (−)표기로 구분되고, 중요하고 덜 중요하거나, 긍정적 혹은 부정적, 좋거나 나쁨 등의 감정선이 나타나지 않는 중의적 영역은 0.00에 가깝게 표기된다. 즉 Q 항목의 1번 표본인 '건강기능식품에 대한 정보를 구하기 쉽다'라는 유형 3에서는 약간의 중요성(z=0.7)을 나타내고는 있지만 그렇다고 주요 사항으로 여기기는 어렵고, 다른 유형들에서는 모두가 거의 중립적 형태의 속성을 보인다. Q 항목의 4번 표본인 '건강기능식품은 꾸준히 장기적으로 먹어야 한다'라는 모든 유형에서 의미 있는 중요성(유형1: z=2.0, 유형 2: z=1.2, 유형 3: z=1.4, 유형 4: z=1.0)의 대상으로 나타나고 있고, 36번 항목인 '건강기능식품을 먹는 사람은 건강이 좋지 않은 사람이다'라는 모든 유형에서 전혀 중요하지 않은 것(유형 1: z=−2.2, 유형 2: z=−1.5, 유형 3: −z=1.7, 유형 4: z=−2.2)으로 형성되어 있다. 그럼 Q 항목 30번 표본인 '건강기능식품은 현대인의 필수품이다'는 어떠할까? 여기서는 유형별로 차이점을 분명히 드러내고 있는데, 유형 1에서는 중요하지 않은 것(z=−1.1)이지만, 반대로 유형 3에서는 중요한 것(z=1.1)으로 나타나고 있다.

② ARRAY OF Z-SCORES AND ITEM DESCRIPTIONS 체크

ARRAY OF Z−SCORES AND ITEM DESCRIPTIONS는 요인별로 Q 항목(표본)들이 획득한 요인점수의 표준화된 점수(z−score)가 표기된

다. 매우 중요한 정보로서, 독립적으로 구성된 각각의 요인에 따라 모든 Q 항목에 대해 해당 요인에 맞는 표준점수를 제시하고 있다. 표준화된 점수는 어떤 Q 항목이라도 특정 의미를 제시할 정도로 모두가 소중한 지표들이다. 여기에 좀 더 중요하고, 좀 더 덜 중요한 형태가 표기되는데, QUANL 프로그램의 결과값 데이터를 보면, 위의 영역부터 (+)가 강한 Q 항목들을 순차적으로 표현하고 있고, 점점 순차가 낮아지면서 중립적 영역을 나타내다가 아래의 영역에는 (−)가 강한 Q 항목들을 순차적으로 제시한다. 이러한 Q 항목들이 서로 비교 및 연결의 구조화 형태를 구성하면서 전체적인 의미가 생성되는 것이다.

이와 함께 각각의 요인별로 진행된 해석에 P 표본의 추가 구술 인터뷰(Follow−Up Interview나 In−Depth Interview, 혹은 Focus Group Discussion)와 이론적 배경에서 제시된 내용을 종합적으로 고려하여 더욱 풍부한 유형 풀이를 진행할 수 있다.

표의 자료를 살펴보면, Q 항목의 4번 표본인 '건강기능식품은 꾸준히 장기적으로 먹어야 한다(z=1.97)'부터 19번 표본인 '건강기능식품은 어른들 선물용으로 좋다(z=1.12)'는 (+)영역의 나열이 계속 순차적으로 나열되다가, 중앙부에서는 1번 표본인 '건강기능식품에 대한 정보를 구하기 쉽다(z=0.06)'와 21번 항목인 '건강기능식품은 우리가 균형있는 식단을 하지 못하기 때문에 섭취한다(z=−0.8)'를 거쳐 Q 항목의 29번 표본인 '건강기능식품은 질병 예방에 도움이 된다(z=−1.07)'부터 36번 표본인 '건강기능식품을 먹는 사람은 건강이 좋지 않은 사람이다(z=−2.20)'까지 (−)영역을 나열하고 있다.

이러한 요소들을 복합적으로 고려해 유형의 명명화는 '유비무환(有備無患)'으로 정했고, 유형해석은 아래와 같이 진행하였다.

제1유형은 건강기능식품을 섭취함으로써 미래의 건강을 준비하는 유형으로, 긍정적이며 적극적인 소비자이다. 건강기능식품은 꾸준히 장기적으로 먹어야 하며(#4, z=2.07), 더 나은 미래를 위한 투자이다(#7, z=1.08). 건강기능식품은 몸에 부족한 영양분을 제공해 주기에 면역력 향상(#9, z=1.23)과 건강증진(#3, z=1.36)에 도움이 된다. 건강기능식품은 약품처럼 질병을 치료할 수는 없지만(#18, z=1.07), 그 효능을 잘 알고 먹는다면(#22, z=1.14) 노후의 질병을 대비할 수 있다고 믿는다. 그래서 건강기능식품은 어른들 선물용으로 좋다(#19, z=1.01). 이들은 건강기능식품을 매일 챙겨 먹는 것은 어렵지만 (#32, z=1.14), 건강기능식품을 먹는 좋은 습관을(#35, z=1.04) 만들기 위해 노력하는 유형이다. 건강이 좋지 않은 사람이나(#36, z=−2.15), 나이 든 사람들만이 건강기능식품을 먹는(#5, z=−1.40) 것은 아니다. 그저 상술에 말려(#14, z=−1.42) 건강기능식품을 구매하는 것이 아니라, 자신의 미래를 위해 그 효능을 잘 알고 선택해서 섭취한다. 단순히 몸에 좋다니까 그냥 먹거나(#12, z=−1.32), 막연히 수명 연장에 도움이 된다(#15, z=−1.29)고 생각해서 건강기능식품을 먹는 것은 아니다. 건강에 관한 관심이 높아 미리 건강관리를 잘함으로써 향후의 질병을 예방하고자 하는 미래지향적인 소비자 유형이다.

건강기능식품에 대한 20대 소비자의 인식 유형 연구 원본 데이터의 예시

1DESCENDING ARRAY OF Z-SCORES AND ITEM DESCRIPTIONS FOR TYPE 1

4. 건강기능식품은 꾸준히 장기적으로 먹어야 한다	1.97
10. 건강기능식품은 몸에 부족한 영양분을 제공해준다	1.53
32. 건강기능식품을 매일 챙겨 먹는다는 것은 어려운 일이다	1.44
18. 건강기능식품은 약품처럼 질병을 치료할 수는 없다	1.30
9. 건강기능식품은 면역력 향상에 도움이 된다	1.22
3. 건강기능식품은 건강을 증진시킨다	1.20
19. 건강기능식품은 어른들 선물용으로 좋다	1.12
35. 건강기능식품을 먹는 것은 좋은 습관이다	.95
7. 건강기능식품은 더 나은 미래를 위한 투자이다	.93
2. 건강기능식품은 건강 악화를 방지한다	.79

22. 건강기능식품은 그 효능을 잘 알고 먹어야 한다	.64
8. 건강기능식품은 더 나은 삶을 위해 도움이 된다	.59
17. 건강기능식품은 아플 때가 아니라 건강할 때 먹어야 한다	.59
37. 건강기능식품을 먹는 사람은 자기관리를 잘하는 사람이다	.59
25. 건강기능식품은 제품이 너무 많아서 선택하기 어렵다	.29
11. 건강기능식품은 몸에 쌓인 피로도를 낮출 수 있다	.20
20. 건강기능식품은 우리 몸의 활력을 높인다	.14
27. 건강기능식품은 즉각적인 효과는 없다	.11
1. 건강기능식품에 대한 정보를 구하기 쉽다	.06
21. 건강기능식품은 우리가 균형 있는 식단을 하지 못하기 때문에 섭취한다	-.08
34. 건강기능식품을 먹기 전에 식습관부터 개선해야 한다	-.19
6. 건강기능식품은 내 돈으로 사기 아깝다	-.24
23. 건강기능식품은 젊을 때부터 챙겨 먹어야 한다	-.35
33. 건강기능식품을 먹고 나면 왠지 건강해진 기분이 든다	-.45
29. 건강기능식품은 허위광고와 과대광고가 많다	-.56
31. 건강기능식품은 굳이 먹을 필요가 없다	-.60
13. 건강기능식품은 부작용에 주의해야 한다	-.64
12. 건강기능식품은 몸에 좋다니까 그냥 먹는다	-.70
16. 건강기능식품은 심리적으로 안정감을 준다	-.98
28. 건강기능식품은 질병 예방에 도움이 된다	-1.07
30. 건강기능식품은 현대인의 필수품이다	-1.09
14. 건강기능식품은 상술일 뿐이다	.-1.12
5. 건강기능식품은 나이 든 사람들이 먹는다	.-1.15
24. 건강기능식품은 젊음을 유지하는 데 도움이 된다	.-1.31
26. 건강기능식품은 주변인의 사용 경험을 듣고 구매하는 경우가 많다	-1.42
15. 건강기능식품은 수명의 연장에 도움이 된다	-1.54
36. 건강기능식품을 먹는 사람은 건강이 좋지 않은 사람이다	-2.20

③ ARRAY OF DIFFERENCES BETWEEN TYPES 체크

QUANL 프로그램의 결과값 데이터 자료를 살펴보면, 중후반부부터 제시되고 있는 ARRAY OF DIFFERENCES BETWEEN TYPES 영역을 확인할 수 있다. 이것은 요인들 간의 차이를 보여주는 수치인데 요인의 수에 따라 요인 간 차이 비교(유형1과 유형2, 유형1과 유형3, 유형2와 유형3)와 함께 추출된 요인들에 대한 서열표(array)를 제시하는 것이기도 하다. <건강기능식품에 대한 20대 소비자의 인식 유형 연구>는 3개의 유형이 발견되었기에 유형 간 비교 데이터는 총 3개의 요인 간의 차이가 표준편차로 제시된다. 예를 들어 1유형과 2유형의 비교 데이터를 살펴보면, 유형의 차이가 크게 형성되어 있는 Q 항목(Q 표본)은 26번인 '건강기능식품은 주변인의 사용 경험을 듣고 구매하는 경우가 많다(유형 1에서는 z=−1.418, 유형 2에서는 z=0.753이어서 diff.=−2.170)'와 29번 '건강기능식품은 허위광고와 과대광고가 많다(유형 1에서는 z=−0.557, 유형 2에서는 z=1.595여서 diff.=−2.152)'였고, 이외에 8번, 9번, 13번 등등이 diff. +1.00, −1.00을 구성하면서 나타난다.

그렇기에 통상적으로는 우선 diff.기준 +1.00 이상과 -1.00 이상의 Q 표본들을 살펴보고, 이후에는 diff.기준 +1.00과 -1.00 이하의 일부 Q 항목, 그리고 0에 가까운 중립지대의 Q 항목을 체크하면서 전반적인 유형의 성향을 파악하고, 독립체 형태로 개별적 차원의 유형으로 만들어가야 한다. 이는 유형의 해석 시 Q의 항목별 유사성으로 인해 그 특징을 성립하는 데 어려움이 있거나 혼란한 상황을 맞이할 때, 유형 간 차이점을 고려해 특성의 색채가 더욱 부각될 수 있는 데이터 자료로 활용된다. 따라서 유형들이 독립적 성향은 유형 간 비교 데이터 수치를 추가로 확인하여 그 당위성을 더욱 강화할 필요가 있다.

건강기능식품에 대한 20대 소비자의 인식 유형 연구 원본 데이터의 예시

1ITEM DESCRIPTIONS AND DESCENDING ARRAY OF DIFFERENCES BETWEEN TYPES 1 AND 2

	1	2	DIFFERENCE
8. 건강기능식품은 더 나은 삶을 위해 도움이 된다	.592	−1.295	1.887
9. 건강기능식품은 면역력 향상에 도움이 된다	1.225	−.593	1.817
3. 건강기능식품은 건강을 증진시킨다	1.196	−.588	1.784
…… 중략 ……			
1. 건강기능식품에 대한 정보를 구하기 쉽다	.059	.008	.051
5. 건강기능식품은 나이 든 사람들이 먹는다	−1.153	−1.171	.018
6. 건강기능식품은 내 돈으로 사기 아깝다	−.236	.023	−.259
…… 중략 ……			
13. 건강기능식품은 부작용에 주의해야 한다	−.639	1.011	−1.650
29. 건강기능식품은 허위광고와 과대광고가 많다	−.557	1.595	−2.152
26. 건강기능식품은 주변인의 사용 경험을 듣고 구매하는 경우가 많다	−1.418	.753	−2.170

④ GREATER OR LESS THAN CORRESPONDING ARRAY Z'S 체크

QUANL 프로그램의 결과값 마지막 영역에 제시된 데이터 자료가 바로 ITEMS AND Z-SCORES GREATER OR LESS THAN CORRESPONDING ARRAY Z'S 영역이다. 이것은 요인 간의 차이에 있어 특정 요인과 다른 요인들을 같이 묶어서 그 차이를 보여주는 수치이다. <1 : 다>의 형태로 유형 1과 다른 모든 유형(유형 2, 유형 3)의 평균값 간의 차이를 나타내는 것이다. 특정 요인의 상대적 독특함을 의미하는 것이지만, 이미 TYPAL ARRAY Z'S, ARRAY OF DIFFERENCES BETWEEN TYPES에서 알아보았기에 중복된 느낌을 준다. 하지만 각 요인이 서로 비슷한 경우에선 그 유사성 안에서 어떤 또 다른 차이가 있을까 고민을 할 때 유용하게 사용할 수 있는 자료이다.

⑤ 기타 체크 사항

Q 항목(표본)을 구성하고 있는 것은 흔히 카드 위에 인쇄된 사람 이름이나 뉴스 헤드라인, 영화 타이틀, 도시 이름이나 진술문(statement)의 형태들이다. 그래서 '언어적 요소(verbal Q-studies)'들이 반영된 대상이 주를 이루고 있다. 하지만 언어적 요소 이외에도 연구의 주제나 목적, 대상에 따라 다양한 것들이 Q 항목을 구성할 수 있다. 사진이나 그림, 광고 이미지, 옷이나 음식, 장신구, 자동차 등과 같은 '시각적 요소(visual Q-studies)'들이 그것이다. 사진이나 그림 같은 이미지에서부터 옷, 향수, 음식 같이 실재하는 대상이 제시되는 것이다. 이 경우는 구체적으로 표현된 서술적인 진술문이 없기에, 유형을 이루고 있는 분류된 P 표본들의 Q 표본을 가지고 즉각적으로 분석하는데 다소 어려움을 느낄 수 있다. 그러나 시각적 요소의 Q 표본들도 존중할 가치가 있고, 깊게 생각하고 공감할 수 있는 실체들이기 때문에 보다 체계적이면서 원활히 전개할 수 있

는 별도의 방법을 고안하여 진행하면 좋다.

즉 유형을 이루고 있는 분류된 데이터 자료들 가운데, ② ARRAY OF Z−SCORES AND ITEM DESCRIPTIONS과 함께 P 표본들에서 추가로 진행했었던 구술 인터뷰(follow−up interview나 in−depth interview 혹은 focus group discussion)의 자료를 우선으로 하여 전체의 분위기와 방향성을 가볍게 스케치하듯이 접근한다. 바로 이를 통해 P 표본들의 생각이나 의견, 가치, 판단을 Q 표본에 반영해서 스케치의 윤곽을 뚜렷이 하고, 동시에 ① TYPAL ARRAY Z'S 의 데이터 수치를 반영해 전체의 외형을 형성한다. 그 후 이론적 배경에서 제시된 내용을 좀 더 깊게 연계시켜서 전체 해석의 논리적 구성을 강화한다. 또한 ③ ARRAY OF Z−SCORES AND ITEM DESCRIPTIONS와 ④ ARRAY OF DIFFERENCES BETWEEN TYPES, GREATER OR LESS THAN CORRESPONDING ARRAY Z'S 의 데이터 수치를 종합적으로 면밀하게 살피면서 형의 특성을 확실하게 만드는 것이다.

건강기능식품에 대한 20대 소비자의 인식 유형 연구 원본 데이터의 예시

ITEMS AND Z-SCORES GREATER OR LESS THAN CORRESPONDING ARRAY Z'S

0TYPE 1 ITEMS GREATER THAN ALL OTHERS	Z-SCORE	AVERAGE OR NEAREST Z	DIFF
3. 건강기능식품은 건강을 증진시킨다	1.196	-.231	1.427
37. 건강기능식품을 먹는 사람은 자기관리를 잘하는 사람이다	.585	-.467	1.052
9. 건강기능식품은 면역력 향상에 도움이 된다	1.225	.197	1.027
32. 건강기능식품을 매일 챙겨 먹는다는 것은 어려운 일이다	1.443	.434	1.008
…… 중략 ……			
36. 건강기능식품을 먹는 사람은 건강이 좋지 않은 사람이다	-2.198	-1.828	-.370
27. 건강기능식품은 즉각적인 효과는 없다	.115	.649	-.534
33. 건강기능식품을 먹고 나면 왠지 건강해진 기분이 든다	-.446	.315	-.762
…… 중략 ……			
22. 건강기능식품은 그 효능을 잘 알고 먹어야 한다	.645	1.917	-1.272
29. 건강기능식품은 허위광고와 과대광고가 많다	-.557	1.005	-1.563
26. 건강기능식품은 주변인의 사용 경험을 듣고 구매하는 경우가 많다	-1.418	.379	-1.796

<건강기능식품에 대한 20대 소비자의 인식 유형 연구>의 유형해석을 위해, 먼저 ① TYPAL ARRAY Z'S, ② ARRAY OF Z-SCORES AND ITEM DESCRIPTIONS, ③ ARRAY OF DIFFERENCES BETWEEN TYPES, ④ GREATER OR LESS THAN CORRESPONDING ARRAY Z'S 등을 모두 종합적으로 점검 및 체크했다. 다음으로는 각각의 요인별로 진행된 해석에 P 표본의 추가 구술 인터뷰(follow-up interview나 in-depth interview 혹은 focus group discussion)와 이론적 배경에서 제시된 내용을 종합적으로 고려해 각각의 유형별 명명화 및 해석을 다음과 같이 진행했다.

• 제1유형의 명명화는 유비무환(有備無患)이다.

제1유형은 건강기능식품을 섭취함으로써 미래의 건강을 준비하는 유형으로, 긍정적이며 적극적인 소비자이다. 건강기능식품은 꾸준히 장기적으로 먹어야 하며(#4, z=2.07), 더 나은 미래를 위한 투자이다(#7, z=1.08). 건강기능식품은 몸에 부족한 영양분을 제공해 주기에 면역력 향상(#9, z=1.23)과 건강증진(#3, z=1.36)에 도움이 된다. 건강기능식품은 약품처럼 질병을 치료할 수는 없지만(#18, z=1.07), 그 효능을 잘 알고 먹는다면(#22, z=1.14) 노후의 질병을 대비할 수 있다고 믿는다. 그래서 건강기능식품은 어른들 선물용으로 좋다(#19, z=1.01). 이들은 건강기능식품을 매일 챙겨 먹는 것은 어렵지만 (#32, z=1.14), 건강기능식품을 먹는 좋은 습관을(#35, z=1.04) 만들기 위해 노력하는 유형이다.

"건강기능식품을 한두 번 섭취한다고 해서 몸이 좋아졌다고 느끼거나 신체의 변화를 느낄 수는 없었다. 단기적으로는 그 효과가 눈에 보이지 않기 때문에 꾸준히 장기적으로 섭취해야 약효를 얻을 수 있다(#4, P14; P15; P23; P25)."

건강이 좋지 않은 사람이나(#36, z=−2.15), 나이 든 사람들만이 건강기능식품을 먹는(#5, z=−1.40) 것은 아니다. 그저 상술에 말려(#14, z=−1.42) 건강기능식품을 구매하는 것이 아니라, 자신의 미래를 위해 그 효능을 잘 알고 선택해서 섭취한다. 단순히 몸에 좋다니까 그냥 먹거나(#12, z=−1.32), 막연히 수명 연장에 도움이 된다(#15, z=−1.29)고 생각해서 건강기능식품을 먹는 것은 아니다. 건강에 관한 관심이 높아 미리 건강관리를 잘함으로써 향후의 질병을 예방하고자 하는 미래지향적인 소비자 유형이다.

"건강기능식품은 건강의 회복이 아닌 예방적 차원이다. 미리 몸을 가꾸는 것이다. 건강기능식품은 병을 치료하는 약이 아니라, 질병을 예방하고 건강기능을 증진하는 역할을 한다. 건강이 좋지 않은 사람보다는 건강한 사람이 미래의 건강을 위해서 미리미리 챙겨 먹는 것이다(#36, P1; P2; P15; P23; P24; P28; P29)"

- 제2유형의 명명화는 반신반의(半信半疑)이다.

제2유형은 건강기능식품은 부족한 영양소를 보충하는 용도로는 섭취하지만, 질병을 예방할 수는 없다고 생각하는 의심 많고 까다로운 소비자이다. 이들은 건강기능식품의 효능을 완전히 믿는 것은 아니지만, 심리적 안정에는 도움이 된다고 생각한다. 건강기능식품이 어른들 선물용으로는 좋다(#19, z=1.57)는 것도 이러한 이유이다. 건강기능식품은 즉각적인 효과를 기대할 수 없으며(#27, z=1.44), 약품처럼 질병을 치료할 수도 없다(#18, z=1.35). 다만, 건강기능식품은 아플 때가 아니라 건강할 때 먹어야 하며(#17, z=1.07), 효능을 잘 알아보고(#22, z=1.13) 꾸준히 장기적으로 먹어야(#4, z=1.16) 어느 정도 효과를 볼 수 있다. 최근 건강 기능 제품이 너무 많아서 선택하기 어려울 뿐만 아니라(#25, z=1.10), 허위광고와 과대광고도 많아서(#29, z=1.30), 제품 선택에 더욱 신중해야 한다.

"선물을 줄 때 고려하는 가장 큰 요소는 선물이 갖는 의미일 것이다. 어른용 선물을 준비할 때 건강기능식품은 상대방의 건강을 생각한다는 의미를 전달하기에 효과적이다. 어른들 선물용으로 떠오르는 가장 대표적인 것은 당연히 홍삼이나 비타민과 같은 건강기능식품이다(#19, P8; P10)"

건강기능식품을 복용하고 바로 효과가 있으면 사는 사람이 지금보다 더 많이 늘어날 것이며, 모두가 병원 대신 건강기능식품을 찾을 것으로 생각한다. 건강이 좋지 않은 사람이 치료의 목적으로 건강기능식품을 섭취하는(#36, z=−1.88) 것은 바람직하지 않다. 건강기능식품은 젊음을 유지하는 데 도움이 되지 않을 뿐만 아니라(#24, z=−2.17), 질병 예방(#28, z=−1.90), 수명 연장(#15, z=−1.63), 피로도를 낮추는(#11, z=−1.40) 데 도움이 되지 않는다. 건강기능식품의 효과에 대해 믿지 않는 이들 유형은 굳이 나이가 들었다고 건강기능식품을 먹어야(#5, z=−1.03) 하는지도 의문을 품는다. 건강기능식품의 효과에 대해 반신반의하는 이들은 건강기능식품에 대한 지나친 의존도를 경계하는 유형이다.

"건강기능식품은 다양한 부작용도 있지만, 개인의 식습관에 따라 섭취하지 못하는 혹은 권장량에 미치지는 못하는 영양소를 보충하기 위해 섭취한다. 이것은 젊음을 유지하기 위한 것이 아니라, 건강하게 늙어갈 수 있는 것을 보조하는 보조제일 뿐이다. 건강기능식품은 만병통치약이 아니다(#24, P8; P10; P17; P22; P26)"

• 제3유형의 명명화는 실사구시(實事求是)이다.

제3유형은 건강기능식품에 관해 자세히 알아보고 자신의 건강관리를 위해 섭취하는 이성적이며 합리적인 소비자 유형이다. 건강기능식품에 대한 맹목적인 신뢰보다 건강기능식품을 탐구하여 실생활에 적극적으로 활용한다. 이들은 건강기능식품은 그 효능을 잘 알고 먹어야 하며(#22, z=2.36), 건강기능식품을 먹기 전에 식습관부터 개선해야 한다(#34, z=1.48)고 생각한다. 건강기능식품은 몸에 부족한 영양분을 제공해(#10, z=1.12) 주는 역할을 하며, 꾸준히 장기적으로 먹어야(#4, z=1.11) 그 효능을 기대할 수 있다. 이들은 건강기능식품에 대해 막연하거나 과한 기대를 하기보다 건강관리의 보조 수단으로 활용하는 유형이다. 건강기능식품을 섭취하는 것도 좋지만 더 중요한 것은 본인의 식습관을 개선하는 것이다. 건강기능식품은 건강을 극적으로 좋아지게 하거나, 완전히 회복하게 해주는 마법 같은 약이 아니라 보조제일 뿐이다.

"건강기능식품의 성분과 효능을 정확히 인지하지 않고 먹는 행위는 매우 위험하다. 건강기능식품도 부작용이 있기에 제대로 알아보고 섭취해야 한다. 좋은 성분이라고해서 모두에게 좋은 것은 아니기 때문에 의사나 약사에게 의견을 구하고 내 몸에 맞는 건강기능식품을 찾아 먹는 것이 좋은 방법이다(#22, P7; P9; P21; P30)"

건강기능식품은 나이 든 사람들만 먹는다거나(#5, z=−2.39), 건강이 좋지 않은 사람이(#36, z=−2.01) 섭취하는 것은 아니다. 또한 젊음을 유지하는 데 도움이 되거나(#24, z=−1.60), 수명의 연장에 도움이 되는(#15, z=−1.21) 것도 아니다. 건강기능식품을 먹는다고 자기 관리를 잘하는 사람(#37, z=−1.37)인 것은 아니지만, 아무런 효능도 없이 상술에 따라서(#14, z=−1.26) 몸에 좋다니까 그냥 먹어서는(#12, z=−1.15) 안

된다. 이들은 건강한 사람이 질병 예방과 건강관리를 위해 제품에 대해 잘 알아보고 장기적으로 섭취해야 한다고 생각하는 소비자이다.

"나이 든 사람만 건강기능식품을 먹는다는 것은 편견이다. 요즘은 젊은 사람들이 건강기능식품에 관심이 많고 소비량도 많다. 건강기능식품은 건강에 신경을 쓰는 사람이 복용하는 것이지, 나이와는 별개이다. 물론 건강과 나이가 관련이 없다고는 할 수 없지만, 나이가 많다고 건강식품을 먹는 것은 아니다(#5, P7; P9; P21; P27; P30)"

3) 유형 간 차이점과 특징 분석

예시 연구인 <다문화 가정을 위한 공익광고의 수용 유형에 관한 연구>의 유형 간 차이점과 특징은 다음과 같이 서술되었다.

5) 각 유형 간 차이점과 유형별 특징

제1유형, 제2유형, 제3유형, 제4유형 간에도 차이가 명확하게 드러난다. 먼저 제1유형과 제2유형의 특성을 비교해 보자. 제1유형은 제2유형에 비해서 다문화 가정을 바라보는 인식의 접근 범위를 좁게 한정시키고 있다. 제1유형이 지역적 개념으로서 영토적인 편견을 가지고 있다면, 제2유형은 지역적 지협성에서 벗어났다. 그래서 제1유형은 다문화 가정 공익광고가 대한민국만을 외치는 편협한 민족주의의 주장이라 강하게 외치면서, 인종차별주의자들을 경멸하거나(#11) 차별에 대한 강한 경계를 보인다. 반면에 제2유형은 인종차별주의나 민족주의를 차별적 속성으로 바라보지 않는다. 다문화 가정 공익광고가 편견을 합법화시키는 도구에 지나지 않는 것이라면서, 광고의 구성이나 재현이 인종차별이나 민족주의를 상대적으로 부각시켜 강조(#6)한 것일 뿐이라 외친다. 다문화 가정 공익광고는 국가 이미지 제고를 위한 정책 수단에 불과하다(#5)고 폄하하면서, 이러한 잘못된 정책에 의한 시민들의 인식 때문에 오바마 미국 대통령과 같은 인물이 대한민국에 나타날 수가 없다(#17)며 아쉬움을 표출하고 있다.

제1유형과 제3유형에서는 다문화 가정을 바라보는 인식의 접근범위를 지역적 접근과 지협적 접근의 차이로 나타내고 있다. 제1유형이 제2유형에 비해서 인식의 접근범위가 좁다고는 하지만, 제3유형에 비해서는 그 접근범위가 상대적으로 넓다. 즉 제1유형이 '지역'이라는 영토적 개념의 접근이라면, 제3유형은 '가정'이라는 좁은 울타리 혹은 근원적 집단의 최소단위에 대한 인식의 접근을 강조한다. 제1유형은 대한민국만을 외치는 편협한 민족주의의 시각(#3)에 대해서 영토적 차원의 지역색을 비판하면서, 대한민국의 노동력 시장에서 외국인 근로자 없이 산업이 유지되기 어려운 형편(#27)을 경고하기도 한다. 국가 경쟁력 제고를 위해서라도 인종적인 지역색이라는 시선을 극복하고 다민족 가정을 순수하게 받아들여야 한다는 것이다. 또한 이들은 다문화 가정 공익광고가 국가 이미지 제고를 위한 정책의 일환(#5)으로 획일적이고 의도적인 메시지를 주입시키는 도구이기 때문에 다문화 가정 공익광고는 편견이 가득 찬 이미지를 생산해 내는 산물(#2)임을 강조한다. 제3유형에서는 다문화 가정의 구성원들을 진정한 마음으로 받아들일 준비가 되어 있지 않고(#19) 있음을 아쉬워하면서, 다문화 가정이라는 표기법 자체가 차별과 편견의 산물임을 고발하고 있다.

제1유형과 제4유형에서는 다문화 가정을 바라보는 인식의 접근이 이상론이 아니라 구체적 대안이 담겨진 실제론이라는 데 차이를 보인다. 제1유형이 접근 방식에 대한 인식이라면 제4유형은 인식 전환의 변화를 꾀하는 정책적 측면에서의 접근이다. 즉 제1유형이 지정학적 측면의 접근 방식으로서 다문화 가정을 이해하고 있다면, 제4유형은 정책적 측면과 대안 시스템 체계를 바탕으로 접근하는 방식을 취하고 있다. 제1유형은 다문화 가정 공익광고가 다문화 가정을 이해하고 화합하기 위한 문화적 장을 마련한다는 데 효율적(#4)이라면서, 다문화 가정 공익광고가 다문화주의를 바탕으로 국가 경쟁력을 키우고자 하는 정부의 의지가 담겨져 있다(#9)고 피력하고 있다. 다문화 가정 구성원들에 대한 인식이 정부의 정책적인 시스템의 부재로 문제가 되고 있음을 보여준 것이다. 따라서 제4유형에서는 이러한 정책의 부재를 제도적으로나 시스템적으로 보완하여 제시해야 함을 강조한다. 오바마 미국 대통령과 같은 인물이 대한민국에서 나타날 수 없는(#17) 사회-문화적 구조를 문제로 언급하면서 해결 대안을 제시하거나, 다문화 가정 캠페인이 일회성이 아니라 장기간 지속될 수 있도록 제도화하여 다문화 가정에 대한 인식의 전환(#25)을 촉구하고 있다.

한편, 다문화 가정을 바라보는 데 있어서 광범위한 측면에서의 접근 행동을 보이는 제2유형과는 달리 제3유형은 '가정'이라는 한정된 측면에서의 다문화 가정에 대한 이해를 구한다. 즉 다문화 가정 공익광고가 재현하고 있는 다문화 가정의 인식범위를 한정된 측면으로의 접근과 광범위한 측면으로의 접근으로 구분한 것이다.

제2유형은 다문화 가정 공익광고가 국가 이미지 제고를 위한 정책 수단에 불과하다(#5)면서 불쾌해한다. 또한 다문화 가정 공익광고가 편견이 가득 찬 이미지의 재현 수단일 뿐이라는 비판(#6)도 서슴지 않는다. 이는 광고가 다문화 가정에 대한 편견을 합법화하는 수단으로서 활용(#2)되는 도구일 뿐, 그 이상도 그 이하도 아님을 강조하고 있다. 제3유형은 다문화 가정 공익광고에 등장하는 주요 출연 구성원이 동남아시아라는 지역적 범위를 벗어나지 못하고 있다(#7)고 지적한다. 평상시 다문화 가정에 대해서 관심이 없어서 이들에 대한 TV나 신문의 기사를 대충 넘겨(#22) 버리기 때문에, 단순하게 미디어 매체만을 통한 인식의 전환을 기대하기보다는 다각화된 측면에서 다양한 인식 접근을 시도해야 함을 보여준다.

다각화로서의 인식 접근이 보이는 제2유형과 달리, 제4유형은 정책의 측면에서 대안적 시스템 구축의 필요성을 강조한다. 여기서는 다문화 가정을 바라보는 시선의 범주를 정치, 경제, 사회, 문화, 종교 등 다방면으로 확장하여 바라봄으로써 접근의 다양성을 추구하는 동시에 정책적 대안의 필요성을 언급하여 제도적 대안의 한정성보다는 다양성을 외치는 해석이 보여진다. 제2유형은 다문화 가정 공익광고의 다문화 영역이 가정에만 국한되어 있음(#1)을 지적하면서 다문화 가정 공익광고가 편견을 합법화하는 도구적 수단(#6)임을 비판한다. 그래서 영역의 범주를 넓혀야 함을 강조하면서, 다문화주의를 바탕으로 국가 경쟁력을 키우고자 하는 정부의 의지(#9)가 담긴 강력한 정책 드라이브가 필요함을 역설하기도 한다. 제4유형은 다문화 가정 공익광고가 대한민국만을 외치는 편협한 민족주의의 산물(#3)임을 비판하면서, 다문화 가정 공익광고에 담긴 일회성 캠페인이 장기적이고 구체적인 정책 캠페인의 형태로 운영되어야 함(#25)을 강조한다.

한편, '가정'이라는 좁은 측면에서 국한된 접근을 보이는 제3유형과 실천적 정책의 시스템화 측면으로 보여지는 제4유형 간에도 차이가 있다. 이 유형들 간의 차이는 앞서 살펴본 제1유형과 제4유형 간의 차이와 비슷하게 나타나는데, 다문화 가정을 바라보는 제3유형의 인식 접근이 '가정'을 바탕으로 한 이상론적 언급이라면, 제4유형은 구체적 대안이 담겨진 실제론으로 접근하는 것이다. 정책적 측면과 대안 시스템 체계를 바탕으로 접근하는 방식이다.

제3유형은 다문화 가정에 대한 TV나 신문기사를 대충 넘기는(#22) 행동을 보이며, 자신의 '가정'과 직접적 관련이 없을 경우 다문화 가정을 관심 밖의 일로 치부한다. 다문화 가정의 구성원을 바라볼 때도 광고에서처럼 매우 단순하고 편협한 시각(#7)이 나타난다. 개인이나 가정과 직접적인 연관성이 없기에 진정한 마음으로 다국적 가정을 받아들지 못하는 것이다(#19). 제4유형에서는 다문화 가정 공익광고가 국가 이미지 제고를 위한 정책 수단에 불과하기에 근원적으로 접근할 수 있는 제도의 필요성을 강조한다(#5). 다문화 가정 공익광고가 대한민국만을 외치는 편협한 민족주의(#3)의 표상이기 때문에 이를 수정하기 위해서는 일회성 캠페인이 아니라 다문화 가정에 대한 일률적이고 지속적인 교육을 바탕으로 인식의 전환을 시도해야 한다(#25). 장기적인 캠페인을 비롯해 교육과 같은 구체적인 정책안을 바탕으로 대한민국에서도 오바마 미국 대통령이 나타날 수 있도록 근본적인 정책의 제고와 확립이 필요하다(#17)는 것이다.

■ Comment

유형 간 차이점과 특징은 주로 ③ ARRAY OF DIFFERENCES BETWEEN TYPES와 ④ ARRAY OF DIFFERENCES BETWEEN TYPES, GREATER OR LESS THAN CORRESPONDING ARRAY Z'S 의 데이터 수치를 바탕으로 전개된다. 유형이 하나의 독립적 형태를 이루고 유지하는 데 있어 어떠한 속성들에 의해 확립되었는지의 근거로 작동되는 것이다. 따라서 유형 간 차이점과 특징은 유형해석의 결과를 별도로 보조하거나 객관화 자료를 추가하는 기능을 한다.

하지만 유형 간 차이점과 특징은 <다문화 가정을 위한 공익광고의 수용 유형에 관한 연구>에서처럼 별개의 챕터로 구분하여 서술되는 경우도 있고, 유형해석 과정에서 해석 내용 안에 자연스럽게 포함하는 경우도 있다. 즉 연구자가 수행하고 있는 결과의 해석 패턴에 따라 풀이의 서술 과정과 방식이 달라질 수 있다. 그래서 어떤 서술 형태가 해석의 완성도를 강화하는 데 있어 좀 더 유용성이 있는 것이라고 하기보다는 연구자의 성향에 따라 또는 결과 해석의 흐름과 방향성에 따라 선택적으로 진행하면 된다.

Q 가이드

유형해석과 관련하여 참고할 만한 주요 예시를 제시해 본다.

① 최원주 · 홍장선(2020). 한국 관광 활성화를 위한 광고메시지의 전략적 탐색: 한국관광공사 인쇄광고에 대한 소비자 인식을 중심으로, 주관성연구

한국 관광 활성화를 위한 광고메시지의 전략적 탐색: 한국관광공사 인쇄광고에 대한 소비자 인식을 중심으로

최 원 수·홍 장 선

국문요약

본 연구는 '욜로'와 '워라밸'의 새로운 트랜드에 맞물려 여행문화의 다각적 활성화를 위해 노력하는 한국관광공사의 광고 이미지에 대해서, 소비자들이 과연 '하던 일을 멈추고 잠깐 쉼'을 이행할 수 있을지에 대한 동기화 패턴의 이미지 인식을 알아보고자 했다. 한국관광공사의 인쇄광고를 대상으로 관광 광고 이미지에 대한 소비자들의 인식을 알아보는 것으로, 기존의 실증연구 방식의 연구진행이 아니라 그들 본연의 동기나 감정, 느낌, 선호와 취향 등과 같은 주관적 영역에 대한 탐구를 중점으로 진행하였다. 이를 위해 QUANL 분석 프로그램을 이용하였고, 28개의 Q 표본과 24개의 P 표본을 연구에 사용하였다. 그 결과 4개의 유형을 발견하였다. 발견된 유형을 대상으로 그 속성과 특징을 복합적으로 반영해 제1유형을 '융합과 조화의 상징', 제2유형을 '미시적 접근의 메시지', 제3유형을 '풍경과 욕구의 시각화', 제4유형을 '선택적 상황의 구성'이라고 명명하였다. 이를 바탕으로 보다 효율적인 국내 관광 활성화가 가능하도록 새로운 시선의 전략적 스펙트럼 구축을 위한 방안을 제시하였다.

1) 제1유형 : 융합과 조화의 상징

제1유형에게 관광 광고는 광고메시지가관광 컨셉에 맞는 내용 중심의 이미지로 구성됨을 강조한다. 이들에게 관광이란 특별한 소비재 영역이 아니라 여러 소비 상품 가운데 하나이기에 해당 상품의 스펙, 즉 여러특장점들이 적절하게 반영된 욕망의 요인거리가 되어야 한다고 외친다. 특히 관광 광고는 심리적 속성을 반영한 자아 이데아를 상품으로 전환해 구성한 산물이니만큼 이성적으로 판단하고 감성적으로 느낄 수 있도록 전략적으로 제시되어야 한다.

그렇기에 광고 이미지는 단순하게 표현되거나 표기된 그림, 문자, 로고에 의해 영향을주는 것(#3, #21, #5, #4, #17)이 아니라, 전체메시지가 얼마나 조화롭게 구현되고 형성되어 있는가를 중시한다. 모든 표현 기호들이각각의 개별적 대상으로 존재하기보다는 융합(#8, #12, #25, #15)돼서 제시되는 조화된 결정체가 주요 포인트라고 인식한다.

그래서 이들은 관광 광고가 이미지 구성요소인 사진-일러스트레이션, 헤드라인(서브헤드), 본문(슬로건)들이 서로 조화를 이루며, 연계된 하나의 상징체로 레이아웃된 메시지에 호감을 갖는다. 단순하게 표현된 이야깃거리가 아니라 시대-계절-상황-특색 등이 광고 이미지 안에 컨셉의 형태로 잘 전개되어야 한다는 것이다. 무엇보다 관광 메시지는 여행을 묘사할 때 감탄, 권유, 설득이되어야지, 여행 이외의 애국심 고취, 행위 강요, 고지성 문구 등은 문제가 있다고 본다. 즉 메시지가 여행 본연의 속성을 내재하고 있어야 하는데, 광고 이미지를 보는 순간 '아하'하고 감탄사를 표출할 정도로 임팩트(#12, z=1.56; #15, z=1.42) 있거나, 읽혀서 설득(#8, z=2.14)되고 간단명료(#25, z=1.48)해야 함을피력하고 있다.

- *계절에 가보고 싶은 이미지와 더불어 카피가 잘 어울린다. 구체적인 정보도 함께 기재해 행동 유발도 하게 해준다. (P15)*
- *이미지가 눈에 확 들어오고, 문구도 여행과 꼭 맞게 잘 표현했다. (P23)*
- *이미지가 분위기 그 자체였다. 나도 두근거린다. (P8)*

따라서 프로모션 목표 측면에서 보자면, 제1유형은 '이미지고취'를 통한 단기매출 증대가 강화되는 현상이 보인다. 광고 이미지를 이루고 있는 표현된 메시지가 프로모션 목적에 적절하게 반영된 것이다. 챈돈이 주장한 이익 포인트를 고려하자면, 실용적이고 쾌락적 이익이 동시에 반영되는 특성이 있다. 표면적으로 실제 이익을

No.(+영역)	8	12	25	15	
Q sample					
z-score	2.14	1.56	1.48	1.42	
No.(-영역)	17	4	5	21	3
Q sample					
z-score	-1.85	-1.78	-1.78	-1.19	-1.13

표 4. 제1유형의 Q 표본과 표준점수(z-score≥| ±1.00|)

더 확보할 수있는 것과 '좋다-황홀하다-대접받는다'처럼 감각적 쾌락을 느끼는 것 모두를 양면적으로 고려한 전략이 전개된 것이다. 그래서 "혜택을 받았다"라는 의미가 실용적인 이성속성과 쾌락적인 감성 속성 모두를 적절하게 포괄하고 있다. 반면에 제1유형은 은유적이고 상징적인표현에 대해서는 부정적이다. 관광 메시지라는 것이 '아하'하고 감탄사가 나올 수 있는즉각적 호기심과 욕망을 전달해 줘야 하는데, 표현된 이미지와 함께 부가적 텍스트를읽고 이해를 권하는 추가 과정은 무의미한 레이아웃의 구성이라는 것이다. 관광 이미지의 본질은 관광지에 대한 관심유발이 먼저지, 관광지를 소개하거나 이해시키는 것이 아님을 강조한다. 이런저런 부연 설명을통한 이해의 과정(#17, z=-1.85; #5, z=-1,78)은필요가 없다. 직접적인 관광 장소 이미지가아니면, 관심 자체가 '0%'이기 때문에 메시지의 노출 자체는 의미가 없다(#21, z=-1.19; #3, z=-1.13)고 외친다. 다만 텍스트 메시지라하더라도 심적 요소를 대변하는 듯한, 강렬한 헤드라인이나 본문 구성은 어느 정도는 수긍하는 편(#8, z=2.14)이다. 그래서 이미지와 텍스트 본연의 역할이 아니라 둘 다 이미지로 전환된 비주얼(visual) 위주의 포맷을 중시한다.

- 글이 너무 많아서 읽기도 보기도 싫다. 사람들은 이렇게 긴 글을 읽으려 하지 않을 것이다. (P5; P7)

- *메시지의 표현과 관광과의 연관성을 찾지 못했다. 너무 억지스러운데, 내용에공감대 형성이 필*요하다. (P5; P15)

종합하자면 제1유형의 관광 이미지는 컨셉에 맞는 주지성 메시지가 필요하다. 사진-일러스트레이션, 헤드라인, 본문이 서로 조화를 이루지만, 헤드라인과 본문이 텍스트의 개념보다는 이미지의 개념으로 심리적 호감을 느낄 수 있는 자극적인 표현 문구나 색상, 폰트체 등 비주얼적 요소 신경을 쓰고, 사진-일러스트레이션 역시 감탄사를 낼 수있는 포인트 있는 표현이 중요하게 제기되었다. 제1유형은 바로 조화로움 속에서 정확히 "왜 이 관광지로 여행을 가야 하는지"에대한 명확한 설명을 이성적이면서 감성적 소구를 모두 활용해 구성한 메시지를 긍정적으로 보고 있다. 제1유형의 이미지 구성요소와 특징을 정리해 보면 〈표 5〉와 같다.

특성사항	긍정적 요소	부정적 요소
사진-일러스트레이션헤드라인(서브헤드 포함)본문(슬로건 포함)	자연 배경, 즐거운 분위기감성 메시지 헤드라인과의 연계, 간단명료	자연 배경, 즐거운 분위기감성 메시지 헤드라인과의 연계, 간단명료

표 5. 제1유형에서의 광고 이미지 구성요소 특징

② 남궁영 · 전희락(2020). 영화 〈변호인〉의 수용자 유형에 관한 일고찰: Q 방법론적 접근, 주관성연구

영화 〈변호인〉의 수용자 유형에 관한 일고찰: Q 방법론적 접근

남궁영 · 전희락

국문요약

본 연구는 영화 〈변호인〉에 대하여 Q방법론적으로 수용자들의 인식유형을 나누

고 그 특성들을 살펴본 것이다. 영화란 관객을 상대로 소구하는 것이다. 대중 상업영화는 수용자의 감성 능력을 넘어 존재 할 수는 없다. 영화에서 표출하는 모든 것들은 수용자의 해석 능력에 귀속된다. 따라서 대부분의 영화는 수용자들이 나름대로 해석하고 의미를 부여하며 받아들인다고 볼 수 있다. 영화는 다양한 요소들의 복합체이며 의미생성 요소들은 역동적이기 때문에 수용양태는 사람에 따라 다르며, 담론이 형성되기도 한다. 연구결과 〈변호인〉에 대한 수용자 유형분석은 네가지로 발견되었다. '우호적 수긍형'은 영화의 내용을 있는 그대로 받아들이며 호감을 갖고 있는 유형이다. '반노무현적 비난형'은 이 영화가 고 노무현을 미화하는 선전・선동 영화로 보고 있다. '친노무현적 옹호형'은 영화가 정치적 주장을 하고 있지만, 노무현에 대한 인간미는 나쁘지 않다고 보고 있다. '객관적 수용형'은 영화의 수용은 관객의 몫이라고 생각하고 있다.

(2) 제1유형: 우호적 수긍형

제1유형에 속하는 사람들은 대체적으로 영화 〈변호인〉에 대하여 있는 사실대로의 상황을 인정하면서 관조하고 수긍하는 유형이다. 유형 1 그룹은 영화 〈변호인〉이 실화를 바탕으로 만든 영화이며, 사실적으로 과거의 역사를 묘사한 것으로 받아들이고 있다. 따라서이들은 영화를 보는 내내 답답하고 역사에 대해 화도 나고 희생자들을 생각할 때 마음이 아팠다고 한다. 그러므로 편안하게 살아갈 수있는 보장된 미래를 버리고 힘든 삶을 좇은 그 분(고 노무현 대통령)을 존경한다는 의견에 강한 찬성(z=1.07)을 보이고 있다. 그렇기때문에 이들은 영화 '변호인'이 정치적 주장도 없으며, 있다고 해봐야 대한민국 헌법의내용을 소개하는 것뿐이고, 상식적인 주장을펼치는 것이라는 의견에 동의하고 있다.

유형 1에서 부정적 견해를 보인 항목은 #22항목으로 이 영화가 북한식 선전 영화일 뿐이고, 잘 만든 정치선동 영화라는 점에 대해 강한 반대를 보였다. 물론 22번 항목에 쓰인 천박한 언어(뇌물 받아 처먹고 걸리니까 자살한넘이 무슨 인권? 오뉴월 개밥 그릇에 쉰밥 말아먹는 소리지)가 더욱 부정적 태도를 이끌었음이 분명하지만, 고노무현 대통령을 비하하는 이러한 무지막지한 언어 폭력이 소위 '일베충' 들에게는 인기가 있다는 점을 상기할 필요가 있다. 같은 맥락에서 #16 진술문을 살펴보면, 이 유형의 사람들이 영화 〈변호인〉을가지고 고 노무현 대통령을 공격하는 것에 대해서 대단히 반대하고 있다는 사실을 알 수 있다. 또한 #16 진술문은 좌우파를 떠나 단순히 영화로만 보아도 재미가 전혀 없었다는 것이며, 고 노무현

번호	내용	Z-SCORE	AVERAGE Z	DIFF.
11	사실 이 영화에는 이렇다 할 정치적 ~	1.011	.063	.948
9	실존 인물의 그림자를 잠시 거두고 보면~	.330	-.414	.744
14	특정 - 〈변호인〉은 관객이 판단하기 전에	-.718	.316	-1.034
20	인간적인 노무현보고 불쌍하다고 하는 건	-1.105	.139	-1.244

표 9. 제1유형에서 다른 유형보다 높거나 낮은 진술문

대통령을 비하하는 내용이며, 한 술 더 떠 영화관객을 '영화로 역사를 배우는 멍청한 놈들'이라고 욕을 하고 있기도 하다. 유형 1은 이러한 진술문에 대하여 반대의견을 보이고 있다. 이들은 또한 #20 진술문에 반대하고 있다. 고 노무현에 대한 동정이 개인적이라면 이해한다고 하면서, 이 영화가 왜곡, 거짓선동, 미화한다는 의견에는 분명한 반대의견을 내보이는 집단이다.

유형 1이 타 유형보다 비교적 높은 찬성을보인 항목들을 살펴보자. 먼저 #11의 진술문처럼 이 유형의 사람들은 〈변호인〉이 특별한 정치적 주장을 펼치는 것은 없고, 다만 원론적인 헌법과 상식적인 민주주의를 주장하고 있다는 점에 찬성을 하고 있다. 이러한 관점에서 실존인물의 그림자를 거두고 영화를 본다면 순수한 휴먼 드라마일 뿐(#9)이라고 생각하고 있다. 그렇기 때문에 이 영화가 먼저 판단하고 관객에게 주장을 쏟아 내고 있다(#14)는 진술문에 타 유형의 사람들보다 상대적으로 더 부정적 견해를 표출하고 있는 것이다. 이상의 고찰을 종합해 볼 때, 이 유형의 집단을 '우호적 수긍형'이라고 명명한다. 그 이유는 유형 1의 사람들이 친노무현 적이면서도 상대적으로 과격하지 않고, 영화 〈변호인〉에 대하여 있는 그대로 받아들이는 스타일이기 때문이다. 이 영화가 선동 미화한 것도 없으며 정치적 구호도 그저 상식적인 수준에서 할 말을 했을 뿐이라는 태도를 견지하고 있는 것으로 보인다.

③ 김선남(2017). 소비자의 도서구매 결정요인에 관한 주관성 연구, 주관성연구

소비자의 도서구매 결정요인에 관한 주관성 연구

김 선 남

국문요약

본 연구의 목적은 소비자의 도서구매 결정요인에 관한 주관성 구조를 밝히는데 있다. 소비자가 도서구매 과정에서 고려하는 요인은 총 3개로 나타났다. 제1유형(심리적 욕구 중시형)은 도서구매 과정에서 심리적 욕구와 관련된 요인을 중시하는 반면 제품이나 유통에 관련된 요인은 고려하지 않는 집단이다. 제2유형(매체 추천 중시형)은 도서구매 과정에서 주변인 및 미디의 소개, 베스트셀러 등과 같은 추천요인을 중시하는 반면 도서의 제품특성과 관련된 요인을 중시하지 않는 집단이다. 제3유형(콘텐츠 중시형)의 도서구매 과정에서 도서 콘텐츠 요인을 중시하는 반면 서점의 도서 배치 및 출판사 명성 등과 같은 도서 생산 및 판매 와 관련된 요인은 중시하지 않는 집단이다.

2) 유형별 특성

(1) 제1유형: 심리적 욕구 중시형

제1유형은 도서가 자신의 심리적 요인을 만족시키는 상황을 중시하여 도서를 구매하는 유형이다. 즉 이들의 도서구매에 영향을 미치는 요인들은 도서에 대한 심리적 만족감을 충족시켜주는 것들이다. 이들이 가장 동의한 항목은 '자기만족'(z-score=2.09)이었으며, '소장'(z-score=2.04), '필요성'(z-score=1.97), '재미추구'(z-score=1.12) 등이 뒤를 이었다.

이 유형이 도서구매에서 고려하는 요인은 미시적 차원 즉 심리적 욕구를 충족시킬 차원의 것이다. 한편 이들이 도서구매 과정에서 중시하지 않은 요인들은 도서제품의 특성이나 유통과 관련된 요인들이다. 이들이 가장 동의하지 않았던 항목은 '본

문 디자인 '(z-score=-1.41)이다. 이어 '구매의 편의성'(z-score=-1.21), '타인과의 교류'(z-score=-1.21), '서점의 배치'(z-score=-1.04) 등이다. 이 형에 포함된 응답자들은 대체로 도서의 제품 특성이나 유통과 관련된 요인들은 중시하지 않았다(〈표 5 〉참조).

제1유형은 도서를 구매과정에서 심리적 욕구와 관련된 요인을 중시하지만 이에 반해 제품이나 유통과 관련된 요인에 대해서는 중시하지 않는 특성을 보인다.

이 유형에 속한 응답자들은 미디어에서다룬 도서를 선택하는 것이 아니라 자신의 심리적 욕구를 충족할 수 있는 도서를 선택하였다. 이들의 언급한 내용은 다음과 같다. 한 응답자(남성, 28세, 학생)는 "내가 책을 사는 이유는 갖고 싶기 때문이다. 다시 말해서 내가 같고 싶은 책은 소장하고 싶은 책이다"고 말하면서 "소장함으로써 심리적 만족감을 갖는다"고 말을 이었다. 이 응답자는 "갖고 싶은 책이 있다면 어떠한 수고를 하게 되더라고 구매한다"고 말하면서, 자신의 구매 욕구의 중요성을 강조했다.

이런 '소장가치'로서의 도서구입에 대한 평가는 또다른 응답자(남성, 26세, 회사원)의 경우도 유사하게 나타났다. 즉 이 응답자는 "정말 좋아하는 책은 읽을 것과 별도로 1권을 더 구입한다"고 말하면서, "좋은 책은 당장 안 읽어도 가지고 있으면 언젠가 읽게 되고 그때 자신의 상황과 맞아떨어지게 되고 또 크게 공감을 하게 된다"고 말을 이었다.

이 유형에 속한 응답자들은 도서를 선물로 간주함으로써 구매하는 패턴을 보이기도 했다. 이런 특성은 34세의 남성 자영업자의 논평에서 확인되었다. 즉 이 남성은 "지인의 선물용으로 도서를 자주 사는 편이며, 선물하기 위해서는 유명작가의 책을 구매의 대상으로 선택한다"고 말하였다.

제1유형의 또 다른 도서구매의 욕구는 '자기만족' 요소와 관련되었다. 한 응답자(남성, 45세, 자영업)는 자기만족을 위해 도서구매를 하는 경우가 많다고 답하면서, 특히 책값이 도서구매의 고려사항이 아니라는 점을주장했다. 한 여성(45세, 교사)도 필요할 때마다 책을 구매한다고 말하면서 그 이유를 "필요한 책을 사게 되면 기분이 좋아지기 때문이다"로 표명했다.

제1유형은 도서를 구매하는 과정에서 중시하는 요인은 심리적 욕구를 만족시키는 것 특히 소장, 선물, 자기만족 등과 같은 특성이다. 이러한 심리적 욕구충족을 위해 도서를 구매하는 제1유형은 서점에서의 도서배치, 책값, 미디어 소개 및 홍보 등과 같은 마케팅 요소에 대해 거의 관심을 두지 않았다. 이에 본 연구자는 제1유형을 "심리적 욕구 중시형"이라고 명명하였다.

번호	진술문	표준점수
3	자기만족	2.09
4	소장	2.04
14	필요성	1.97
6	재미추구	1.12
22	서점의 배치	-1.04
2	타인과의 교류	-1.08
15	구매의 편의성	-1.21
12	본문디자인	-1.41

표 5. 제1유형이 동의하거나 동의하지 않은 진술문

④ 서상호 · 김소영 · 최원주(2017). 국내 메디컬 드라마 (medical drama)에 대한 시청자의 인식에 관한 연구, 주관성연구

국내 메디컬 드라마 (medical drama)에 대한 시청자의 인식에 관한 연구

서 상 호 · 김 소 영 · 최 원 주

국문요약

메디컬 드라마는 시청자들에게 사랑받는 텔레비전 드라마 장르 가운데 하나가 되었다. 국내에서 메디컬 드라마가 시청자에게 사랑받는 주요 텔레비전 드라마 장르로서 오랫동안 역할을 하고 있다는 점을 고려해 볼 때 국내메디컬 드라마에 대해 시청자들이 어떻게 인식하고 있는지 분석해 볼 필요가 있을 것이다. 메디컬 드라마의 어떠한 점이 시청자에게 공감을 얻고 있고, 시청을 통해 얻는 즐거움은 무엇이며, 그들이 제기하는 문제점은 무엇인지 파악해 볼 필요가 있다.

이에 본 연구는 Q 방법론을 사용하여 국내 메디컬 드라마 (medical drama)에 대

한 시청자의 주관적 인식 유형과 그 특성을 살펴보고 이를 근거로 향후 국내 메디컬 드라마의 제작에 있어 고려 사항 및 개선 방안을 살펴보고자 하였다. 이를 위해 총 25명의 P 표본과 33개의 Q 표본을 표집 하였으며, 수집된 자료는 PC-QUANL 프로그램을 이용하여 분석하였다. 분석 결과 4개의 유형이 발견되었는데, 제1유형은 '질적 개선 요구형', 제2유형은 '제한적 소재 불만형', 제3유형은 '정보추구 만족형', 제4유형은 '에피소드・연기력 중시형' 이었다.

1) 제1유형: 〈질적 개선 요구〉 형

제1유형은 현재 국내 메디컬 드라마가 지나친 의사중심의 이야기(Z=1.72)로 의료현장을 모습을 제대로 보여주지 못하고(Z=1.48), 극의 주제가 권선징악(Z=1.25)과 남녀 주인공간의 로맨스에 치우치는 것(Z=1.15)에 대해 문제점을 지적하면서 소재와 에피소드의 확대(Z=1.30)를 통해 궁극적으로 기존의 메디컬 드라마로부터의 질

번호	진술문	표준점수
29	국내 메디컬 드라마의 등장인물은 지나치게 의사 중심이다.	1.72
9	국내 메디컬 드라마의 질적 수준을 향상시킬 작품이 절실히 필요하다.	1.64
17	국내 메디컬 드라마에는 실제 의료 현장에서 벌어지는 모습이 제대로 보여 지지 않는다.	1.48
13	국내 메디컬 드라마는 소재와 에피소드가 빈약하다.	1.30
14	국내 메디컬 드라마는 너무 판에 박힌 권선징악의 주제가 흔하다.	1.25
11	미국 메디컬 드라마와는 차별화된 한국형 메디컬 드라마가 필요하다.	1.23
12	국내 메디컬 드라마에는 러브라인이 너무 많다.	1.15
31	서울보다는 지역을 소재로 하는 메디컬 드라마의 제작이 필요하다.	-1.08
18	환자들을 보면서 울며 고뇌하는 드라마 속 의료진의 모습에서 흥미와 감동을 느낀다.	-1.18
15	국내 메디컬 드라마도 미국 메디컬 드라마와 같이 시즌제로 제작되어야 한다.	-1.33
19	국내 메디컬 드라마는 미국 메디컬 드라마와 달리 하나의 이야기가 한 회로 끝나지 않아 시청하기 불편하다.	-1.71
8	그동안 방영된 메디컬 드라마의 영향으로 의사와 간호사에 대한 편견이 사라졌다.	-2.88

표 4. 제1유형의 Q표본과 표준점수(Z-score≥|±1.00|)

적 향상이 필요(Z=1.64)하다고 생각한다. 또한 이들은 국내 메디컬 드라마가 의료현장의 모습을 사실적으로 보여주지 못하기 때문에 의사와 간호사에 대한 편견을 바로잡는 역할(Z=-2.88)을 하지 못하며, 드라마 속 의료진의 고뇌하는 모습에서 흥미와 감동을 느끼지 못하는 것(Z=-1.18)으로 나타났다. 아울러 이들은 국내 메디컬 드라마가 미국의 메디컬 드라마와 같이 시즌제로 제작(Z=-1.33)되거나 하나의 이야기가 한회에 끝나는 구성을 도입하는 것에 대해서는 강한 반대(Z=-1.34)를 나타내는 등 미드와는 차별화된 한국형 메디컬 드라마의 필요성(Z=1.23)을 제기하는 유형이라고 할 수 있다.

제1유형 시청자들과의 인터뷰 내용을 정리하면 국내 메디컬 드라마는 의사 외에 다른 의료진의 시각이 부족하고 (P8), 그동안 국내 메디컬 드라마가 의사들의 인간적인 모습을 보여주면서 의사의 권위적 모습에 대한 편견은 다소 사라졌지만, 간호사에 대한 인식 개선을 위한 노력은 부족한 느낌이 들며 (P10, P13), 드라마 시청을 통해 의사와 간호사의 상하관계와 같은 편견이 오히려 강화되는 느낌이 든다고 말한다 (P16, P17). 아울러 국내 메디컬 드라마속의 모습이 현실과 동떨어진 느낌이 든다고 이야기 하는데 (P8, P15), 예를 들어, 실제로 대형 병원은 의사 외에 다양한 보건의료 직종이 협업하는 공간임에도 불구하고 마치 의사만 환자의 질병치료를 위해 헌신하는 공간으로 보여 진다는 것이다 (P13). 이처럼 실제와 다르게 보여지는 부분이 많기 때문에 국내 메디컬 드라마 시청을 통한 특별한 감동을 느끼기가 힘들다는 것이다 (P13, P17). 미국 메디컬 드라마와 비교했을 때 아직까지 국내 메디컬 드라마는 사실성과 현실성의 측면에서 질적 수준의 차이가 나기 때문에 (P20, P22), 미국 메디컬드라마처럼 사실성과 현실성을 가지면서한국인의 정서를 어루만질 수 있는 메디컬드라마로의 질적 향상이 필요하다고 말한다 (P10, P22).

결론적으로 이들은 국내 메디컬 드라마가의사 중심의 등장인물과 권선징악의 주제로 인해 실제 의료현장의 모습과 괴리감을 보이고 있으며 의사와 간호사에 대한 편견을 줄이는 역할을 제대로 하지 못한다고 생각한다. 아울러 이들은 메디컬 드라마에서 자주 부각되는 소재인 인간적 고뇌 및 휴머니즘을 크게 중요하게 생각하지 않으며, 미드와 같이 시즌제로 제작되는 것에 거부감을 나타내는 시청자로 한국적 메디컬 드라마의 개발 및 질적 개선을 요구하는 유형이라고 할 수 있다.

⑤ 이종윤(2016). 국내 캐릭터를 통한 다중적 자아의 선호유형 연구, 주관성연구

국내 캐릭터를 통한 다중적 자아의 선호유형 연구

이 종 윤

국문요약

캐릭터(Character)는 작품 속에서 등장하는 대상뿐만 아니라 마스코트와 같이 상징성을 목적으로 한 대상과 등장인물을 상품화한 제품 등도 포함하는, 좀 더 포괄적인 의미를 담는다. 캐릭터는 영상커뮤니케이션 분야와 콘텐츠 분야로의 확산을 촉진시키고 있다. 본 연구의 목적은 캐릭터 이용자들이 어떠한 이유로 캐릭터를 선호하는지에 대해서 요인을 추출하고 그 유형을 발견하는데 있다. 제1유형인 스토리 추억형은 예전에 캐릭터가 지니고 있는 스토리적인 측면에서 공감대를 느끼고 한눈에 들어오는 단순한 형태의 캐릭터에 친근감을 느끼는 유형이다. 제2유형인 친근감 선호형으로 캐릭터에서 느끼는 친근감과 디자인적인 면에서 완성도가 뛰어나고 색, 형태 등이 좋아서 선호하는 유형으로 나타났다. 제3유형인 이미지 선호형으로 캐릭터에서 느끼는 귀엽고, 푸근하고, 독특한 이미지와 친근감과 디자인적인 면에서 시각적으로 색감, 선, 대상의 특징을 그대로 살리려는 측면에서 선호하는 것으로 나타났다. 본 연구결과 캐릭터는 스토리텔링, 디자인, 스토리텔링과 디자인 측면에서 다양하게 표현되어야 이용자들이 만족하고 이러한 결과들이 이론적 측면과 산업적인 측면의 발전에 도움이 될 것이다.

(1) 제1유형 : 스토리 추억형

제1유형은 캐릭터 이용동기에 대해서 예전에 캐릭터가 지니고 있는 스토리적인 측면에서 공감대를 느끼고 한눈에 들어오는 단순한 형태의 캐릭터에 친근감을 느끼고 선호하는 것으로 나타났다. 이 유형의 대표적 응답자들은 만화애니메이션학과

석사박사 졸업생들로서 캐릭터가 지니고 있는 스토리를 알고 있으며 그 스토리에 의해서 선호하는 캐릭터를 선정하는 경향을 나타내고 있다.
제1유형에서는 캐릭터 사용에 스토리위주로 선택하는 것으로 나타났다. 학창시절 게임을 오래 하면서 친근감이 든 캐릭터로 시간이 지나도 호감이 든다(#22), 많이 접해보았던 캐릭터이며 스토리적인 측면에서 쉽게 공감대가 형성된다(#20), 캐릭터가 친근하고 자주 봐도 지루하지 않다(#19).
반면에 캐릭터 자체적인 매력을 느낄 수 있는 스토리가 부족하다(#22), 캐릭터가 친근하지 않으며 접해보지 못한 캐릭터이다(#19, #20), 촌스럽고 귀엽지 않다(#6), 흥미롭지 않고 대중적이지 않다(#23)는 내용으로 선호하지 않는 캐릭터에 대해서 언급하였다.
제1유형에서 일반적 질문에서 귀하는 Q샘플로 제시된 39개의 캐릭터 가운데 접해 본 캐릭터는 몇 개가 있습니까? 라는 질문에20개~30개 이하로 답변을 하였으며 해당 캐릭터를 접촉했을 때 누구와 함께 합니까? 라는 질문에는 대부분 혼자 보는 것으로 나타났다. 캐릭터의 성별이나 종별에 대하여는상관없는 것으로 답변하였다. 캐릭터 선택시 중요하다고 생각되는 요소로는 색, 형태, 이미지 등의 디자인적인 요소와 캐릭터가 지니고 있는 스토리 요소를 반반의 비율로 보는 것으로 나타났다. 스토리적인 측면에서 벨레의 눈으로 보이는 세상을 다이나믹하게 표현, 캐릭터의 스토리를 알고 있기 때문에 스토리에 공감, 캐릭터 특징이 독창적이고 개성이 있다, 캐릭터가 익숙하다, 어릴적에 문방구에서 보던익숙한 이미지이다, 캐릭터를 이미 접해본적이 있거나 접한 당시에 콘텐츠를 재밌게 본 기억이 있다라는 내용이다.
제1유형은 1명을 제외하고 모두 만화애니메이션석사 졸업생들로 이 유형은 캐릭터의 이용동기와 선호도를 선택할 때 캐릭터가 지니고 있는 스토리와 그 캐릭터가 가지고 있는 추억에 의해서 선정하는 것으로 나타났다.

번호	Q표본 (캐릭터)	표준점수	번호	Q표본 (캐릭터)	표준점수
2		2.01	23		-1.10
9		1.98	5		-1.16
10		1.69	32		-1.20
4		1.60	33		-1.24
8		1.51	27		-1.25
6		1.28	24		-1.26
21		1.04	21		-1.34
			22		-1.54

표 7. 제1유형의 진술문과 표준점수(±1.00 이상)

제5절 결론 및 논의

예시 연구인 <다문화 가정을 위한 공익광고의 수용 유형에 관한 연구>의 결론 및 논의는 다음과 같이 구성되었다.

5. 결론 및 논의

지금까지 본 연구를 통해서 다문화 가정 공익광고를 접하는 시청자들에 대해서 네 가지 유형을 발견할 수 있었다. 구분된 유형들은 각각 세부적으로 '지역적 성향 내포형'으로의 접근, '이데올로기적 편견'으로의 접근, '관념적 편견'으로의 접근, '정책적 대안제시' 로의 접근으로 유형화하였다.

먼저, 제1유형에서 보여지는 다문화 가정 공익광고에 대한 접근은 '지역적 성향의 추구'이다. 다문화 가정을 바라보는 데 있어서 영도적 개념으로의 지역적 구분화라는 차별석 편견이 포함되었다. 지역적 개념이 인종적, 민족적, 문화적 범주의 구별을 바탕으로 팽배해 있는 것이다. 따라서 이들에게 있이 다문화 가정은 대한민국이라는 영토적 지역으로의 유입을 의미한다. 이항대립적 시각을 보내기도 하지만 차별에 대해서는 경계의 시선을 보인다. 이는 지역적 구분이 차등과 차별이라는 의미론적 부정이 아니라 다문화 구성의 특징이 지역적 개념의 측면에서 보여지고 있기 때문이다. 그렇게 때문에 제1유형에서 나타나는 주요 특징은 바로 지역적 측면으로의 인식적 접근이다. 그래서 이들이 광고를 바라보면서 인식하는 다문화 가정은 포괄적이고 전방향적인 수용 행태를 보인다라기보다는 지역 의미의 축소적 함의의 표출인 것이다.

제2유형에서 보여지는 다문화 가정 공익광고에 대한 접근은 '이데올로기적 성향의 추구'이다. 다문화 가정을 바라보는 데 있어서 영토적인 지역적 개념의 범주를 벗어나, 다문화 가정의 인식적 범주를 더욱 확대하였다. 이들은 다문화 가정 공익광고뿐만 아니라 다문화 가정에 대한 이해를 가정이나 친족, 종교나 경제, 정치나 사회 등 여러 분야에서 바라볼 수 있는 거시적인 시선에서 출발하였다. 무엇보다도 이러한 측면을 널리 포괄할 수 있는 태도로 이데올로기적인 접근 방법을 강조하는데, 거시적이면서 다방면적인 수용 행태로 광고를 바라보는 것이다.

제3유형에서 보여지는 다문화 가정 공익광고에 대한 접근은 '관념적 성향의 추구'

이다. 다문화 가정을 바라보는 데 있어서 주된 관심사를 '가정'에만 국한하여, 지역적 측면보다도 더 지협적으로 접근한다. 피상적면서 관념적인 아이디어의 발현인데, 이들은 다문화 가정을 개인의 생활반경에 맞춘 범위 안에서 대응태도를 형성한다. '나'라는 실질 주체가 중심이 되기 때문에, 이들이 실질적 구속력을 가지고 있는지, 구체적 생활의 공동체로 융화되고 있는지, 내 가족과 동질적 유기성이 있는지 등 생활과 밀접한 관계를 중요시 한다. 그래서 이들이 광고를 바라보면서 인식하는 다문화 가정은 관념적 측면으로의 피상적 인식이 동반된 구성원들과의 관계 지향성의 고려이다.

제4유형에서 보여지는 다문화 가정 공익광고에 대한 접근은 '정책적 대안제시'이다. 다문화 가정을 바라보는 데 있어서 이상론보다는 현실론을 중요시한다. 단순히 접근 방식에서 벗어나 구체성이 있는 실질적인 대안 정책을 외치는 것이다. 캠페인을 비롯하여 교육과 같은 구체적 정책안을 제시하여 눈앞의 문제해결뿐만 아니라 숲 속의 복잡한 문제까지도 해결해야 함을 강조한다. 이들은 다문화 사회에서의 민족주의나 민족성에 대해 강한 경계의 자세를 보이고 있고, 교육만이 이를 극복할 수 있는 도구로 인식하고 있으며, 탈민족주의 인식 고양을 위해서 장기적이고 꾸준한 정책 캠페인이 펼쳐지기를 바란다.

구분된 유형들은 다문화 가정 공익광고를 이해하는 관점이 다문화 가정을 받아들이는 개인들의 주관적 인식의 차이에서 출발하고 있었음을 나타냈다. 그것은 다문화 영역이 개인의 생활공간이나 생활양식의 밀접함이나 가족 구성원들이 그들과 맺고 있는 유대관계와 같은 생활권역과 관련되어 있고, 이를 바탕으로 다문화 구성원들을 인식하고 있기 때문이다. 즉 다문화를 인정하고 받아들이는 태도나 인식의 시작이 '개인'이라는 객체가 가지는 주관적인 이미지에 의해서 좌우된다는 것이다. 제1유형의 경우 '개인' 들은 다문화 가정에 대해서 중립적 성향을 가지고 있다. 다문화 가정을 흥미롭게 바라보는 것이 아니라 평범한 대상으로 여기고 있기 때문에 다문화 구성원을 인정하고 포용하는 데 있어서 그 기준점이 좁게 나타난다. 제2유형의 '개인'은 다문화 가정에 대해서 긍정적 성향을 가지고 있다. 다문화 가정이라는 대상에 대해서 흥미로운 관심을 보이고 있으며, 다문화 구성원을 매우 넓은 형태로 인정하기도 한다. 제3유형에서의 '개인'은 다문화 가정에 대한 부정적 성향을 드러낸다. 다문화에 대해 매우 부정적이기 때문에 이들의 일상에서 다문화 가정이나 다문화 구성원은 관심 밖의 대상이다. 제4유형의 '개인'은 다문화 가정에 대해서 매우 긍정적 성향을 가지고 있다. 다문화 가정에 대해서 관심이 매우 높기

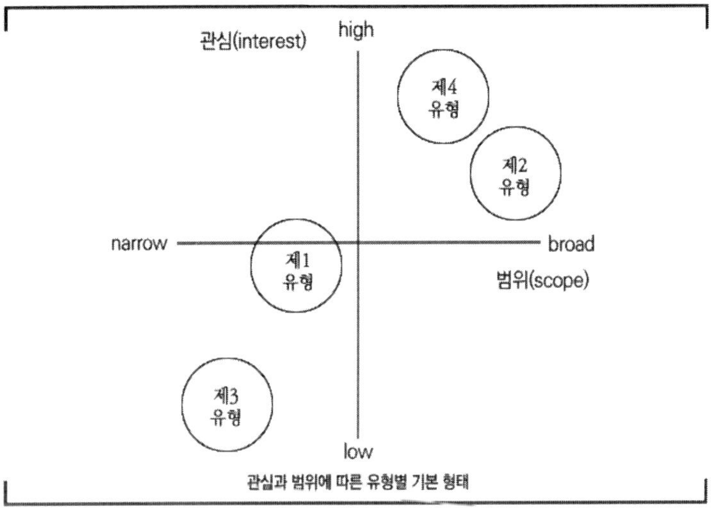

그림 3. 관심과 범위에 따른 유형별 위치

때문에 다문화 구성원에 대해서 포괄적 태도를 보인다.

이러한 맥락에서 연구자는 다문화 가정에 대한 인식을 관심(interest)과 범위(scope)로 구분하여, 다문화 가정 공익광고 타겟의 재포지셔닝에 대한 검토 방안을 고려해 보았다. 개인이 가지는 인식의 성향이나 특성에 따라 다문화 구성원들이 그들에게 어떠한 방식으로 이미지화되어 있는지 그리고 어떠한 범주로 관계를 맺고 있는지에 대한 것이다.

〈그림 3〉에서처럼 관심과 범위는 유형별로 각기 다르게 배치되고 있는데, 연구 결과에서 살펴본 바와 같이 제1유형, 제2유형, 제3유형, 제4유형의 독특성이 관심과 범위에 따라서 광고 타겟의 재포지셔닝 방안을 제시해 줄 수 있다.

제1유형에서는 다문화 가정에 대한 관심이 일반적 모습의 형태로 보여지고 있으며, 좁은 지역적 범위를 가지는 다소 중립적 성향의 인식을 보이고 있다. 이들에게는 광고 전략을 펼치는 데 있어서 지속적이면서 꾸준한 광고 캠페인이 요구되며, 다문화에 대한 인식의 시야각을 넓히는 측면의 광고물을 노출시킬 필요가 있다.

제2유형에서는 다문화 가정에 대한 관심이 다소 높게 나타나 있고, 지역적 범위에 있어서 매우 넓은 관심을 표명하고 있다. 긍정적 성향의 인식을 보이고 있기 때문에 광고 전략을 펼치는 데 있어서 즉각적으로 반응할 수 있는 캠페인성 광고나 소재에 상관없이 다양한 광고를 방영해도 좋을 것이다.

제3유형에서는 다문화 가정에 대한 관심이 대체적으로 낮게 나타나고 있으며, 좁은 지역적 범위를 가지는 매우 부정적 성향의 인식을 보이고 있다. 다문화가 저관여로 인식되는 특징이 있기 때문에 다문화 가정에 대한 관심을 보일 수 있는 소재의 광고물을 바탕으로 인식의 제고를 가져올 수 있는 임팩트 있는 광고물이 필요하다.

유형	특징		포지셔닝 전략
제1유형: 지역적 성향 내포형	중립적 성향	관심 - 중간 범위 - 좁음	1) 다문화 가정에 대한 관심이 많은 것도 아니고 적은 것도 아닌 유형이기에 꾸준한 광고 캠페인을 통해서 변화시킬 수 있다. 2) 다문화 가정이라 인식하는 기준점이 좁기 때문에 단순한 시야각을 가지고 있다. 따라서 시야의 확대가 필요하다.
제2유형: 이데올로기 성향 내포형	긍정적 성향	관심 - 다소 높음 범위 - 매우 넓음	1) 다문화 가정에 대한 관심이 높기 때문에 광고 캠페인에 대한 즉각적인 호응도 반응이 가능하다. 2) 다문화 가정이라 인식하는 기준점이 매우 넓기 때문에 다양한 시야각을 가지고 있다. 3) 다문화 가정에 대해서 적극적이고 긍정적인 태도를 기대하는 유형이다.
제3유형: 관념적 성향 내포형	부정적 성향	관심 - 낮음 범위 - 매우 좁음	1) 다문화 가정에 대한 관심이 낮게 나타나고 있기에 다문화와 다문화 가정에 대한 인식 제고가 필요하다. 2) 다문화 가정이라 인식하는 기준점이 매우 낮고 좁은 시야각을 가지고 있다. 3) 다문화 가정에 대해서 근원적으로 관심도 없고, 신경도 쓰지 않는 유형이다.
제4유형: 정책적 대안제시형	긍정적 성향	관심 - 매우 높음 범위 - 넓음	1) 다문화 가정에 대한 관심이 매우 높게 나타나고 범위 또한 넓다. 2) 다문화 가정이라 인식하는 기준점이 넓기 때문에 다양한 시야각을 가지고 있다. 3) 다문화 가정에 대해서 가장 적극적이고 긍정적인 태도를 기대하는 유형이다.

표 7. 유형별 관심과 범위에 따른 특징과 커뮤니케이션

제4유형에서는 다문화 가정에 대한 관심이 매우 높게 나타나 있고, 지역적 범위에 있어서도 매우 넓은 관심이 표명되고 있다. 따라서 다문화 가정에 대한 인식이 다른 유형에 비해서 상당히 긍정적이기 때문에 색다른 광고 전략을 펼치기보다는 지속적 관심을 유지할 수 있도록 연간 캠페인의 방식으로 노출시키는 것이 좋을 것이다.
정부나 기업에서 펼치고 있는 다문화 가정 캠페인이 단순한 일회성 외침으로만 끝날 것이 아니라 '달라도 함께'라는 슬로건처럼 확실한 계몽을 바탕으로 하는 정책의 일괄성이 필요한 것이다. 따라서 앞서 살펴본 내용을 바탕으로 〈표 7〉에서 정리된 유형별 재포지션 맵이 다문화 가정 공익광고를 펼치는데 있어서 새로운 전략적 요소로서 고려될 수 있을 것이다. 이를 바탕으로 최근 들어 지금까지 범국민적 운동으로 펼치고 있는 글로벌 코리아 캠페인이 더욱 활성화될 수 있을 것이다.

■ Comment

결론 및 논의의 내용은 흔히 연구 문제와 방법에 대한 간단한 요약과 함께 연구 결과의 내용 중 핵심 사항들에 대한 강조, 이론적이면서 실제적 측면에서의 함의, 연구의 제한점과 후속 연구에 대한 제언과 같은 사항으로 구성되면 좋다.

다문화 가정 공익광고를 접하는 시청자들의 유형은 연구를 통해 총 4개를 발견했다. 구분된 유형들은 각각 세부적으로 '지역적 성향 내포형'으로의 접근, '이데올로기적 편견'으로의 접근, '관념적 편견'으로의 접근, '정책적 대안제시'로의 접근으로 명명화하였고, 유형별 그 특성을 파악하기도 했다. 또한 제1유형, 제2유형, 제3유형, 제4유형에 대해서 논리적이고 합리적인 유형의 해석과 함께, 유형별 차이점을 바탕으로 유형이 지닌 함의를 설명하기도 했다. 이와 함께 결과들을 바탕으로 각 유형이 어떤 포지션을 취하고 있고, 이에 맞는 적절한 커뮤니케이션 방향과 실무적 대안 아이디어를 제시한 후 마무리했다.

Q 가이드

연구를 마무리하는 챕터인 결론부는 연구 결과에 근거한 내용으로 서술이 진행되어야 하고, 때에 따라 연구 결과에 대한 해석이 추가로 전개될 수 있다. 결론부인 '결론 및 논의'는 방법론의 종류에 상관없이 거의 비슷하게 펼쳐진다. 즉 Q 방법론 연구라고 해서 특별한 방식이 있는 것은 아니기 때문에 통상적인 형태로 무난하게 전개하면 된다.

연구에서 얻는 결과를 기초로 흐름에 맞게 적절하게 서술하면 된다. ① 앞선 단계에서 진행된 모든 내용을 한눈에 전체적으로 이해할 수 있도록 요약 및 정리한다. ② 이를 통해 결론을 내리고, 다른 연구들과 비교해 결과의 논의를 다각적으로 펼친다. 그리고 ③ 연구를 진행하는 데 있어 발생했던 문제점이나 연구 설계에서 부족했던 점, 이것들에 의해서 제기될 수 있는 한계점 등을 언급한다. ④ 끝으로 연구 결과의 시사점이나 이를 통해 실무에 적용할 수 있는 아이디어 제시, 후속 연구를 위한 방향성을 제공할 필요가 있다.

이와 같은 방식으로 Q에서의 결론부도 비슷하게 서술하면 되는데, 더욱 효과적인 마무리 작업을 위해 2개의 카테고리 영역으로 구분해 풀이하면 좋다. 첫 번째 영역은 해석 결과의 요약 및 정리이다. 통상적으로 결론부에서는 중복되는 내용의 기록이나 재정리는 피하는 경향이 있지만, Q에서는 전체의 내용이 뚜렷하게 이해하고 인식될 수 있도록 유형의 주요 핵심 사안들을 중점으로 하여 요약 및 정리를 진행한다. '연구의 목적은 무엇이었는가?'라는 내용에 대해 '연구의 결과가 이렇다'라는 마치 문답식의 형태로 표현되는 것이다. 특히 어떤 연구를 했는데, 그 결과 유형은 몇 개가 발견되었고, 해당 유형들의 특징들은 이러했다는 형태로, 한눈에 쉽고 빠르게 확인될 수 있으면 된다.

두 번째 영역은 결과에 의한 논의 및 제언이다. 연구 결과를 가지고 여타의 다른 연구들과 어떤 관계가 있는지 살펴보고, 유사점과 차이점에 의한 추가적인 심층적 해석을 진행해 의미의 깊이를 더할 수도 있다. 또한 연구를 진행한 목적과 결과를 통해 얻은 자료를 기반으로 향후 실현 가능한 실무 전략 및 커뮤니케이션 방안, 후속 연구를 위한 가설의 제시와 같은 활용을 통해 연구의 가치를 향상하게 시킬 필요가 있다. 이를 위한 주의사항으로는 '연구 결과에서 드러난 사실에 기반하여 논의를 진행'하며 '연구 결과와 선행연구의 결과를 통합하여 논의를 진행'하면 된다.

제6절 참고문헌 및 부록

예시 연구인 <다문화 가정을 위한 공익광고의 수용 유형에 관한 연구>의 참고문헌 및 부록은 다음과 같다.

참고문헌

권중록 (2002). 공익광고 캠페인 주제로 나타난 사회문제의 Positioning에 관한 연구. 광고학 연구, 13권 4호, 309~335.

권중록 (2005). 공익광고캠페인 주제와 수용자 비용 및 유익성과의 관계: 인구통계학 변수 중심으로. 언론과학연구, 5권 1호, 5~42.

권중록 (2009). 공익광고와 사회통제 요인이 청소년의 마약에 대한 태도와 행동에 미치는 영향. 홍보학 연구, 13권 1호, 5~35.

김광병 · 서보람 (2009). 다문화 가족 지원정책의 문제점 및 개선방안. 다문화 정책 세미나 발표 논문집(1). 한국사회문제연구원

김갑성 (2007). "어. 선생님이 바뀌었어요". 2007년도 제4차 국제이해교육포럼 - 다문화사회를 위한 협력, 7월 7일 발표문.

김복래 (2009). 프랑스, 영국, 미국의 다문화주의에 대한 비교고찰: 삼국의 이민통합정책을 중심으로. 유럽연구, 27권 1호, 207~236.

김선남 · 홍숙영 (2009). 다문화 관련 TV프로그램의 시청동기에 관한 연구. 주관성 연구, 18, 41~55

김성훈 (2005). 감정적 반응이 공익광고의 효과에 미치는 영향. 광고학 연구, 16권 1호, 163~181.

김유경 · 최창원 · 주은숙 (2007). TV 공익광고의 주제 및 표현전략에 관한 국가간 비교연구: 한국 일본 미국을 중심으로. 광고학 연구, 18권 2호, 7~30.

김재휘 · 신진석 (2004). 공익광고 메시지의 프레이밍과 결과 지각이 환경 행동에 미치는 영향. 한국심리학회지 소비자, 광고, 5권 2호, 65~86.

김종헌 (2008). 동화에 나타난 다문화 가정의 표상 연구. 현대문학이론연구, 35, 265~287.

김흥규 (1990). Q방법론의 이해와 적용. 서울: 서강대언론문화연구소.

김흥규 (2008). Q방법론: 과학철학, 이론, 분석, 그리고 적용. 서울: 커뮤니케이션북스.

김흥규 · 이종윤 (2002). 가상공간에서의 아바타를 통한 다중적 자아의 요인연구. 주관성 연구, 7, 27~51.

김흥규 · 오주연 (2005). 광고 속 자아투영하기. 주관성 연구, 10, 4~26.

...... 중략 ......

Bovee, C. L., & Arens, W. F. (1989). Contemporary Advertising(3rd ed). Homewood. IL: Irwin.

Darian, J. C (1993). Social Marketing and Consumer Behavior: Influencing the Decision to Reduce Alcohol Consumpption. Advanced in Consumer Research, 20, 413~418.

Keller, D (1995). Media Culture: Cultural studies, identity and politics between the modern and the postmodern. 김수정 · 정종희 역(1997). 미디어 문화: 영화, 랩, MTV, 광고, 마돈나, 패션, 사이버 펑크까지. 서울: 새물결.

Stephenson, W. (1953). The Study of Behavior. Chicago: The University of Chicago Press.

Stephenson, W. (1967). The Play Theory of Mass Communication. Chicago: The University of Chicago Press.

2. Q 표본

번호	Q 표본	z-score			
		1	2	3	4
1	다문화 가정 광고의 다문화 영역이 '가정'에만 국한되어 있다는 생각이 든다.	0.05	1.19	0.10	-0.54
2	다문화 가정 광고는 편견이 가득 찬 이미지를 생산해내서 실효성에 의문이 간다.	-0.33	0.28	-1.10	-0.24
3	'대한민국'만을 외치는 편협한 민족주의의 주장이라는 생각이 든다.	0.79	-0.80	-0.54	1.16
4	다문화 가정을 이해하고 화합하기 위한 문화적 장을 마련하고 있다.	-0.15	-0.72	0.00	-2.08
5	국가 이미지 제고를 위한 정책 수단에 불과하다.	-0.62	1.08	-1.71	0.48
6	다문화 가정 광고는 편견을 합법화하는 수단일 뿐이다.	-1.23	0.87	-1.27	-0.77
7	다문화 가정의 구성원(주로 동남아 출신)에 지역적 편견이 들어가 있다는 생각이 든다.	1.41	-0.54	1.57	-0.03
8	제3세계(동남아, 흑인 등) 다문화 가정을 보면서 2세들의 어려운 생활이 걱정된다.	0.74	0.39	1.47	0.98
9	다문화 가정 광고는 다문화주의를 바탕으로 하는 국가 경쟁력을 키우고자 하는 정부의 의지가 담겨 있다.	0.12	0.05	-0.08	-1.28
10	한국 사람들은 서양 사람과 동남아 사람에 대한 지역적 편견이 매우 다른 것 같다.	1.64	0.32	1.72	1.79
11	나는 인종차별주의자를 경멸한다.	2.03	-0.28	-1.33	0.19
12	다문화 가정 구성원이 도움을 청한다면 스스럼없이 도와줄 것이다.	0.64	0.81	0.07	1.11
13	다문화 가정 광고는 대한민국 사회가 점점 글로벌화되고 다양성을 가지고 있음을 보여준다.	0.15	-0.59	0.25	-0.31
14	다문화 가정도 대한민국을 이루고 있는 구성원임을 인정해야 한다.	1.11	1.82	1.50	1.12
15	다문화 광고는 기업의 생색내기 PR 캠페인일 뿐이다.	-0.29	0.29	-0.97	0.15
16	다문화 가정의 일원(외국인 홈스테이, 외국인 튜터 등)으로 생활하는 것이 좋아보인다.	0.07	0.37	-0.11	-0.25
17	오바마 미국 대통령과 같은 인물이 대한민국에서는 나타나지 못할 것 같다.	-0.62	0.73	-0.45	1.34
18	다국적 가정에 대해 냉대와 무관심한 것을 보면서 대한민국 국민이라는 것이 수치스럽기까지 하다.	-0.34	-1.07	0.22	-0.74
19	한국 사람들은 진정한 마음으로 다국적 가정을 받아들일 수 있는 준비가 전혀 되어 있지 못하다.	0.39	1.44	1.80	0.57
20	다문화 가정에서 자란 2세들은 이국적 문화 혜택을 누리게 될 것이다.	-0.65	-0.10	-0.45	-1.53

21	다문화 가정이라는 표현 자체가 차별과 편견의 산물이다.	-0.39	0.57	0.71	-0.26
22	다문화 가정에 관심이 없어 TV 채널이나 신문의 기사를 대충 넘겨 버린다.	-1.04	-0.59	1.19	-0.42
23	행복해 보이는 다문화 가정의 가족애가 부럽다.	-0.41	-0.23	-0.24	-1.34
24	다문화 가정은 대한민국의 정체성을 훼손시키는 주범이다.	-2.10	-2.68	-1.17	-1.04
25	일회성 캠페인으로 그칠 것이 아니라 다문화 가정에 대한 대대적인 교육이 필요하다.	1.13	0.24	0.27	1.88
26	우리 민족이 더 이상 단일민족이 아니라는 사실이 서글프다.	-2.25	-2.29	-0.42	0.02
27	외국인 근로자 없이는 한국의 산업이 유지되기 어려운 형편에 와 있다.	0.15	-0.56	-1.01	0.06

3. P 표본 광고 시청 샘플 이미지와 동영상

1. 하나금융그룹 광고

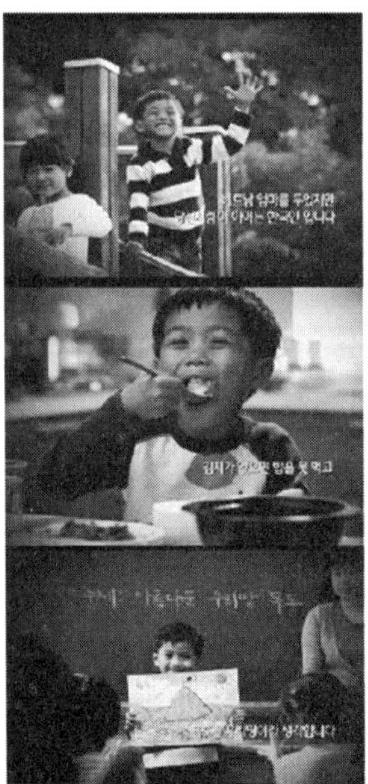

2. 롯데 홈쇼핑 광고

3. 온미디어 광고

4. 롯데 홈쇼핑 광고

5. 하나금융그룹 광고

6. 공익광고협의회

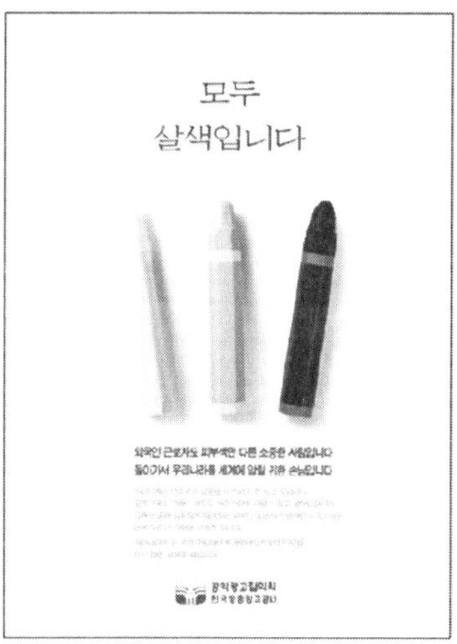

7. 공익광고협의회

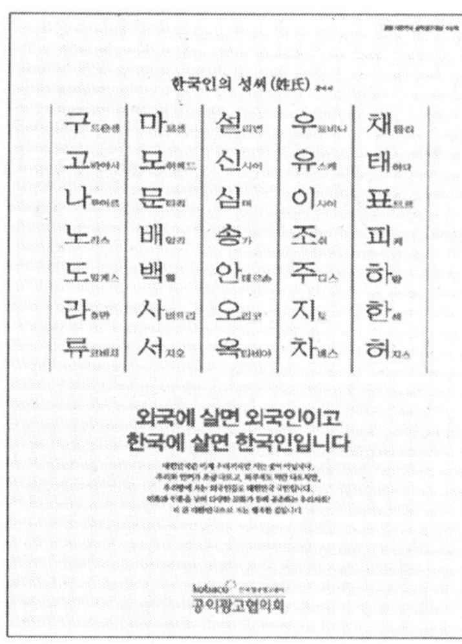

■ Comment

참고문헌은 연구를 위해 활용한 국내 문헌과 해외 문헌을 가나다순, ABC 순으로 정리했다. 이와 함께 Q 표본에 대해서는 별도의 페이지를 이용해 전체 표본 사항들을 1번부터 27번까지 순차적으로 정리해 표기했다. 또한 P 샘플들 가운데 <다문화 가정 공익광고>를 잘 이해하지 못하거나 떠올리지 못하는 사람들을 위해 준비했었던 관련 영상광고 3편과 인쇄광고 4편의 자료도 같이 첨부했다.

Q 가이드

참고문헌은 연구를 진행하면서 참고했거나 인용한 문헌의 원본을 표기하는 서지사항의 언급이다. 논문을 읽는 사람들이 참고한 문헌의 원문을 찾거나 확인하고 싶을 때 정확한 정보를 제시하는 것으로, 원문의 정보를 표기 규칙에 따라 빠짐없이 구체적으로 제시하면 된다.

참고문헌 란에 작성되는 서지사항은 그 내용이 많고, 종류도 다양하고, 규칙도 학술지마다 달라서 투고하는 학회지의 논문투고 방식을 꼼꼼하게 확인한 후 반영하면 된다. 그런데 참고문헌 표기는 보통 논문을 작성한 후 마무리 단계에서 한꺼번에 작성하는 경향이 많은데, 이 경우 각각의 참고 자료가 정확하게 정리되었는지, 메모한 자료가 제대로 체크되어 있는지, 해당 페이지나 기타 정보를 쉽게 다시 확인할 수 있는지에 대해서 많은 실수와 오류가 발생할 수 있다. 그래서 이것들을 다시 찾으려 한다면 생각보다 많은 시간이 소요될 수 있다. 따라서 힘들고 복잡할 수 있어도 논문을 쓰는 과정 내내 참고했거나 인용한 자료에 대해 그때그때 바로 표기하고, 메모하면 정확한 정보를 제대로 표기할 수 있으니 기록하는 습관을 갖는 것이 좋다. 정확한 정보는 인쇄된 논문이나 pdf 논문에서 직접 확인할 수 있고, 한국학술인용색인(KCI)이나 정보검색 사이트에서 서지 표기 사항을 참고하거나, 구글 학술자료 검색에서의 '인용' 자료를 사용하면 된다. 학술영역 및 학술지마다 규정하고 있는 인용법(APA, AP, ASA, Chicago, MLA 등)이 각기 다르니 잘 확인해서 진행해야 하는데, 진행에 있어서 보통 다음과 같은 기본 규칙들이 있으니 잘 참고하자.

- 투고하고자 하는 학술지의 투고 기준(논문작성세칙)을 확인한 후 진행
- 참고문헌 서지사항의 순서는 국문 논문 다음에 영문논문을 기재
- 참고문헌의 국문 논문은 가－나－다 순으로, 영어 논문은 알파벳 A－B－C 순으로 기재
- 동일한 저자의 문헌을 여러 개 표기할 때 출판 연도순으로 기재
- 저자가 여러 명일 경우 아무리 저자가 많아도 전원 모두 기재

또한 부록의 경우는 Q 표본과 관련해서 제시하면 된다. 연구자에 따라 Q 표본을 연구 설계 단락이나 Q 표본 설명 단락에서 제시하는 때도 있지만, 부록의 형태로 논문 맨 끝에 정리해 표기하기도 한다. Q 표본의 경우 표본을 이루고 있는 대상(언어적 요소(verbal Q－studies)나 시각적 요소(visual Q－studies))에 대해 순번별로 순차적으로 기재하면 되는데, 순수하게 Q 표본의 내용만 작성할 수도 있고, Q 표본과 함께 z－score와 같은 추가 정보를 같이 제시하여 작성할 수도 있다.

제 4 장
Q 가이드 북의 마무리

지금까지 Q 연구수행을 위한 단계별 점검 사항들을 체계적으로 살펴보았다. 연구주제를 선정하는 것부터 연구의 설계, 연구의 활용성까지 Q 연구자들이 접하게 되는 모든 연구 과정에 대해 알아본 것이다. 무엇보다도 연구 설계에 해당하는 영역은 문제 제기 및 연구목적, 연구 문제 등의 서론부와 이론적 배경, 연구방법론, 분석 결과 및 결과와 논의, 참고문헌 제시와 같은 연구 프로세스를 단계별로 설명했기에 이해하기가 쉬웠을 것이다. 특히 Q 연구 설명 파트에서 다루었던 Q 표본이나 P 표본, Q 분류, 분포표 구성, 유형해석 등에 대해 자세하게 설명함으로써 Q의 정확한 메커니슴을 이해하고 운용할 수 있는 능력이 향상되었으리라 본다.

방법론은 수천 가지 자연의 재료와 다양한 조리기구를 가지고 맛있는 음식을 만들어내는 최상의 요리법과도 같다. 연구자의 연구주제를 가장 효과적이고 합리적인 방식으로 풀어내는 방법으로 전통적인 방식을 고수하는 때도 있고, 상황에 따라 퓨전 방식으로 응용하기도 하며, 새로운 방식을 창안하여 구성하기도 한다. 이것은 맛없는 음식이 아니라 맛있는 음식을 요리하기 위한 노력의 과정이자 체계적인 기술과도 같다. 하지만 결과에 있어서는 간혹 맛있는 음식이 아니라 맛없는 음식이 식탁에 차려지기도 한다. 물론 맛의 평가는 음식을 맛보는 이의 주관에 의해 정해지는 것이지만 잘못된 요리 과정으로 의도치 않게 맛없는 음식이 차려질 수 있는 것이다. 그뿐만 아니라 맛집 소개 프로그램에 등장하는 비주얼 위주의 방송처럼 겉보기에만 그럴듯한 음식이 식탁에 선

보일 수도 있다. 즉 요리가 눈앞에 있지만, 그 음식이 음식인지 아니면 음식인 것 같은 결과물인지는 맛보기 전까지는 모르는 것이다.

다소 웃픈 비유였지만 강조점이 담긴 표현이다. <Q 논문 작성을 위한 가이드북>의 서술은 Q 연구논문이 특정한 요리처럼 만들어지는 현상의 아쉬움으로부터 출발한 것이기 때문이다. 연구논문 작성의 상황을 요리 과정의 음식으로 비유한 것은 연구자로서 자질 및 적절하면서도 적법한 방법에 대한 책무와 책임의 수행이 중요하다는 것을 강조하고 싶었기 때문이다.

이를 위해서 Q 연구자들은 연구수행에 있어 자신의 의도-분석-설명-주장과 함께 목적과 방식의 윤리성과 도덕성에 대해 스스로 충분한 동의 및 당위성을 확보했는지를 점검해야 할 것이다. 논문 작성의 전체 프로세스는 연구하는 연구자만의 고유 영역이다. 물론 그 과정에서 연계되는 수많은 대상, 예를 들자면 논문 평가 심사자, 소속기관 담당자, 연구의 재정적인 후원기관, 논문을 접하는 수많은 동료 연구자 등의 외적 구성원들이 있지만, 연구를 수행하는 핵심은 연구자 자신이다. 연구자가 연구를 시작하고자 하는 지점에서 연구수행의 목적과 행위가 주관에 휩쓸리지 않고 공정하고 객관적이어야 할 것이다.

Q 연구의 수행은 매우 창의적인 작업이면서 도전적인 행위와도 같다. 궁금하다고 생각하는 수많은 질문 속에서 또 다른 색다른 질문들이나 아직 물어보지 못했던 질문들을 찾아내는 흥미로운 작업이다. 적절하고 적합한 입장에서 수행하는 연구는 어려움 속에서도 순조롭게 이행해야 하는 필연적인 과정이지만, 그 과정의 끝은 달콤한 즐거움과 소중한 보상이 수반된다. 따라서 이 책이 연구자들에게 조금이나마 그러한 결실을 볼 수 있는 도움서가 되었으면 좋겠다.

참고문헌

김선남(2017). 소비자의 도서구매 결정요인에 관한 주관성 연구. 주관성 연구, 38, pp.5-19.

김영천(2012). 질적연구방법론 1: Bricoleur. 경기: 아카데미프레스.

김봉인 · 장서지(2010). 미용 성형수술을 통한 미적 관점에 관한 연구. 주관성 연구, 21, pp.163-177.

김흥규(1990). Q 방법론의 이해와 적용. 서울: 서강대 언론문화연구소.

김흥규(2007). Q 방법론 및 이론 : P 표본의 선정과 Q 소팅. 주관성 연구, 15, pp.5~19.

김흥규(2008). Q 방법론: 과학철학, 이론, 분석, 그리고 적용. 서울: 커뮤니케이션북스.

김흥규 · 김우룡(1998). 텔레비전 뉴스 수용자의 유형에 관한 연구. 주관성 연구, 제3호, pp.5-36.

김흥규·이종윤(2002). 가상공간에서의 아바타를 통한 다중적 자아의 요인 연구. 주관성 연구, 7, pp.27-51.

김흥규 · 오주연(2005). 광고 속 자아 투영하기. 주관성 연구, 10, pp.4-26.

김흥규 · 이지수(2010). 백화점 여성 의류브랜드의 비주얼 머천다이징 지각요인에 관한 연구. 한국의류학회지, 34(1), pp.27-39.

김흥규 · 홍장선(2010). 다문화 가정을 위한 공익광고의 수용 유형에 관한 연구. 광고연구, 85, pp.44-77.

남궁영 · 전희락(2020). 영화 〈변호인〉의 수용자 유형에 관한 일고찰: Q 방법론적 접근. 주관성 연구, 50, pp.91-111.

서상호 · 김소영 · 최원주(2017). 국내 메디컬 드라마 (medical drama)에 대한 시청자의 인식에 관한 연구. 주관성 연구, 38, pp.21-42.

성태제 · 시기자(2013). 연구방법론. 서울: 학지사.

심현준 · 육가유 · 신상혁 · 이종윤 · 홍장선(2020). 광고사진 비주얼에 관한 소비자의 주관성 연구: 국제광고사진 공모전 수상작을 중심으로. 커뮤니케이션학 연구, 28(1), pp.153-179.

윤선민 · 김명희(2018). 음식 TV 프로그램에 대한 시청자들의 주관성 연구-프로그램 기획의도를 중심으로-. 한국콘텐츠학회 논문지, 18(1), pp.651-664.

이연주 · 박승배(2018). 카페 이용자의 사인 디자인 선호 유형 연구. 주관성 연구, 41, pp.95-118.

이종윤(2016). 국내 캐릭터를 통한 다중적 자아의 선호유형 연구. 주관성 연구, 34, pp.51-70.

정현욱 · 김선남 · 남궁영(2011). 광고에 나타난 여성이미지 선호 유형에 관한 연구. 주관성 연구, 22, pp.57-71.

최원주(2007). 여성의 자아 이미지 인식을 통한 브랜드 이미지의 전략적 접근 : 광고 속 여성 모델의 이미지를 중심으로. 주관성 연구, 15, pp.93-120.

최원주(2011). 도시 브랜드의 아이덴티티 구축을 위한 탐색: 브랜드 심벌과 슬로건을 중심으로. 주관성 연구, 22, pp.5-21.

최원주(2011). 아웃도어 브랜드 광고에 대한 소비자 태도. 주관성 연구, 23, pp.23-40.

최원주 · 홍장선(2017). 국가 브랜드 이미지의 전략적 관리를 위한 비주얼 아이덴티티에 관한연구. 주관성 연구, 37, pp.5-28.

최원주 · 홍장선(2020). 한국 관광 활성화를 위한 광고메시지의 전략적 탐색:한국관광공사 인쇄 광고에 대한 소비자 인식을 중심으로. 주관성 연구, 53, pp.5-31.

최원주 · 홍장선(2022). 건강기능식품에 대한 20대 소비자의 인식 유형 연구. 문화기술의 융합, 8(5), pp.137-145.

한국주관성연구학회(2014). Q방법론의 적용과 사례. 서울: 푸른사상사.

홍장선(2015). 문화 간 커뮤니케이션에 있어서 미디어 채널 선호특성을 위한 Q 방법론적 접근 -한국과 영국 대학의 다문화 유학생의 비교를 중심으로-. 기초조형학연구, 16(2), pp.539-557.

홍장선(2016). 비언어 커뮤니케이션의 기호특성과 자아표현 연구: SNS 이모티콘을 중심으로. 커뮤니케이션학 연구, 24(3), pp.5-31.

Barry, J. and Proops, J.(1999). Seeking sustainability discourses with Q methodology. Ecological Economics 28(3): 337–345.

Brown, S. R.(1980). Political subjectivity. Applications of Q method in political science. New Haven: Yale University Press.

Brown, S. R.(1986). Q technique and method: Principles and procedures. In: New tools for social scientists: Advances and applications in research methods (eds. Berry, W. and M.S. Lewis-Beck). 1st edition. Volume 1. pp. 57–76. Beverly Hills, CA: Sage.

Duan, R., Hepworth, K. J., Ormerod, K. J. and Canon, C.(2021). Promoting Concern for Climate Change: A Study of Wildfire Photographs Using Q

Methodology, Science Communication, 2021, Vol. 43(5): 624-650.

Dryzek, J. S. and Berejikian, J.(1993). Reconstructive democratic theory. The American Political Science Review 87(1): 48-60.

Dryzek, J. S.(1994). Australian discourses of democracy. Australian Journal of Political Science 29, pp.221-239.

Ellingsen, I. T., Thorsen, A. A., and Størksen, I.(2014). Revealing Children's Experiences and Emotions through Q Methodology, Child Development Research, Volume 2014, Article ID 910529, 9 pages, http://dx.doi.org/10.1155/2014/910529.

Ernest, J. M.(2011). Using Q Methodology as a mixed methods approach to study beliefs about early childhood education, International Journal of Multiple Research Approaches (2011) 5(2): 223-237.

Fairweather, J. R. and Swaffield, S. R.(2001). Visitor experiences of Kaikoura, New Zealand: an interpretative study using photographs of landscapes and Q method. Tourism Management 22, pp.219-228.

Hutson, G. & Montgomer, D.(2006). How do outdoor leaders feel connected to nature places? A Q-Method inquiry, Australian Journal of Outdoor Education, 10(2), pp.29-39.

Kamal, S., Kocór, M. and Grodzińska-Jurczak, M.(2014). Quantifying Human Subjectivity Using Q Method: When Quality Meets Quantity, pp.60-79.

McKeown, B. and Thomas, D.(1988). Q-methodology. London: Sage.

Nicholson-Cole, S. A.(2004). Imag(in)ing climate change: Exploring people's visual imagery, issue salience and personal efficacy. Unpublished doctoral thesis, University of East Anglia, Norwich, UK.

O'Neill, S. J. and Nicholson-Cole, S.(2009). Fear won't do it: promoting positive engagement with climate change through imagery and icons. Science Communication, 30, pp.355-379.

Ray, C. M. and Montgomery, D. M.(2006). Views in higher education toward methods and approaches for character development of college students. Journal of College & Character, 7(5), 1-15. Schmolck, P.(2002). PQMethod (version 2.11) [computer software; on-line]. Retrieved January 12, 2011, from http://www.lrz.de/~schmolck/qmethod.

Hooff, S. B., Botetzagias, I. & Kizos, A.(2017). Seeing the Wind (Farm): Applying Q-methodology to Understand the Public's Reception of the Visuals Around a Wind Farm Development, Environmental Communication, 11:5, 700-722, DOI: 10.1080/17524032.2017.1292937.

Ramlo S.(2015). Theoretical significance in Q methodology: A qualitative approach to a mixed method. Res Sch. 22(1): 73-87.

Stephenson, W.(1953). The Study of Behavior: Q-technique and its methodology, Chicago: University of Chicago Press.

Watts, S., & Stenner, P.(2005). Doing Q methodology: Theory, method and interpretation. Qualitative Research in Psychology 2(1): 67-91.

Watts, S., & Stenner, P.(2012). Doing Q Methodological Research, London, SAGE Publication.

Webler, T., Danielson, S., & Tuler, S.(2009). Using Q method to reveal social perspectives in environmental research. Greenfield MA: Social and Environmental Research Institute. Downloaded from: www.seri-us.org/pubs/Qprimer.pdf

[저자 약력]

홍 장 선

건국대학교 인문사회융합대학 신문방송학과 교수이다. 대기업 광고홍보 분야를 담당했고, 언론사 기자를 역임하는 등 현장에서 다양한 실무지식을 쌓았으며, 수년간 엔터테인먼트 및 미디어 분야와 소비재 컨설턴트로 활동해 왔다. 고려대학교를 졸업하고, 한국외국어대학교 대학원에서 Q에 입문해 언론학 박사학위를 받았다.

저서로는 '광고, 도상학과의 키스', '행정PR 매뉴얼', '행정PR 트레이닝', '세일즈프로모션 방안'을 비롯해 다수의 학술논문 및 지식 실용서가 있다.

Q 논문 작성을 위한 가이드북

초판 발행 2023년 5월 31일

지은이 홍장선
펴낸이 박노일

총괄기획 최준규
편 집 이상민

펴낸곳 pnc publishing and culture 피앤씨미디어

경기도 고양시 일산동구 강송로 153 310-1501
등록 제396-2012-000203호
전 화 070)7550-3758 팩 스 02)718-8554
홈페이지 www.pncmedia.co.kr 이메일 pnc@pncmedia.co.kr
ISBN 979-11-5730-891-0 93300

정 가 17,000원